KB238855

나를 따르라

나를 따르라

Nachfolge

디트리히 본회퍼 지음

이신건 옮김

신앙과지성사

교회 갱신의 시대에 성서가 우리에게 더 풍성히 다가오는 것은 당연한 사실이다. 교회 논쟁에서 필연적으로 따라오는 일상적인 구호와 투쟁적인 구호 배후에는 예수를 향한 더 강한 추구와 질문이 일어난다. 중요한 것은 오직 예수다. 예수는 우리에게 무엇을 말하고 싶었는가? 예수는 오늘날 우리에게 무엇을 원하는가? 오늘날 우리가 신실한 그리스도인이 되는 일에 예수는 어떤 도움을 주는가? 교회의 이런저런 사람들이 무엇을 원하는지는 궁극적으로 중요하지 않다. 예수가 무엇을 원하는지를 우리는 알고 싶다. 설교를 들으려고 나아갈 때, 우리가 듣기를 원하는 것은 예수의 말씀이다. 단지 우리만이 아니라 교회로부터, 그리고 교회의 메시지로부터 멀어진 모든 사람들도 예수의 말씀을 듣기 원한다.

물론 우리는 다음과 같이 생각할 수도 있다. 비록 설교 속에서 예수 자신이, 그리고 오직 예수의 말씀만이 우리에게 들려오더라도, 다른 사람들은 말씀을 들을 것이지만 다른 사람들은 설교를 다시금 외면할 것이라고 말이다. 교회의 설교가 전혀 하나님의 말씀이 아니라는 말은 아니다. 그러나 얼마나 많은 불순한 소리가, 얼마나 많은 인간적이고 딱딱한 율법이, 그리고 얼마나 많은 거짓 희망과 거짓 위로가 예수의 순수한 말씀을 흐려놓고 있으며, 진정한 결단을 하지 못하게 막고 있는가!

그러나 오직 그리스도만을 설교하려는 우리의 설교가 남들에게 딱딱하고 어렵게 느껴지는 것은 단지 그들의 잘못만은 아니다. 왜냐하면 우리의 설교가 그들에게는 생소한 표현들과 개념들로 채워져 있기 때문이다. 그렇지만 오늘날 우리의 설교를 비판하는 모든 말이 곧 그리스도와 그리스도교를 거부하는 말은 아니다. 우리는 참으로 그들과 교제하기를 거부하는가? 오늘날 수많은 사람들이 우리의 설교를 들으려고 교회에 나오지만, 그리스도에게 나오는 길을 우리가 어렵게 만들고 있다고 그들은 슬프게 고백한다. 그들이 벗어나고 싶은 것은 예수 자신의 말씀이 아니다. 지나치게 인간적인 것, 제도적인 것, 교리적인 것이 자신들과 예수 사이를 가로막고 있다고 그들은 믿는다. 우리 가운데서 누가 모든 사람들에 대한 책임을 간단히 벗겨주는 모든 답변을 곧장 내놓으려고 하지 않겠는가!

그러나 우리에게 던지는 다음과 같은 질문도 하나의 답변이 될 수 있지 않겠는가! 우리가 혹시 특별한 표현에 너무 매달리지 않았는가? 우리가 혹시 우리 시대, 우리 자리, 우리 사회

구조에 맞는 설교 유형에 너무 매달리지 않았는가? 우리가 혹시 너무 "교리적으로" 설교하고, "생활을 지향하는" 설교는 너무 적게 하지 않았는가? 우리가 성서의 분명한 생각은 늘 거듭 말하기를 좋아하고, 중요한 다른 말씀들은 무시하지 않았는가? 우리 자신의 견해와 신념에 관해서는 여전히 너무 많이 설교하고, 예수 그리스도 자신에 관해서는 너무 적게 설교하지 않았는가? 그렇게 함으로써 우리 자신이 종종 예수의 말씀을 가로막지 않았는가?

만약 예수가 불렀던 "수고하고 무거운 짐 진 자들"의 어깨 위에 더 무거운 인간의 규례를 올리고, 그래서 그들을 예수로부터 계속 몰아낸다면, 참으로 이보다 더 크게 우리의 의도와 어긋나는 것은 없을 것이며, 이와 동시에 이보다 더 심하게 우리의 설교를 망가뜨리는 것도 없을 것이다. 이로 말미암아 그리스도인들과 이방인들 앞에서 예수 그리스도의 사랑이 얼마나 조롱을 당하겠는가! 그러나 여기서 일반적인 질문과 자책은 아무런 도움이 되지 않기 때문에 성서로, 말씀으로, 예수 그리스도 자신의 부름으로 되돌아가자. 여기서 우리 자신의 빈곤하고 편협한 신념과 질문에서 벗어나서, 예수 안에서 우리에게 선사된 넓고 풍성한 은혜를 구하기로 하자.

우리는 "나를 따르라"는 예수의 부름에 관해 말하려고 한다. 이로써 우리는 하나의 새롭고 더 무거운 멍에를 인간의 어깨 위에 올리는가? 여기서 우리는 영혼과 육신을 탄식하게 하는 인간의 모든 규례들 외에 이보다 더 딱딱하고 더 가혹한 규례를 추가하려는가? "나를 따르라"는 예수의 부름을 떠올리게 함으로써 우리는 불안하고 상처를 입은 양심 속으로 하나의 더 뾰족한 가시를 찌르려는가? 우리는 교회사에서 불가능하고 고통스럽고 요상한 요구들을 끝없이 제시하려는가? 물론 이런 요구들을 따르는 일이 소수의 몇 사람들에게는 경건한 사치품이었을지는 몰라도, 음식과 직업과 가족을 염려하는 노동자들에게는 가장 사악한 경건 행위로서 배척될 수밖에 없지 않겠는가? 이 땅의 형벌과 영원한 형벌로 인간을 협박하고, 구원을 얻기 위해 인간이 믿고 행해야 할 모든 것을 마음대로 명령함으로써 교회는 인간을 영적으로 지배하려는가? 교회의 말은 영혼을 지배하는 새로운 독재와 폭력을 가져오려는가? 참으로 많은 사람들이 이러한 종살이를 스스로 갈망할지도 모른다. 그렇다고 교회가 이러한 갈망을 채워줄 수 있겠는가?

성서가 예수를 따르라고 말할 때, 이로써 성서는 모든 인간의 규례로부터, 억누르고 괴롭히는 것으로부터, 염려와 양심의 고통을 주는 것으로부터 인간을 해방한다고 선포한다. 예수를 따르는 인간은 예수 그리스도의 가벼운 멍에를 짐으로써 자신의 무거운 율법의 멍에를 벗어버린다. 이로 말미암아 예수의 진지한 계명이 무너지는가? 아니다. 예수의 모든 계명과 무조건 따라오라는 부름이 보존될 때, 비로소 인간은 예수의 사귐 속으로 완전히 해방될 수 있다. 예수의 계명을 온전히 따르는 자에게, 예수의 멍에를 스스럼없이 지는 자에게 그가 져야 할 짐은 가벼워진다. 이러한 멍에의 가벼운 무게 아래서 그는 올바른 길을 줄기차게 걸어갈 수 있는 힘을 얻게 된다. 예수의 계명을 거부하는 자에게 계명은 딱딱하고, 지독하게 딱딱하다. 예수의 계명을 기꺼이 지키는 자에게 계명은 부드럽다. "그의 계명들은 무거운 것이 아니로다."(요일 5:3) 예수의 계명은 강압적인 심리 치료와 무관하다. 예수는 계명을 지킬 수 있는 능력도 주지 않으면서 계명을 지키라고 우리에게 요구하지 않는다. 예수의 계명은 생명을 파괴하기보다는 생명을 보존하고 강화하고 치유하기를 원한다.

그렇지만 여전히 다음과 같은 질문이 우리를 압도한다. 오늘날 노동자에게, 상인에게, 농부에게, 군인에게 "나를 따르라"는 예수의 부름은 무엇을 의미하는가? 예수의 부름은 세상에서 노동하는 사람들과 그리스도인들 사이에 감당할 수 없는 분열을 가져오지 않는가? 더욱이 예수를 따르는 것은 매우 소수의 사람들만의 관심사가 아닌가? 예수를 따른다는 것은 다수의 민중을 배척하고, 약하고 가난한 자들을 멸시한다는 의미가 아닌가? 바로 그래서 죄인들과 세리들, 가난한 자들과 약한 자들, 방황하는 자들과 탄식하는 자들에게 다가간 예수 그리스도의 크나큰 자비가 부인되지 않는가? 우리는 이에 대해 뭐라고 말해야 하는가? 예수에게 속하는 자들은 소수인가, 다수인가?

예수는 제자들에게 버림을 받은 채 십자가에서 홀로 죽었다. 그와 나란히 십자가에 달렸던 자들은 자신의 신실한 두 제자가 아니라 두 살인자였다. 그러나 십자가 아래에는 그의 적들과 믿는 자들, 의심하는 자들과 겁쟁이들, 조롱하는 자들과 실패한 자들이 모두 서 있었다. 그리고 이 시간에 예수는 그들 모두를, 그리고 그들의 죄를 용서해 달라고 기도하고 있었다. 하나님의 자비로운 사랑은 원수들 한가운데 살아 있었다. 은혜로부터 "나를 따르라"고 부르는 자와 은혜로부터 마지막 시간에 십자가에 못 박힌 도적들을 축복한 자는 바로 동일한 예수 그리스도다.

"나를 따르라"는 부름은 그를 따르는 자를 어디로 인도하는가? 이러한 부름은 어떠한 결단과 단절을 동반하는가? 이러한 질문을 던지는 우리는 유일하게 대답을 알고 있는 자에게 나아가야 한다. 오직 "나를 따르라"고 명령하는 예수 그리스도만이 이 길의 목표를 알고 있다. 그러나 이 길이 분명히 무한히 자비로운 길이 될 것임을 우리는 알고 있다. 따르는 것은 기쁨이다.

교회의 결단이라는 좁은 길을 확신 있게 걸어가지만, 모든 인간을 향한 그리스도의 넓은 사랑 안에 머물러 있고, 연약한 자들과 불경건한 자들을 향한 하나님의 인내와 자비와 "사람 사랑"(딛 3:4) 안에 머물러 있는 것은 오늘날 매우 어려운 듯이 보인다. 그렇지만 우리는 두 가지 길을 동시에 걸어야 한다. 그렇지 않을 경우에 우리는 인간의 길을 걷게 될 것이다.

　　하나님, 예수 그리스도를 진지하게 따르는 우리에게 기쁨을 주소서! 죄는 완전히 부인하지만, 죄인은 인정하게 하소서! 적의 모든 무기 앞에서 이를 극복하고 승리하는 복음의 말씀을 들려주소서! "수고하고 무거운 짐 진 자들아, 다 내게로 오라. 내가 너희를 쉬게 하리라. 나는 마음이 온유하고 겸손하니, 나의 멍에를 메고 내게 배우라. 그리하면 너희 마음이 쉼을 얻으리니, 이는 내 멍에는 쉽고 내 짐은 가벼움이라."(마 11:28 이하)

제2장 예수 그리스도의 교회와 뒤따름

제1장

ଙ

값진 은혜

값싼 은혜는 우리 교회의 철천지원수다. 오늘날 우리의 투쟁은 값진 은총을 둘러싸고 전개되는 투쟁이다.

값싼 은혜란 싸구려 상품과 같은 은혜요, 헐값으로 팔아 치우는 사죄요, 헐값으로 팔아 치우는 위로요, 헐값으로 팔아 치우는 성례전이다. 값싼 은혜란 교회의 창고에 무진장 쌓여 있는 상품처럼 손쉽게, 주저 없이, 그리고 무한정 쏟아 버릴 수 있는 은혜다. 값싼 은혜란 공짜로 주는 은혜요, 대가를 치르지 않는 은혜다. 은혜의 본질은 바로 다음과 같다는 말이다. 이미 모든 시대를 위해 계산이 치러졌다. 계산이 치러졌기 때문에 모든 것을 공짜로 가질 수 있다. 제공된 대가는 한없이 크다. 한없이 크기 때문에 사용과 낭비의 가능성도 한없이 크다. 그렇다면 값싼 은혜가 아닌 은혜란 무엇인가?

값싼 은혜란 교리와 원리와 체계로 이해되는 은혜요, 보편적인 진리로 이해되는 사죄요, 그리스도교적인 하나님의 이념으로 이해되는 하나님의 사랑이다. 이를 인정한 자의 죄는 이미 용서를 받았다. 은혜를 이렇게 가르치는 교회는 이로 말미암아 이미 은혜를 받았다. 이러한 교회는 사람들이 뉘우치지

나를 따르라 •

않고 벗어나기를 원하지도 않는 세상의 죄를 헐값으로 덮어 버린다. 그러므로 값싼 은혜는 하나님의 살아 있는 말씀을 부인하고, 하나님의 말씀이 인간이 되었다는 사실을 부인한다.

값싼 은혜란 죄인을 의롭다고 인정하는 것이 아니라, 죄를 의롭다고 인정하는 것이다. 은혜가 모든 것을 홀로 실행한다. 그렇기 때문에 모든 것은 옛날 그대로 머물러도 좋다. "우리의 행위는 헛되다." 세상은 여전히 세상으로 머물러 있다. 비록 "최선의 삶을 살아도" 우리는 항상 죄인이다. 따라서 그리스도인도 세상처럼 살아라. 모든 일에 세상과 어울려 지내고, - 열광주의 이단처럼! - 은혜 아래서 세상과 다르게 살아 보려고 애쓰지 말고, 세상처럼 죄 아래서 살아라. 예수 그리스도의 계명 아래서 순종하며 살아가려고 시도하면서 은혜에 저항하지 말고, 크고 값진 은혜를 손상하지 말며, 새로운 문자신앙을 세우지 마라. 세상은 은혜를 통해 의롭게 되었다. 그러므로 - 이러한 은혜의 진지함을 위해!, 이처럼 바꿀 수 없는 은혜에 저항하지 않기 위해! - 그리스도인은 다른 세상처럼 살아라!

분명히 그리스도인은 탁월한 일을 하고 싶을 것이다. 이런 일을 하지 않고 세상처럼 살아야 하는 것은 의심할 나위도 없이 가장 힘든 포기일 것이다. 그러나 그리스도인은 세상과 다르게 살아가려는 시도를 포기해야 하고, 이처럼 자신을 부정해야 한다. 그리스도인은 이러한 값싼 은혜에 대한 믿음을 파괴하지 않을 정도까지 은혜를 참으로 은혜답게 만들어야 한다. 세상 안에서 살아가는 그리스도인은 세상 때문에 - 아니 은혜 때문에! - 이처럼 불가피한 포기를 해야 하지만, 모든 것을 홀로 행하는 이런 은혜를 소유하고 있기 때문에 침착하고 안심해야 한다. 따라서 그리스도인은 그리스도를 따르지 말고, 은혜가 주는 위로를 받아야 한다!

값싼 은혜란 죄를 의롭다고 인정하는 것이요, 죄를 등지고 돌아서는 죄인을 의롭다고 인정하는 것이 아니다. 값싼 은혜란 죄와 멀어지게 하는 사죄가 아니다. 값싼 은혜란 우리가 우리 자신이 함께 소유하고 있는 은혜다.

값싼 은혜란 회개가 없는 사죄요, 교회권징이 없는 세례요, 죄의 고백이 없는 성만찬이요, 개인의 참회가 없는 용서다. 값싼 은혜란 뒤따름이 없는 은혜요, 십자가가 없는 은혜요, 인간이 되고 살아 있는 예수 그리스도가 없는 은혜다.

값진 은혜란 밭에 숨겨져 있는 보물이다. 이를 발견한 사람은 집으로 돌아가서 자신이 가진 모든 것을 팔아 기쁨으로 이를 산다. 값진 은혜란 귀한 보석이다. 이를 얻기 위해 상인은 자신의 모든 재산을 내어놓는다. 값진 은혜란 그리스도의 통치다. 이를 위해 사람은 죄를 짓게 하는 눈을 뽑아 버린다. 값진 은혜란 예수 그리스도의 부름이다. 이를 위해 제자는 자신의 그물을 버리고, 그를 따른다. 값진 은혜란 항상 거듭 구해야 할 복음이요, 항상 거듭 간구해야 할 선물이요, 항상 거듭 두드려야 할 문이다.

은혜가 값진 까닭은 은혜가 따르기를 호소하기 때문이다. 은혜가 값진 까닭은 은혜가 예수 그리스도를 따르기를 호소하기 때문이다. 은혜가 값진 까닭은 은혜가 인간의 생명을 대가로 요구하기 때문이다. 은혜가 값진 까닭은 은혜가 인간에게 생명을 선사하기 때문이다. 은혜가 값진 까닭은 은혜가 죄를 나무라기 때문이다. 은혜가 값진 까닭은 은혜가 죄인을 의롭다고 인정하기 때문이다. 은혜가 값진 까닭은 무엇보다도 은혜가 하나님에게 값진 것이기 때문이요, 하나님이 은혜를 위해 아들의 생명을 대가로 치르셨기 - "너희는 비싼 값으로 산 것이다." - 때문이요, 그리고 하나님에게 값진 것이 우리에게는 값싼 것이 될 수 없기 때문이다. 은혜가 값진 까닭은 특히 하나님이 우리의 생명을 위해 자신의 아들을 귀하게 여기지 아니하시고 우리를 위해 내어주셨기 때문이다. 값진 은혜란 하나님이 인간이 되셨다는 것이다.

　　값진 은혜란 세상 앞에서 보호해야 하고 개에게 던져주어서는 안 되는 하나님의 거룩한 보물과 같다. 그러므로 값진 은혜란 하나님의 살아 있는 말씀, 곧 하나님이 기뻐하시는 대로 친히 말씀하시는 말씀과 같다. 하나님의 말씀은 예수를 따르기를 호소하는 은혜로운 부름으로 우리에게 다가온다. 하나님의 말씀은 괴로운 심령과 애통하는 마음에 용서하는 말씀으로 다가온다. 은혜가 값진 까닭은 사람들에게 예수 그리스도를 따르는 멍에를 지우기 때문이다. 은혜가 값진 까닭은 예수가 "나의 멍에는 부드럽고, 나의 짐은 가볍다"고 말하기 때문이다.

예수는 베드로에게 "나를 따르라!"고 두 번 말했다. 이것은 제자들에게 주어진 예수의 첫 번째 부름과 마지막 부름이었다.(막 1:17; 요 21:22) 베드로의 모든 생애는 이와 같은 두 번의 부름 사이에 놓여 있었다. 첫 번째 부름은 게네사렛 호숫가에서 고기를 잡던 베드로로 하여금 예수의 부름에 따라 자신의 그물과 직업을 버리게 하고, 예수의 말씀에 따라 예수를 따르게 한 부름이었다. 마지막 부름은 부활한 예수가 다시금 게네사렛 호숫가에서 과거의 직업에 종사하던 베드로에게 던졌던 부름이었다. 나를 따르라! 그리스도를 따르는 제자의 모든 생애는 이 두 번의 부름 사이에 놓여 있었다. 중간에 베드로는 예수를 하나님의 그리스도라고 고백했다. 베드로는 세 번, 곧 처음과 마지막에, 그리고 가이사랴 빌립보에서 그리스도가 자신의 주와 하나님이라는 하나의 동일한 말씀을 들었다. 베드로에게 "나를 따르라!"고 부른 그리스도의 은혜와 하나님의 아들에 대한 고백 속에서 그에게 계시된 그리스도의 은혜는 동일한 그리스도의 은혜다.

베드로는 자신의 인생에서 세 번 은혜에 사로잡혔다. 그것은 하나의 은혜였지만, 세 번마다 다르게 선포되었다. 따라서 그것은 그리스도 자신의 은혜였고, 제자가 자기 자신에게 선언한 은혜가 아니었다. 그것은 그리스도를 따르기 위해 제자로 하여금 모든 것을 버릴 수 있게 한 그리스도의 똑같은 은혜였다. 이 은혜 때문에 베드로는 온 세상이 비난할 수밖에 없는 신앙을 고백할 수 있었다. 이 은혜 때문에 신실하지 못했던 베드로는 순교의 마지막 사귐 안으로 뛰어들 수 있었고, 그래서 그의 모든 죄는 용서될 수 있었다. 베드로의 인생에서 은혜와 뒤따름은 분리될 수 없는 하나의 사건이다. 그는 값진 은혜를 받았다.

그리스도교가 확장되고 교회가 더욱 더 세속화함으로써 값진 은혜에 대한 깨달음도 점차로 사라졌다. 세상은 그리스도교적인 세상으로 변했고, 은혜는 그리스도교적인 세상의 공동 재산이 되었다. 은혜를 값싸게 소유할 수 있게 되었다. 그렇지만 로마 가톨릭교회는 첫 번째 깨달음의 잔재를 보존하고 있었다. 수도원이 교회와 분리되지 않았고 영리한 교회가 수도원을 감내했다는 사실은 결정적인 의미가 있다. 은혜가 값지며 은혜가 뒤따름을 요구한다는 깨달음이 보존되는 공간이 교회의 변두리에 있었다. 사람들은 그리스도를 위해 그들이 가진 모든 것을 버렸으며, 매일의 훈련을 통해 예수의 엄격한 계명을 따르려고 애썼다. 그래서 수도원 생활은 그리스도교의 세속화와 은혜의 평가절하에 맞선 생생한 저항이 되었다.

그러나 교회는 이러한 저항을 감내하고 저항의 마지막 폭발을 막음으로써 저항을 상대화했다. 심지어 교회는 이제 저항으로부터 자신의 세속화된 생활을 정당화할 수 있는 명분까지 얻게 되었다. 왜냐하면 이제 수도원 생활은 수많은 교인들에게는 의무로 부가할 수 없는, 개인의 특별한 공로가 되었기 때문이다. 불행하게도 예수의 계명의 효력은 특별한 자질을 지닌 사람들의 특정한 집단에 제한되었고, 결과적으로 그리스도인들이 순종해야 할 가장 높은 공로와 가장 낮은 공로가 구분되기에 이르렀다.

그리하여 세속화에 대한 공격을 받을 때마다 교회는 교회 안에서 수도사가 될 수 있는 길을 보여주었고, 이와 나란히 더 쉬운 길을 걸을 수 있는 다른 가능성을 철저히 정당화할 수 있었다. 이렇게 교회는 - 로마 가톨릭교회 안에서 수도원을 통해 보존되었다는 - 값진 은혜에 대한 원시교회의 이해를 보여주려고 노력했지만, 역설적으로 다시금 교회의 세속화를 최종적으로 정당화하는 결과를 낳고 말았다. 여하튼 수도원 운동의 결정적인 잘못은 - 비록 예수의 뜻을 내용적으로 오해했지만 - 엄격한 뒤따름의 길을 걸어갔다는 사실에 있지 않다. 수도원 운동이 본질적으로 그리스도교로부터 멀어지게 된 까닭은 자신의 길을 소수의 몇 사람들의 자유로운 특별한 공로로 만들었기 때문이며, 이로써 이러한 길을 위한 특별한 공로를 요구했기 때문이다.

종교개혁의 시기에 하나님이 자신의 종 마르틴 루터를 통해 순수하고 값진 은혜의 복음을 다시금 깨닫게 하셨을 때, 루터로 하여금 수도원으로 들어가게 하셨다. 루터는 수도사였다. 그는 모든 것을 버렸고, 그리스도를 철저히 순종하면서 따르기를 원했다. 그는 세상과 단절했고, 그리스도인의 활동에 참여했다. 그는 그리스도와 그의 교회에 순종하는 법을 배웠다. 왜냐하면 그는 오직 순종하는 사람만이 믿을 수 있다는 것을 알고 있었기 때문이다. 수도원으로 들어가라는 하나님의 부르심에 순종하기 위해 루터는 자신의 생애를 완전히 바쳐야 했다.

루터가 걸어갔던 길은 하나님 앞에서 실패하고 말았다. 예수를 따르는 것이 개인의 특별한 공로가 아니라 모든 그리스도인들에게 주어진 하나님의 계명이라는 사실을 하나님이 성서를 통해 그에게 보여주셨던 것이다. 수도원에서는 뒤따름의 겸손한 행위가 거룩한 자들의 공로 행위로 변질되었다. 수도원에서는 예수를 따르는 자들의 자기부정이 경건한 자들의 최종적이고 영적인 자기주장이라는 사실이 드러났다. 이로 말미암아 수도원 생활의 한가운데로 세상이 비집고 들어왔으며, 매우 위험하게도 세상이 다시금 활약하기 시작했다. 수도사의 세상 도피는 가장 정교한 세상 사랑이라는 사실을 루터는 꿰뚫어 보았다.

경건 생활의 마지막 가능성이 좌절되자, 루터는 은혜를 붙잡았다. 수도원 세상의 붕괴 속에서 루터는 그리스도 안에서 인간을 구원하는 하나님의 펼쳐진 손을 보았다. "아무리 잘 살아도, 우리의 행위는 헛되다."는 사실을 믿는 가운데서 그는 하나님의 손을 붙잡았다. 그것은 그에게 선사된 하나의 값진 은혜였다. 값진 은혜는 그의 모든 실존을 파괴해 버렸다. 그는 다시 자신의 그물을 버리고 그리스도를 따라야 했다. 수도원으로 처음 들어갔을 때, 그는 모든 것을 버렸지만 자기 자신, 곧 자신의 경건한 자아만은 버리지 않았다. 이번에 그는 그것마저 잃어 버렸다. 그는 자신의 공로가 아니라 하나님의 은혜를 바라보면서 따랐다. 그에게 들려온 말씀은 "너는 죄를 지었지만, 이제는 모든 죄가 용서되었다. 지금까지 네가 머물러 있던 자리에 계속 머물러 있으라. 용서를 받았으니, 안심하라!"는 말씀이 아니었다. 루터는 수도원을 떠나 세상 안으로 되돌아가야 했다. 세상이 그 자체로서 선하고 거룩하기 때문이 아니라, 수도원도 역시 세상과 다르지 않았기 때문이다.

　수도원을 떠나서 세상 안으로 되돌아간 루터의 발걸음은 원시교회 이래 세상을 향해 수행되었던 가장 예리한 공격이었다. 세상이 자신에게 되돌아왔던 자를 통해 경험했던 저항에 비하면, 수도사가 세상에 맞서 실행했던 저항은 일종의 어린이 놀이였다. 공격은 전면에서 시작되었다. 이제 루터는 세상 한복판에서 예수를 따라야 했다. 수도원 생활의 특별한 상황 아래서, 그리고 개인의 특별한 공로로 완화되었던 것이 이제는 세상 안에서 살아가는 모든 그리스도인들에게 필수적인 명령이 되었다. 예수의 계명에 대한 완전한 순종은 일상적인 직업 생활 안에서 실행되어야 했다. 이로 말미암아 그리스도인

　　　　　　　　　　　　　　　　　　　나를 따르라 •

의 생활과 세상의 생활 사이의 갈등은 예견할 수 없을 만큼 깊어졌다. 그리스도인은 세상과 몸으로 싸워야 했다. 이것은 육박전(肉薄戰)이었다.

루터가 순수한 은혜의 복음을 발견함으로써 세상 안에서 예수의 계명에 순종할 필요가 없음을 선언했다고 생각하는 것보다 더 불행한 오해는 없다. 종교개혁자들이 발견한 복음이 용서의 은혜를 통해 세상을 거룩하고 의롭다고 인정한다는 생각은 오해다. 오히려 루터에 따르면 그리스도인의 세상 직업은 오직 세상에 맞서 치열한 저항을 선언할 때에만 정당하다. 그리스도인의 세상 직업은 오직 그리스도를 따르며 수행되는 한에서만 복음으로부터 새로운 권리를 얻을 수 있다.

루터가 수도원 밖으로 뛰쳐나왔던 까닭은 죄를 의롭다고 인정했기 때문이 아니라, 죄인을 의롭다고 인정했기 때문이다. 값진 은혜가 루터에게 선사되었던 것이다. 은혜가 값졌던 까닭은 은혜가 마른 땅 위의 물이 되었고, 불안에 대한 위로가 되었고, 스스로 선택한 종살이로부터 벗어나게 했고, 모든 죄를 용서했기 때문이다. 은혜가 값졌던 까닭은 은혜가 행위를 면제해 주기 때문이 아니라, 뒤따름의 부름을 무한히 첨예화하기 때문이다. 그러나 은혜가 값진 바로 그때에 비로소 은혜는 은혜였다. 그리고 은혜는 바로 은혜였을 때에 비로소 은혜는 값진 것이었다. 이것은 종교개혁자들이 발견한 복음의 비밀이었고, 죄인을 의롭게 만드는 비밀이었다.

그럼에도 불구하고 종교개혁사의 승리는 순수하고 값진 은혜에 대한 루터의 깨달음이 아니라, 은혜를 가장 값싸게 얻을 수 있는 곳을 추구하는 인간의 깨어 있는 종교적 본능이었다. 이렇게 되기까지는 아주 경미하고 식별하기 어려운 강조점의 이동만이 필요했다. 그리고 가장 위험하고 가장 부패한 행위가 실행되었다. 인간이 아무리 경건한 길을 걷고 경건한 행위를 하더라도, 인간은 하나님 앞에는 설 수 없다는 사실을 루터는 배웠다. 왜냐하면 인간은 근본적으로 항상 자기 자신을 추구하기 때문이다. 이러한 곤궁 속에서 루터는 믿음 안에서 값없이, 그리고 무조건 모든 죄를 용서하는 은혜를 붙잡았다. 루터는 이러한 은혜가 생명을 대가로 요구했고 매일 생명을 대가로 요구했다는 사실을 알았다. 왜냐하면 그는 참으로 은혜를 통해 뒤따름의 길에서 벗어난 것이 아니라, 은혜를 통해 비로소 뒤따름의 길로 던져졌기 때문이다.

루터는 은혜에 관해 말할 때, 은혜를 통해 비로소 그리스도에게 온전히 순종하게 되었던 자기 자신의 생애도 항상 함께 생각했다. 은혜에 관해 그는 오직 이렇게밖에는 말할 수 없었다. 오직 은혜만이 그리스도에게 온전히 순종하게 만든다고 루터는 말했다. 그의 제자들도 이 점을 문자 그대로 반복했다. 한 가지 차이점이 있다면, 그의 제자들이 이 점을 곧바로 무시해 버렸고, 루터가 항상 당연하게 함께 생각했던 것, 곧 뒤따름을 함께 생각하지 않았고 말하지 않았다는 사실이다. 참으로 루터는 뒤따름에 관해 계속 말할 필요가 없었다. 왜냐하면 그는 은혜로 말미암아 예수를 따르는 매우 힘든 길을 걷게 되었던 사람이라고 스스로 늘 말했기 때문이다. 따라서 그의 제자들의 가르침은 확실히 루터의 가르침에서 나온 것이었지만, 제자들의 가르침은 이 땅에서 하나님의 값진 은혜를 드러낸 종교개혁을 끝장내고 제거해 버렸다. 이 세상에서 죄인을 의롭다고 인정하는 복음이 죄와 세상을 의롭다고 인정하는 복음으로 바뀌어 버렸다. 값진 은혜가 뒤따름이 없는 값싼 은혜로 바뀌어 버렸다.

아무리 선하게 살아도, 우리의 행위는 헛되다. 그러므로 하나님에게는 "죄를 용서하는 은혜와 자비 외에는" 그 어떤 것도 무익하다고 루터가 말했다면, 그 순간까지, 그리고 바로 그 순간에 이미 루터는 자신이 가진 모든 것을 버리고 다시금 새로이 예수를 따르도록 부름을 받았던 자로서 그렇게 말했다. 루터에게 은혜를 깨닫는다는 것은 최종적으로, 그리고 철저히 자신의 삶의 죄와 단절하는 것이었지, 결코 자신의 죄를 의롭다고 인정하는 것이 아니었다. 은혜를 깨닫는다는 것은 사죄를 붙잡는 가운데서 최종적으로, 그리고 철저히 자기 마음대로 살아가는 삶을 거부하는 것이었다. 바로 그런 점에서 은혜를 깨닫는다는 것은 참으로 뒤따름을 촉구하는 매우 진지한 부름이었다.

루터에게 뒤따름이란 그때그때마다 주어지는 "결과"였

다. 물론 그것은 인간의 결과가 아니라 하나님의 결과였다. 그러나 그의 제자들은 이러한 결과를 한 가지 계산을 위한 원칙적인 전제로 만들어 버렸다. 모든 불행은 바로 이로부터 시작되었다. 만약 은혜가 그리스도 자신이 선사하는 그리스도인의 삶의 "결과"라면, 이러한 삶은 한순간도 뒤따름을 면제해 줄 수 없다. 그러나 만약 은혜가 나의 그리스도인의 삶의 원칙적인 전제라면, 이로써 세상에 살면서 지은 나의 죄는 벌써 의롭게 되었다. 이제 나는 이러한 은혜를 의지하면서 죄를 지을 수 있고, 세상은 원칙적으로 은혜를 통해 의롭게 되었다. 따라서 나는, 지금까지도 그래왔듯이, 나의 부르주아적이고 세속적인 생활을 계속 유지할 수 있으며, 모든 것은 옛날 그대로 머물러 있다. 그리고 나는 하나님의 은혜가 나를 덮어준다고 확신해도 좋다. 이러한 은혜 아래서 온 세상은 "그리스도인의" 세상이 되었다.

그러나 이러한 은혜 아래서 그리스도교는 완전히 새로운 방식으로 세상으로 변했다. 그리스도인으로서 살아가는 것과 시민으로서 세상 직업을 통해 살아가는 것 사이의 갈등은 폐기되었다. 그리스도인의 삶은 본질적으로 바로 다음과 같은 것이 되었다. 나는 이 세상 안에서 살아가며, 이 세상처럼 살아간다. 나는 - 은혜 때문에! - 세상과 전혀 구별되지 않으며, 참으로 세상과 전혀 구별되지 않아도 무방하다. 그러나 나는 일정한 시간에 세상의 영역을 떠나 교회의 영역 안으로 들어가서, 나의

니를 따르라 •

죄가 용서되었다는 사실을 확신한다. 뒤따름의 가장 혹독한 원수이고 진정한 뒤따름을 미워하고 부끄럽게 만드는 값싼 은혜로 말미암아 나는 예수를 따르는 의무에서 벗어났다.

전제로 이해되는 은혜는 가장 값싼 은혜다. 결과로 이해되는 은혜는 값진 은혜다. 은혜의 본질이 무엇인지, 그리고 복음의 진리가 어떻게 표현되고 사용되는지를 깨닫는 것은 놀라운 일이다. 그것은 오직 은혜로만 의롭게 된다는 말씀이다. 그렇지만 바로 이 문장을 잘못 사용하면, 이 문장의 본질은 완전히 파괴되고 만다.

파우스트(Faust)가 생애의 말기에 인식에 관해 글을 쓰는 중에 "우리는 아무것도 알 수 없다는 사실을 나는 알게 되었다."고 말했을 때, 이 문장은 결과를 말한 것이다. 그리고 이 결과는 첫 학기를 마친 학생이 자신의 태만을 변명하려고 이 문장을 사용할 때와는 전혀 다른 것이다.(키르케고르) 이 명제는 결과로서는 참되지만, 전제로서는 자기기만이다. 이것은 인식은 인식을 획득하는 존재와 분리될 수 없다는 사실을 의미한다. 오직 자신이 가진 모든 것을 포기하고 예수를 따르는 자만이 오직 은혜로만 의롭게 되었다는 사실을 말할 수 있다. 그는 "나를 따르라"는 부름 그 자체를 은혜로 인식하며, 은혜를 이러한 부름으로 인식한다. 그러나 이러한 은혜와 더불어 따르기를 거부하는 자는 자기 자신을 속이는 자다.

그러나 루터 자신도 은혜를 이처럼 완전히 거꾸로 이해할 위험에 매우 가까이 다가가지 않았는가? "용감하게 죄를 지어라. 그러나 이보다 더 용감하게 그리스도를 믿고, 그리스도 안에서 즐거워하라!"(Pecca fortiter, sed fortius fide et gaude in Christo)고 루터가 말했을 때, 이것은 무엇을 의미했던가? 너는 지금 죄인이다. 그리고 너는 죄에서 결코 벗어나지 못할 것이다. 네가 수도사이든 세상 사람이든, 네가 경건하기를 원하든 악하기를 원하든, 너는 세상 어디로도 도망가지 못하며, 너는 죄를 짓는다. 그러므로 용감하게 죄를 지어라. 바로 이미 일어난 은혜를 의지하면서 죄를 지어라!

이 말은 값싼 은혜를 노골적으로 선포하고, 죄를 용서하고, 뒤따름을 폐기하라는 말인가? 이 말은 은혜를 의미하면서 마음대로 죄를 지을 것을 강요하는 모독적인 말인가? 하나님이 선사하신 은혜를 의지하면서 죄를 짓는 것보다 더 사악하게 은혜를 모독하는 것이 있는가? 가톨릭의 교리문답서가 여기서 성령을 거스르는 죄를 인식하는 것은 옳지 않은가?

여기서 모든 것을 이해하기 위해서는 결과와 전제의 구분을 적용하는 것이 중요하다. 만약 루터의 명제를 일종의 은혜신학의 전제로 만든다면, 이로써 값싼 은혜를 불러들인 셈이다. 그러나 시작이 아니라 오직 마지막으로만, 결과로만, 마무리 머릿돌로만, 최종적인 말로만 이해할 때, 루터의 명제는 올바로 이해될 수 있다. 만약 그것을 전제로 이해한다면, "용감하게 죄를 지어라!"는 말은 윤리적 원리가 된다. 여기서 "용감하게 죄를 지어라!"는 원리는 은혜의 원리와 상응한다. 이것은 죄를 의롭다고 인정하는 것이다. 따라서 루터의 명제는 거꾸로 왜곡되어 버린다. "용감하게 죄를 지어라!"는 루터의 명제는 오직 그리스도를 따르는 가운데서 죄를 짓지 않을 수 없다는 사실을 아는 자에게만, 오직 죄가 두려워서 하나님의 은혜를 의심하는 자에게만 주어지는 최종적인 정보와 권고다. "용감하게 죄를 지어라!"라는 루터의 말은 불순종하는 자신의 삶을 원칙적으로 인정하는 말이 아니다. 그것은 하나님의 은혜의 복음이다.

하나님의 은혜의 복음 앞에서 우리는 항상, 그리고 모든 상태에서 죄인이다. 그리고 이 복음은 죄인인 우리를 찾아오고, 우리를 의롭게 만든다. 네 죄를 용감하게 고백하라. 죄로부터 벗어나려고 애쓰지 마라. 그러나 "더 용감하게 믿어라." 너는 죄인이다. 너는 지금도 죄인이다. 지금의 네 모습과 다른 어떤 것이 되려고 하지 마라. 날마다 죄인이 되어라. 용감하게 죄인이 되어라. 그러나 이 말은 바로 날마다 마음으로 죄를 물리치는 자에게, 바로 예수를 따르지 못하게 방해하는 모든 것을 날마다 거부하는 자에게, 바로 자신의 일상적인 불성실과 죄 때문에 괴로워하는 자에게 주어진 말이 아닌가? 이러한 위로를 통해 다시금 그리스도를 따르도록 부름을 받은 자가 아니라면, 누가 신앙의 위험이 없이 이 말을 들을 수 있겠는가? 이처럼 결과로 이해되는 루터의 명제는 값진 은혜가 된다. 오직 값진 은혜만이 은혜다.

원리로 이해되는 은혜, 원리로 이해되는 루터의 명제, 값싼 은혜는 결국 하나의 새로운 율법에 지나지 않는다. 이것은 도움을 주지 못하며, 죄를 벗어나지 못하게 만든다. 오직 살아 있는 말씀으로 이해되는 은혜만이 값진 은혜다. 오직 시련 속에 주어진 위로와 뒤따름의 부름으로 이해되는 루터의 명제만이 값진 은혜다. 오직 죄를 용서하고 죄인을 해방하는 순수한 은혜만이 값진 은혜다.

우리는 까마귀처럼 값싼 은혜의 주검 주위로 모여들었고, 거기서 우리는 예수의 뒤따름을 죽이는 독을 빨아들였다. 순수한 은혜에 대한 가르침은 참으로 지나칠 정도로 숭배를 받게 되었고, 은혜에 대한 순수한 가르침은 하나님 자신과 은혜 자체가 되고 말았다. 곳곳마다 루터의 말이 언급되지만, 진리는 자기기만으로 왜곡되었다.

만약 우리 교회가 단지 죄인을 의롭다고 인정하는 교리만을 가르친다면, 교회는 분명히 의롭다고 인정을 받는 교회이기도 하다는 것이다. 따라서 사람들이 은혜를 가능한 한 값싸게 만들었다는 점에서 루터의 올바른 유산은 인식되고 있다는 것이다. 은혜 때문에 율법주의자들, 개혁교인들 또는 열광주의자들에게 뒤따름의 의무를 넘겨주고, 세상을 의롭다고 인정하며, 그리스도를 따르는 그리스도인들을 이단으로 만든 것은 루터의 가르침에 충실한 결과라는 것이다. 한 민족이 그리스도교적인 민족, 루터의 가르침에 충실한 민족이 되었다. 그러나 이로 말미암아 뒤따름은 포기되었다. 뒤따름은 너무 값싼 가격으로 팔렸다. 값싼 은혜가 승리를 거두었다.

그러나 이러한 값싼 은혜가 우리에게 최고로 혹독한 것이 되었다는 사실을 우리는 알고 있는가? 오늘날 조직화된 교회의 붕괴와 더불어 우리가 치러야 하는 대가는 바로 너무 값싸게 얻은 은혜의 필연적인 결과가 아닌가? 우리는 묻지도 않은 채, 무조건 말씀과 성례전을 값싸게 제공했고, 세례를 주었고, 견진성사(堅振聖事)를 시행했으며, 민족 전체의 죄를 용서해 주었다. 우리는 인간적인 사랑 때문에 조롱하는 자들과 믿지 않는 자들에게 거룩한 것을 주었고, 은혜의 강물을 끝없이 흘려보냈다. 그러나 그리스도를 치열하게 따라야 한다는 부름은 거의 들을 수 없었다.

세례문답 속에서 교회와 세상의 경계선에 관해, 값진 은혜에 관해 매우 신중하게 가르쳤던 고대 교회의 인식은 어디에 있는가? 불신앙 속에서 살아가는 인간을 안심시키는 설교를 경고한 루터의 외침은 어디에 있는가? 지금보다 더 섬뜩하게, 더 절망적으로 세상이 그리스도교적인 세상이 된 적이 언제 있었는가? 오늘날 죽어간 수백만의 영혼들을 바라볼 때, 카를 대제가 죽였던 삼천 명의 작센 사람들은 무엇을 의미하는가? 아비들의 죄가 자식들에게 삼대와 사대까지 미친다는 사실이 우리에게 드러났다. 값싼 은혜는 우리 개신교회에도 매우 가혹한 것이었다.

값싼 은혜는 분명히 우리 대부분에게도 인격적으로 가혹한 것이었다. 값싼 은혜는 우리가 그리스도에게 나아가는 길을 열어주기는커녕 오히려 막아버렸다. 값싼 은혜는 우리에게 뒤따름을 촉구하기는커녕 오히려 불순종하는 우리를 완고하게 만들었다. 우리가 언젠가 "나를 따르라"는 예수의 부름을 그리스도의 은혜로운 부름으로 들었던 바로 그때, 우리가 언젠가 계명에 대한 순종의 훈련 속에서 예수를 따르려고 용감하게 첫발을 내딛었던 바로 그때, 값싼 은혜의 공격은 혹독하고 가혹하지 않았던가?

값싼 은혜는 세상 안에서 매우 냉정하게 살기를 촉구함으로써 우리의 길을 가로막으려고 했다. 은혜 안에서 모든 것은 이미 준비되었고 완성되었기 때문에 모든 것은 우리가 스스로 선택한 길이요, 능력의 낭비요, 불필요하고 매우 위험한 노력과 훈련에 불과하다고 말하면서, 값싼 은혜는 예수를 따르려는 우리 속의 기쁨을 질식시켜 버렸다. 타오르는 불꽃의 심지는 가혹하게 꺾어 버렸다.

인간에게 이렇게 말한 값싼 은혜는 가혹하였다. 왜냐하면 이러한 값싼 선물에 현혹된 인간은 그리스도가 부른 길을 벗어났기 때문이고, 이제는 값진 은혜의 깨달음을 영원히 가로막은 값싼 은혜를 붙잡았기 때문이다. 그 결과는 다음과 같이 나타났다. 속임을 당한 약한 인간은 값싼 은혜를 소유함으로써 한꺼번에 강한 사람이 된 것처럼 느끼게 되었다. 그러나 실제로 그는 순종과 뒤따름의 능력을 잃어버렸다. 값싼 은혜에 관한 말은 행위에 관한 그 어떤 계명보다 더 많이 그리스도인들을 파멸로 몰아갔다.

다음 장에서 우리는 이 문제로 시험에 빠진, 그리고 은혜의 말씀 때문에 충격적인 공허감을 느끼는 사람들을 위해 한마디 덧붙이려고 한다. 값싼 은혜와 함께 그리스도를 따르는 길을 잃어버렸고 그리스도를 따르려다 다시금 값진 은혜에 대한 이해를 잃어버렸다고 고백하는 사람들을 위해 우리는 다음과 같은 진리를 말해야 한다. 이유는 간단하다. 우리는 그리스도를 더는 올바르게 따르지 않고 있다. 우리는 분명히 은혜에 관해 순수하게 가르치는, 올바로 믿는 교회의 지체들이지만, 더는 그리스도를 따르는 교회의 지체들이 아니다. 이 사실을 부인하고 싶지 않다면, 은혜와 뒤따름의 관계를 다시 올바로 이해하려고 노력해야 한다. 오늘날 우리는 이 문제를 더는 회피해서는 안 된다. 우리 교회의 곤경은 바로 다음과 같은 질문 속에서 점점 더 분명히 드러난다. 우리는 오늘날 그리스도인으로서 어떻게 살아갈 수 있는가?

우리가 걸어가려는 길의 끝자락에 이미 서 있고, 참으로 이해하기 어렵게 보이는 사실, 곧 은혜가 값지다는 사실을 놀라움 속에서 이해하는 자는 복이 있다. 은혜가 값진 까닭은 은혜가 순수하기 때문이요, 은혜가 예수 그리스도 안에서 나타난 하나님의 은혜이기 때문이다. 예수 그리스도를 단순하게 따르는 가운데서 이러한 은혜에 압도되고, 그래서 홀로 역사하는 그리스도의 은혜를 겸손하게 찬양할 수 있는 자들은 복이 있다. 이러한 은혜를 인식하는 가운데 세상 안에서 살아가지만, 세상 때문에 자신을 잃어버리지 않는 자들은 복이 있다. 예수 그리스도를 따르는 가운데 하늘 아버지의 나라를 깊이 확신하고, 그래서 이 세상 안에서 살아가기 위해 참으로 자유로운 자들은 복이 있다. 예수 그리스도를 따르는 삶을 오직 은혜로부터 주어진 삶으로만 이해하고, 은혜를 오직 예수 그리스도를 따르는 은혜로만 이해하는 자들은 복이 있다. 이런 의미에서 은혜의 말씀을 자비로운 말씀으로 받아들인 그리스도인들은 복이 있다.

뒤따름으로의 부름

또 지나가시다가 알패오의 아들 레위가 세관에 앉아 있는 것을 보시고, 그에게 이르시되 나를 따르라 하시니, 일어나 따르니라. (막 2:14)

예수가 부르자, 부름을 받은 자는 아무런 중재도 없이 순종한다. 제자의 응답은 예수에 대한 언어적인 신앙 고백이 아니라, 순종의 행위다. 부름과 순종의 이러한 직접적인 대응이 어떻게 가능한가? 이것은 자연적인 이성(理性)을 완전히 거스르는 일이다. 이성은 이러한 견고한 만남을 분리해야 한다. 둘 사이에 그 무엇을 끼워 넣어야 한다. 그것은 해명되어야 한다. 어떤 상황에서도 일종의 중재자, 곧 하나의 심리적·역사적인 중재자가 발견되어야 한다. 우리는 세리가 이미 예전부터 예수를 알고 있었고, 따라서 그가 예수의 부름에 응답할 준비를 하고 있지 않았는지 어리석게 질문한다.

그러나 바로 이에 관해 본문은 완고하게 침묵하고 있다. 참으로 본문이 전적으로 관심을 기울이는 것은 바로 부름과 행위의 완전히 직접적인 대응이다. 본문은 한 인간의 경건한 결단을 심리학적으로 설명하는 것에 완전히 무관심하다. 그

이유가 무엇인가? 부름과 행위의 이러한 대응을 설명하는 유일한 타당한 근거가 있기 때문이다. 그것은 곧 **예수 그리스도 자신**이다. 부르는 자는 예수 그리스도다. 그러므로 세리는 따라 나선다. 이러한 만남은 예수의 무조건적이고 직접적이고 설명할 수 없는 권위를 증언한다. 만남 전에는 그 어떤 것도 존재하지 않았다. 그리고 부름을 받은 자의 순종 외에는 그 어떤 것도 일어나지 않았다.

예수가 그리스도라는 사실은 제자를 부르고 자신의 말씀에 대한 순종을 요구하는 권한을 예수에게 부여한다. 예수는 선생과 모범적인 존재로서가 아니라 하나님의 아들, 그리스도로서 따르기를 요구한다. 이렇게 짧은 본문은 오직 예수 그리스도만을 선포하며, 인간에 대한 그의 요구만을 선포한다. 제자도, 단호한 그리스도교도 자랑거리가 되지 못한다. 우리는 제자가 아니라 오직 제자를 부르는 자, 그의 권한만을 바라보아야 한다. 예수는 믿음에 이르는 길, 자신을 따르는 길을 가리키지 않았다. 예수의 부름에 순종하는 길을 떠나서는 믿음에 이르는 길도 없다.

본문은 뒤따름의 내용에 관해 무엇을 말하는가? "나를 따르라, 내 뒤를 따르라!" 이것이 전부다. 예수를 따르는 것, 이것은 완전히 내용이 없는 것이다. 뒤따름은 의미심장하게 실현될 것처럼 보이는 인생 프로그램이 아니며, 인간이 추구해야 할 목표와 이상도 아니다. 뒤따름은 인간의 생각에 그 어떤 것이나 심지어 자기 자신을 바칠 가치가 있는 것이 전혀 아니다. 그런데 무슨 일이 일어났는가? 부름을 받은 자는 자신이 가진 모든 것을 버린다. 특별히 가치가 있는 일을 하기 위해서가 아니라, 단지 부름에 응답하려고 그렇게 한 것이다. 그렇게 하지 않고는 예수를 따를 수 없기 때문이다.

이러한 행위 자체는 가장 작은 가치도 부여될 수 없는 것이다. 그 자체로 본다면, 그것은 전혀 의미가 없는 것이며, 눈에 띄는 것도 아니다. 되돌아갈 다리는 무너졌다. 단지 앞으로 걸어갈 따름이다. 부름을 받은 자는 지금까지의 생활에서 "떠나야" 한다. 단어의 엄밀한 의미대로 그는 "뛰쳐나와야"(existieren) 한다. 옛것은 뒤에 남겨두고, 옛것은 완전히 버려야 한다. 상대적으로 안정된 생활로부터 완전히 불안정한(실제로는 예수의 사귐 안에서 절대적으로 안정되고 평안한) 생활로, 전망할 수 있고 계산할 수 있는(실제로는 전혀 계산할 수 없는) 생활로부터 전혀 계산할 수 없는, 우연한(실제로는 유일하게 필연적이고 계산할 수 있는) 생활로, 유한한 가능성의 영역(실제로는 무한한 가능성의 영역)으로부터 무한한 가능성의 영역(실제로는 유일하게 해방적인 현실)으로 제자들은 던져졌다. 다시 말하면, 뒤따름은 결코 보편적인 율법이 아니다. 뒤따름은 모든 율법을 지키는 것과는 정반대다.

다시 말하면, 뒤따름은 오직 예수 그리스도에게만 얽어맨다. 뒤따름은 모든 프로그램, 모든 이상, 모든 율법을 완전히 파괴한다. 오직 예수만이 유일한 내용이기 때문에 새로운 내용도 존재할 수 없다. 여기서 예수 외에는 다른 내용이 없다. 예수 자신이 내용이다.

다시 말하면, "나를 따르라"는 부름은 오직 예수 그리스도라는 인물에게만 얽어매며, 부르는 자의 은혜를 통해 모든 율법을 무너뜨린다. 그의 부름은 은혜로운 부름이요, 은혜로운 계명이다. 그의 부름은 율법과 복음의 대립을 넘어선다. 그리스도는 부르고, 제자는 따른다. 이 부름은 은혜임과 동시에 계명이기도 하다. "내가 주의 법도를 구했으니, 즐겨 행하리라."(시 119:45)

뒤따름은 그리스도에게 얽어맨다. 그리스도가 존재하기 때문에 뒤따름도 반드시 존재한다. 그리스도에 관한 하나의 이념, 하나의 교리체계, 은혜나 사죄에 관한 하나의 보편적이고 종교적인 인식은 뒤따름을 불필요하게 만든다. 그것들은 참으로 뒤따름을 배제하고, 뒤따름을 원수처럼 생각한다. 우리는 하나의 이념을 인식할 수 있고, 하나의 이념 때문에 열광할 수 있으며, 아마도 하나의 이념을 실현할 수도 있을 것이다. 그러나 우리는 하나의 이념을 인격적으로 순종하고 따르지는 않는다. 살아 있는 예수 그리스도가 없는 그리스도교는 불가피하게 뒤따름이 없는 그리스도교로 변하며, 뒤따름이 없는 그리스도교는 항상 예수 그리스도가 없는 그리스도교로 변한다. 그런 그리스도교는 이념이요, 신화다.

오직 하나님 아버지만이 존재하시고 살아 있는 아들 그리스도가 존재하지 않는 그리스도교는 곧바로 뒤따름을 폐기해 버린다. 여기에는 하나님에 대한 신뢰는 존재하지만, 뒤따름은 존재하지 않는다. 하나님의 아들은 인간이 되었다. 그는 **중보자**다. 오직 그렇기 때문에 뒤따름은 그에 대한 올바른 관계다. 뒤따름은 중보자와 매어 있다. 그리고 뒤따름에 관해 올바로 언급되는 곳에는 중보자 예수 그리스도, 곧 하나님의 아들에 관해서도 언급된다. 오직 중보자, 하나님과 인간인 예수 그리스도만이 뒤따름을 요구할 수 있다.

이념적인 길이든 순교자의 길이든, 예수 그리스도가 없는 뒤따름은 스스로 선택한 길이다. 그러나 그런 길은 약속이 없는 길이다. 예수는 이런 길을 거부한다.

> 길 가실 때에 어떤 사람이 여짜오되, 어디로 가시든지 나는 따르리이다. 예수께서 이르시되, 여우도 굴이 있고 공중의 새도 집이 있으되, 인자는 머리 둘 곳이 없도다 하시고, 또 다른 사람에게 나를 따르라 하시니, 그가 이르되, 나로 먼저 가서 내 아버지를 장사하게 허락하옵소서. 이르시되, 죽은 자들로 자기의 죽은 자들을 장사하게 하고, 너는 가서 하나님의 나라를 전파하라 하시고, 또 다른 사람이 이르되, 주여, 내가 주를 따르겠나이다마는 나로 먼저 내 가족을 작별하게 허락하소서. 예수께서 이르시되 손에 쟁기를 잡고 뒤를 돌아보는 자는 하나님의 나라에 합당하지 아니하니라 하시니라. (눅 9:57-62)

첫 번째 제자는 예수에게 제자가 되기를 스스로 제안했지만, 그는 부름을 받지 않았다. 예수는 감격한 그에게 자신이 무엇을 하는지를 알지 못한다고 대답했다. 그는 자신이 무엇을 하는지를 전혀 알 수 없었다. 이것이 대답의 의미다. 이런 대답을 통해 예수는 제자들에게 자신과 함께 살아가는 것이 참으로 어떤 것인지를 보여준다. 여기서 말하는 자는 십자가를 향해 가는 자다. 사도신경은 그의 생애 전체를 "고난"이라는 한 단어로 표현한다. 아무도 이런 생애를 스스로 선택할 수 없다. 아무도 자기 자신을 부를 수 없다고 예수는 말한다. 그의 말은 여전히 대답을 얻지 못한다. 뒤따름을 위한 자유로운 제안과 진정한 뒤따름 사이에는 여전히 간격이 존재한다. 그러나 예수가 친히 부른다면, 예수는 매우 깊은 간격도 극복한다.

두 번째 제자는 따르기 전에 죽은 아버지 장례를 치르기를 원한다. 율법이 그의 발을 묶어 버린다. 부름을 받은 자는 자신이 무엇을 하기를 원하고, 무엇을 해야 하는지를 안다. 그는 먼저 율법을 지키고, 그런 다음에 따르려고 한다. 여기서는 율법의 분명한 계명이 부름을 받은 자와 예수 사이에 존재하고 있다. 예수의 부름은 이제 어떤 상황에서도 예수와 부름을 받은 자 사이에 그 어떤 것이 들어오는 것을 강력히 반대한다. 가장 위대한 일도, 가장 거룩한 일도, 율법도 들어올 수 없다. 바로 지금 둘 사이에 끼어들려는 율법은 예수 때문에 무너져야 한다. 왜냐하면 율법은 예수와 부름을 받은 자 사이에서 들어올 권리가 없기 때문이다. 그래서 여기서 예수는 율법에 대

나를 따르라 •

항하며, 자신을 따르기를 명령한다. 오직 그리스도만이 그렇게 말한다. 그는 최종적인 말씀을 소유하고 있다. 다른 사람은 저항할 수 없다. 이러한 부름, 곧 이러한 은혜는 저항할 수 없는 것이다.

세 번째 제자는 첫 번째 제자처럼 뒤따름을 오직 자신만이 제공할 수 있는 제안으로, 자신이 스스로 선택한 인생 프로그램으로 이해한다. 그러나 그는 첫 번째 제자와는 달리 자기 나름대로 조건을 제시할 권리도 있다고 느낀다. 그리하여 그는 하나의 완전한 모순 속으로 자신을 몰아넣는다. 그는 예수에게 자신의 입장을 밝히기를 원한다. 그러나 이와 동시에 그는 자신과 예수 사이에 그 어떤 것을 끼워 넣는다. "먼저 허락하소서." 그는 따르기를 원한다. 그러나 그는 따르는 조건을 스스로 만들기를 원한다. 그에게 뒤따름은 조건과 전제가 충족되어야 실현될 수 있는 하나의 가능성이다.

이로써 뒤따름은 인간적으로 통찰하고 이해할 수 있는 것으로 변해 버린다. 사람들은 먼저 한 가지 일을 수행한 다음에야 비로소 다른 일도 수행한다. 모든 것은 자신의 권리와 자신의 때가 있다. 제자는 자신의 마음을 스스로 움직인다. 그러나 그렇게 함으로써 그는 자신의 조건을 제시할 권리도 갖게 된다. 이 순간에 뒤따름은 분명히 뒤따름이 되기를 멈추어 버린다. 그리하여 뒤따름은 내가 나의 판단에 따라 정리할 수 있고 내가 합리적으로, 그리고 윤리적으로 정당화할 수 있는 인생 프로그램으로 변하고 만다.

　이 세 번째 제자는 예수를 따르기를 원하지만, 조건을 제시함으로써 더는 따르지 않으려고 한다. 그는 자신의 제안을 통해 뒤따름을 스스로 폐기한다. 왜냐하면 뒤따름은 예수와 순종 사이에 들어올 수 있는 아무런 조건도 허락하지 않기 때문이다. 이 세 번째 제자는 단지 예수와만 모순에 빠진 것이 아니라, 이미 자기 자신과도 모순에 빠진다. 그는 예수가 원하는 것을 원하지 않으며, 자신이 스스로 원하는 것도 원하지 않는다. 그는 자기 자신을 심판하며, 자기 자신과 함께 좌절하고 만다. 그리고 이 모든 것은 "먼저 허락하소서."라는 요구 때문에 일어난 일이다. 예수는 "손에 쟁기를 잡고 뒤를 돌아보는 자는 하나님의 나라에 합당하지 아니하니라."고 대답한다. 이런 대답을 통해 예수는 자기 자신과 함께 좌절한 그를 비유로 보여 준다.

　따른다는 것은 확실한 걸음을 내딛는다는 것을 뜻한다. 부름에 따라나선 첫걸음은 따르는 자를 지금까지의 삶에서 이미 떼어놓기 시작한다. 따라서 "나를 따르라"는 부름은 곧바로 새로운 상황을 만든다. 옛날 상황에 머물러 있으면서, 동시에 예수를 따를 수는 없다. 무엇보다 이것은 완전히 명백한 사실이었다. 예수를 따르기 위해 세리는 세관을 버려야 했고, 베드로는 그물을 버려야 했다.

　우리의 이해에 따르면 이미 그 당시에도 상황이 전혀 다

나를 따르라 •

르게 전개될 수도 있었을 것이다. 예수가 세리에게 하나의 새로운 하나님 지식을 전해 주고, 그로 하여금 옛날 상황에 머물러 있게 할 수도 있었을 것이다. 만약 예수가 인간이 된 하나님의 아들이 아니었다면, 그런 일도 가능했을 것이다. 그러나 예수는 그리스도였기 때문에 그의 말은 처음부터 분명히 하나의 이론이 아니라 존재의 새로운 창조였다. 그러므로 제자는 예수와 함께 실제로 길을 떠나야 했다. 예수의 부름을 받은 자는 다음과 같은 말도 함께 들었다. 그에게는 예수를 믿을 수 있는 오직 한 가지 가능성만이 존재한다. 그것은 바로 모든 것을 버리고, 인간이 된 하나님의 아들과 함께 떠나는 것이다.

첫걸음을 내딛을 때, 따르는 자는 예수를 믿을 수 있는 상황 안에 놓여진다. 만약 그가 따르지 않는다면, 만약 그가 뒷걸음질을 친다면, 그는 믿는 법을 배울 수 없다. 부름을 받은 자는 믿을 수 없는 상황으로부터 우선 믿을 수 있는 상황 안으로 옮겨져야 한다. 이런 걸음은 그 자체 안에 프로그램의 가치를 전혀 가지고 있지 않다. 이것은 오직 그가 누리고 있는 예수 그리스도와의 사귐을 통해서만 정당화된다. 만약 레위가 세관의 자리에 앉아 있었다면, 또는 베드로가 그물을 만지고 있었다면, 그들은 아마도 그들의 직업을 정직하게, 그리고 충실하게 수행했을 것이다. 그리고 그들은 하나님을 옛날대로 인식하거나, 새롭게 인식할 수도 있었을 것이다. 그러나 만약 그들이 하나님을 믿는 법을 배우기를 원한다면, 인간이 된 하나님의 아들을 따라가야 하고, 그와 함께 떠나야 한다.

예전에는 상황이 달랐다. 그때에 그들은 시골에서 조용히, 이름도 없이 그들의 직업에 종사할 수 있었다. 그들은 율법을 지켰고, 메시아를 기다렸다. 그러나 이제 메시아가 왔다. 이제 그가 부른다. 이제 믿는다는 것은 더는 조용히 기다리는 것이 아니라, 그를 따르고 그와 함께 가는 것을 의미한다. 이제는 "나를 따르라"는 예수 그리스도의 부름이 그와의 유일한 연대를 위해 모든 연대를 풀어 버린다. 예수가 요구하고 예수가 주는 것을 이해하려면, 이제 모든 다리가 무너져야 하고, 끝없이 불확실한 곳으로 발길을 옮겨야 한다. 물론 세관의 레위는 예수를 온갖 곤경에서 도움을 주는 자로 인정할 수도 있었을 것이다. 만약 그랬다면, 그는 예수를 자신의 모든 생명을 바쳐야 할 주로 인식하지 못했을 것이고, 그를 믿는 법을 배우지 못했을 것이다.

인간이 되신 하나님, 곧 예수를 믿을 수 있는 상황은 만들어져야 한다. 한 가지, 곧 예수의 말씀에 모든 것을 걸어야 하는 불가능한 상황은 만들어져야 한다. 베드로는 자신의 무능과 주의 전능을 경험하기 위해 배에서 출렁이는 물로 뛰어내려야 한다. 만약 그가 뛰어내리지 않았다면, 그는 믿는 법을 배우지 못했을 것이다. 믿을 수 있기 위해 그는 출렁이는 바다 위에 완전히 불가능한, 도덕적으로 전혀 무책임한 상황을 만들어야 한다. 믿음에 이르는 길은 그리스도의 부름에 대한 순종

나를 따르라 •

을 통과한다. 발걸음을 떼야 한다. 만약 그렇게 하지 않으면, 예수의 부름은 공허하게 된다. 그리고 예수를 따른다고 말하면서, 예수가 부르는 이런 길을 가지 않는 모든 행동은 거짓된 열광이다.

믿을 수 있는 상황과 믿을 수 없는 상황을 구분하는 위험은 크다. 여기서 우리가 매우 분명히 알아야 할 점은 다음과 같다. 첫째로, 상황 자체 또는 어떤 종류의 상황인가를 인식하는 것은 전혀 중요하지 않다. 오직 예수 그리스도의 부름만이 믿을 수 있는 상황을 결정한다. 둘째로, 믿을 수 있는 상황은 결코 인간에 의해 설정될 수 없다. 뒤따름은 결코 인간의 제안이 아니다. 오직 부름만이 상황을 만든다. 셋째로, 이러한 상황은 결코 자기 자체 안에 자신의 고유한 가치를 내포하지 않는다. 오직 부름을 통해서만 상황은 정당화된다. 끝으로, 그리고 가장 중요한 점을 말하자면, 믿을 수 있는 상황 자체도 오직 믿음 안에서만 가능하다.

믿을 수 있는 상황이라는 개념은 다음과 같은 사태를 바꾸어 말한 것에 불과하다. 다음의 명제는 두 문장으로 이루어져 있지만, 두 문장이 똑같이 참되다. **오직 믿는 자만이 순종하고, 오직 순종하는 자만이 믿는다.**

만약 우리가 둘째 문장을 버리고 첫째 문장만을 선택한다면, 성서의 진실성은 큰 손상을 입는다. 오직 믿는 자만이 순종한다는 문장을 우리는 이해할 수 있다고 생각한다. 그래서 좋은 나무가 좋은 열매를 맺듯이, 믿음이 순종을 낳는다고 우리는 말한다. 먼저 믿음이 있고, 그다음에 순종이 있다. 만약 이로써 순종의 행위가 아니라 오직 믿음만이 의롭다고 우리가 증언하려고 했다면, 이것은 물론 그다음에 오는 모든 주장을 위한 필연적이고 불가피한 전제다. 그러나 만약 이로써 먼저 믿음이 있어야 순종이 따라온다는 그 어떤 시간적인 규정을 우리가 만든다면, 믿음과 순종은 서로 분리되며, 아주 실천적인 질문이 남게 된다. 순종은 언제 시작되어야 하는가? 순종은 항상 믿음과 분리된다. 물론 의롭다고 인정을 받기 위해서는 믿음과 순종은 분리되어야 한다. 그러나 이런 분리는 믿음과 순종의 일치를 결코 폐기해서는 안 된다. 믿음은 오직 순종 안에서만 존재하며, 결코 순종이 없이 존재하지 않는다. 믿음은 오직 순종의 행위 안에서만 믿음이다.

순종을 믿음의 하나의 결과라고 말하는 것은 옳지 않다. 믿음과 순종은 서로 분리될 수 없는 하나다. 따라서 이제 우리는 "오직 믿는 자만이 순종한다."라는 문장에 다른 문장을 대립시켜야 한다. 오직 순종하는 자만이 믿는다. 앞 문장에서는 믿음이 순종의 전제라면, 뒤 문장에서는 순종이 믿음의 전제다. 만약 순종을 믿음의 결과라고 말한다면, 바로 똑같은 방식으로 순종도 믿음의 전제라고 말할 수 있다.

오직 순종하는 자만이 믿는다. 믿기 위해서는 하나의 구체적인 명령에 순종해야 한다. 믿음이 경건한 자기기만, 값싼 은혜가 되지 않기 위해서는 순종의 걸음을 떼어야 한다. 첫걸음이 중요하다. 첫걸음은 다음의 모든 걸음과 질적인 차이가 있다. 순종의 첫걸음은 베드로로 하여금 그물을 버리게 했고, 배에서 뛰어내리게 했다. 순종의 첫걸음은 청년으로 하여금 재물을 버리게 했다.(막 1:16-18; 마 14:29, 19:21) 오직 이런 순종을 통해 새롭게 창조된 실존 안에서만 믿을 수 있다.

이러한 첫걸음은 먼저 하나의 존재방식이 다른 하나의 존재방식으로 바뀌는 외형적인 행위로 간주될 수 있다. 이런 걸음은 누구든지 내딛을 수 있다. 인간은 그렇게 할 자유가 있다. 이것은 시민적 의(iustitia civilis) 안에서 일어나는 행위이고, 여기서 인간은 자유롭다. 베드로는 개종할 수는 없었지만, 자신의 그물을 버릴 수는 있었다. 복음서 내용을 읽어보면, 이러한 첫걸음과 더불어 이미 생애 전체와 관련된 하나의 행위가 요구되었다. 로마 가톨릭교회는 이러한 걸음을 오직 수도사의 탁월한 가능성으로만 요구했지만, 다른 신자들은 교회와 교회의 계명에 무조건 순종하는 태도만으로 충분했다. 루터교회 신앙고백서도 첫걸음의 중요성을 중요하게 인식했다. 신인협동적인 오해가 근본적으로 제거된 다음에는 믿음을 위해 요구되는 이러한 첫 번째의 외형적인 행위를 위한 여지는 남겨 놓을 수 있고, 남겨 놓아야 한다는 것이다.

이것은 구원의 말씀이 선포되는 교회로 발걸음을 옮긴다는 것을 의미한다. 이러한 걸음은 완전한 자유 안에서 실행될 수 있다. 교회로 오너라! 너는 너의 인간적인 자유 덕분에 그렇게 할 수 있다. 너는 주일에 집을 떠날 수 있고, 설교를 들으러 교회에 갈 수 있다. 만약 그렇게 하지 않는다면, 너는 믿을 수 있는 자리에서 의도적으로 멀어지는 셈이다. 이로써 루터교회의 신앙고백서는 믿을 수 있는 상황과 믿을 수 없는 상황에 관해 알고 있음을 증언한다. 물론 여기서 이런 인식은 여전히 깊이 감춰져 있다. 마치 이런 인식을 부끄러워하는 듯이 말이다. 그러나 루터교회 신앙고백서는 첫걸음을 하나의 외형적인 행위로서 여전히 중요하게 인식한다.

만약 이러한 인식이 확실해졌다면, 다음에는 두 번째 사실이 언급되어야 한다. 이러한 첫걸음은 단순히 외형적인 행위로서 항상 율법의 죽은 행위로 머물러 있다. 이런 행위는 그 자체로서 그리스도에게 결코 인도하지 못한다. 새로운 존재는 외형적인 행위로서 철저히 낡은 존재로 머물러 있다. 이런 행위는 기껏해야 새로운 생활규범과 새로운 생활양식에 도달할 수는 있지만, 그리스도와 함께 새로운 생활을 영위할 수는 없다. 술을 끊은 주정뱅이와 돈을 포기한 부자는 이를 통해 술과 돈으로부터는 벗어날 수 있지만, 자기 자신으로부터는 벗어나지 못할 것이다. 다시 말하면, 그는 완전히 자기 자신 속에 머물러 있다. 아마도 예전보다 더 깊이 자신 속에 머물러 있을 것이다. 그는 행위의 요구 아래서 낡은 생활의 죽음 안에 머물러 있다. 물론 행위는 분명히 일어난다. 그러나 행위는 스스로 죽

나를 따르라 •

음, 불순종, 불신앙으로부터 벗어나지 못한다.

만약 우리가 첫걸음을 은혜와 믿음을 위한 전제로 이해한다면, 우리는 우리의 행위를 통해 이미 심판을 받은 셈이며, 은혜와 완전히 단절된 셈이다. 여기서 우리가 마음, 선한 의도라고 늘 말해 왔던 것들과 로마 가톨릭교회가 "자신에게 속한 것을 행하라."(facere quod in se est)라고 말했던 모든 명제는 외형적인 행위에 속한 것들이다. 만약 우리가 이로써 믿을 수 있는 상황 안으로 들어가려는 의도 속에서 첫걸음을 뗀다면, 이런 신앙고백도 다시금 우리의 낡은 존재 안에서 이루어진 하나의 행위, 곧 하나의 새로운 생활 가능성과 전혀 다르지 않다. 이로써 우리는 완전히 오해한 셈이며, 여전히 불신앙 속에 머물러 있는 셈이다.

그래도 외적인 행위는 일어나야 한다. 그래도 우리는 신앙고백의 상황 안으로 들어가야 한다. 우리는 걸음을 떼어야 한다. 이것은 무엇을 말하는가? 우리가 행해야 할 행위를 의지하면서 첫걸음을 떼지 않고, 오직 우리에게 행위를 요구하는 예수 그리스도의 말씀만을 의지하고 첫걸음을 떼야만, 이러한 걸음은 올바로 일어난다는 말이다.

베드로는 독단적으로 배에서 뛰어내려서는 안 된다는 사실을 안다. 첫걸음을 떼자마자 그는 벌써 물속으로 가라앉았다. 그래서 그는 "나를 명하사, 물 위로 오라 하소서!"라고 외치고, 그리스도는 "오라."고 대답한다. 그리스도는 분명히 베드로를 불렀다. 오직 이 말씀을 의지할 때에만 걸음을 뗄 수 있었다. 이 부름은 죽음으로부터 순종의 새로운 삶으로 불러내는 그의 은혜다. 그러나 이제 그리스도가 불렀을 때, 베드로는 그리스도에게 다가가기 위해 배에서 뛰어내려야 한다. 따라서 순종의 걸음 안에 이미 그리스도의 말씀에 대한 믿음의 행위가 있다. 그러나 만약 이로부터 믿음이 이미 있기 때문에 더는 걸음을 뗄 필요가 없다는 결론을 다시금 끌어온다면, 믿음의 진정한 본질은 완전히 왜곡되어 버린다. 그렇다면 이를 반박하기 위해 바로 다음과 같은 명제가 제시되어야 한다. 베드로는 믿기 전에 먼저 순종의 걸음을 떼야 한다. 순종하지 않는 자는 믿을 수 없다.

당신은 믿을 수 없다고 불평하는가? 그 어떤 자리에서 고의로 불순종하면서 예수의 계명을 거부하거나 도피하는 한, 너는 믿음에 이르지 못한다. 이 사실에 너는 놀라지 마라. 너는 그 어떤 악한 정욕, 미움, 희망, 너의 생활 계획, 너의 이성(理性)을 예수의 계명에 굴복시키기를 원하지 않는가? 성령을 받지 못했다고, 기도할 수 없다고, 믿음을 얻기 위한 기도가 늘 공허하다고 너는 놀라지 마라! 도리어 밖으로 나가서, 너의 형제와 화해하라! 너를 사로잡고 있는 죄에서 벗어나라! 그리하면 너는 다시 믿을 수 있을 것이다! 만약 네가 하나님의 명령을 거부하려고 한다면, 너는 하나님의 은혜로운 말씀도 받을 수 없을 것이다. 만약 네가 어떤 자리에서 어떤 사람을 만나기를 고의로 회피한다면, 어떻게 그와 사귈 수 있겠는가? 순종하지 않는 자는 믿을 수 없다. 오직 순종하는 자만이 믿는다.

　　여기서 "나를 따르라"는 예수 그리스도의 부름은 엄격한 율법이 되기에 이른다. 이것을 하라! 저것을 하지 마라! 배에서 뛰어내려, 예수에게 오라! 믿든 믿지 아니하든, 예수의 부름에 대한 자신의 사실적인 불순종을 변명하려는 자에게 예수는 다음과 같이 말한다. 먼저 순종하라. 외적인 행위를 보여라. 너를 얽매는 것을 버려라. 하나님의 뜻에서 멀어지게 하는 것을 포기하라! 그렇게 할 믿음이 없다고 말하지 마라. 불순종에 머물러 있는 한, 첫걸음을 떼기를 거부하는 한, 너는 믿음이 없다. 나는 정말로 믿음이 있고, 첫걸음을 뗄 필요가 없다고 말하지 마라. 첫걸음을 떼기를 거부하고, 겸손하게 믿는 척하면서 불신앙에 집착하는 한, 너는 믿음이 없다. 부족한 믿음을 부족한 순종의 탓으로 돌리고, 부족한 순종을 부족한 믿음의 탓으로 돌리는 것은 악한 도피다. 순종이 요구되는 곳에서 자신의 불신앙을 고백하고 이런 고백(막 9:24)을 가지고 놀이하는 것은 "믿는 자들"의 불순종이다. 만약 네가 믿는다면, 첫걸음을 떼라! 첫걸음은 예수 그리스도에게 인도한다. 믿지 않더라도, 역시 첫걸음을 떼라. 이것은 너에게 주어진 명령이다! 네가 믿는지 믿지 아니하는지는 질문되지 않았다. 너는 순종하라는 명령을 받았다. 그러므로 즉각 행하라. 믿음이 가능해지고 믿음이 실제로 존재하는 상황은 순종의 행위 안에서 주어진다. 따라서 네가 믿을 수 있는 상황은 존재하지 않는다. 예수 그리스도가 이런 상황을 네게 가져다준다. 믿음이 자기기만이 되지 않고 올바른 믿음이 되기 위해서는 이런 상황 안으로 들어가야 한다. 오직 예수 그리스도에 대한 올바른 믿음만이 중요하다. 오직 믿음만이 항상 목표가 된다.("믿음에서 믿음으로", 롬 1:17) 그렇기 때문에 이런 상황은 불가피하다.

여기서 너무 성급하게, 그리고 너무 개신교인답게 항의하는 자는 자신이 주장하는 것이 값싼 은혜가 아닌지를 자문해 보아야 한다. 왜냐하면 만약 두 문장이 오직 나란히 존재한다면, 두 문장은 올바른 믿음과 충돌하지는 않겠지만, 홀로 존재하는 문장은 반드시 하나의 큰 걸림돌이 되기 때문이다. "오직 믿는 자만이 순종한다."라는 문장은 믿음 안에서 순종하는 자에게 주어진 것이고, "오직 순종하는 자만이 믿는다."라는 문장은 순종 안에서 믿는 자에게 주어진 것이다. 만약 첫째 문장만이 존재한다면, 믿는 자는 값싼 은혜의 저주에 떨어진다. 만약 둘째 문장만이 존재한다면, 믿는 자는 공로, 곧 멸망에 떨어지게 된다.

이런 관점에서 이제는 그리스도인의 상담 활동을 한번 살펴보아도 좋을 것이다. 목회자가 두 문장에 대한 지식을 가지고 말하는 것은 대단히 중요하다. 의식적이든 무의식적이든, 믿음의 결핍에 대한 불만은 항상 불순종에서 나오며, 이런 불만은 값싼 은혜의 위로와 매우 쉽게 상통한다는 사실을 목회

자는 알아야 한다. 그러나 불순종은 꺾이지 않고 존재한다. 은혜에 관한 말은 불순종하는 사람이 자기 자신에게 주는 위로로 변하고, 그가 자기 자신에게 제공하는 사죄로 변한다. 그리하여 그에게 설교는 공허하게 되고, 그는 더는 설교를 듣지 않는다. 비록 그가 수천 번 자신의 죄를 용서하더라도, 그는 진정한 사죄를 믿을 수 없다. 왜냐하면 그에게 사죄는 실제로 전혀 선사되지도 않았기 때문이다. 불신앙은 값싼 은혜 덕분에 자라난다. 왜냐하면 불신앙은 항상 불순종 안에 계속 머물러 있기 때문이다.

이것은 오늘날 그리스도인의 상담 활동에서 흔히 볼 수 있는 상황이다. 이러한 상황은 반드시 다음과 같은 결과를 낳는다. 인간은 자신이 제공한 사죄를 통해 불순종 안에 완고하게 머문다. 그는 선(善)과 하나님의 계명을 인식할 수 없다고 둘러댄다. 선과 하나님의 계명은 모호하고, 여러 가지 해석을 허락한다는 것이다. 처음에는 여전히 분명했던 불순종에 대한 지식은 점점 더 흐려지고, 완고해진다. 여기서 불순종하는 자는 자신을 매우 옭아맸고 완고해졌기 때문에 말씀을 더는 들을 **수 없게** 된다. 여기서 그는 실제로 더는 믿을 수게 된다. 그래서 완고해진 자와 상담자 사이에는 대충 다음과 같은 대화가 오갈 것이다. "나는 더는 믿을 수 없습니다." - "말씀을 들어보십시오, 설교가 들리지 않습니까!" - "설교를 듣지만, 항상 공허합니다. 설교는 나와 아무런 상관이 없습니다." - "당신은 설교를 듣고 싶지 않군요." - "아닙니다. 듣고 싶습니다."

　이제 대개는 상담이 중단되는 시점이 오고 말았다. 왜냐하면 상담자는 자신이 무엇을 하고 있는지를 알지 못하기 때문이다. 그가 알고 있는 것은 오직 한 가지다. 그것은 오직 믿는 자만이 순종한다는 명제다. 이런 명제로 상담자는 믿지 않고 믿을 수도 없는 완고한 사람을 더는 도울 수 없다. 따라서 상담자는 이미 여기서 하나님의 마지막 수수께끼 앞에 서 있다고 생각한다. 그것은 하나님이 어떤 사람에게는 주시지 않는 믿음을 어떤 사람에게는 주신다는 수수께끼다. 이런 명제와 더불어 상담자는 결국 항복하고 만다. 완고해진 사람은 혼자 남게 되고, 실망 속에서 자신의 괴로움을 계속 털어놓는다.

　그러나 바로 여기에 대화의 전환점이 놓여 있다. 전환은 총체적인 것이다. 여기서 더는 논쟁이 일어나지 않는다. 남의 질문과 괴로움은 더는 최종적으로 진지하게 여겨지지 않는다. 그 대신에 배후에서 숨어 있기를 원하는 다른 사람이 점점 더 진지하게 여겨진다. 이제는 다음과 같은 명제로써 그가 쌓아 올린 요새를 공격하는 일이 일어난다. 오직 순종하는 자만이 믿는다. 따라서 대화는 중단되고, 상담자는 다음과 같은 명제를 말한다. "당신은 불순종하고 있습니다. 당신은 그리스도에게 순종하기를 거부하고 있습니다. 당신은 여전히 자신의 주인이 되기를 원합니다. 당신은 불순종하기 때문에 그리스도의 말씀을 들을 수 없으며, 순종하기를 거부하기 때문에 은혜를

　　　　　　　　　　　　　　　　　　나를 따르라 •

믿을 수 없습니다. 당신은 마음 한구석에서 그리스도의 부름을 완고하게 거부하고 있습니다. 당신의 괴로움은 당신의 죄입니다."

이제 그리스도가 친히 등장한다. 그리스도 자신이 지금까지 값싼 은혜의 배후에 숨어 있던 다른 사람 안에 있는 악마를 공격한다. 이제 모든 것은 상담자가 다음과 같은 두 명제를 알고 있는지에 달려 있다. 오직 순종하는 자만이 믿고, 오직 믿는 자만이 순종한다. 상담자는 예수의 이름으로 순종을, 행동을, 첫걸음을 호소해야 한다. 당신을 옭아매는 것을 버리고, 그리스도를 따르십시오! 이 순간에 모든 것은 첫걸음에 달려 있다. 순종하지 않는 자가 가졌던 태도는 깨어져야 한다. 왜냐하면 그런 태도 속에서는 그리스도의 말씀을 들을 수 없기 때문이다. 도망자는 자신이 만든 은신처에서 나와야 한다. 오직 거기서 나올 때, 비로소 그는 다시금 자유롭게 보고, 듣고, 믿을 수 있다. 물론 그리스도 앞에서 행위로는 아무것도 얻지 못했다. 그것은 그 자체로서 항상 죽은 공로다. 그럼에도 불구하고 베드로는 믿을 수 있기 위해 출렁이는 바다로 뛰어들어야 한다.

내용을 요약해 보기로 하자. 오직 믿는 자만이 순종한다는 명제를 통해 인간은 값싼 은혜에 중독되고 말았다. 그는 항상 불순종 안에 있고, 자기 자신이 제공하는 사죄로 위로를 받으며, 결국에는 이로써 하나님의 말씀을 거부한다. 그가 은신처로 삼고 있는 이 명제만을 반복하는 한, 요새에 대한 공격은 실패한다. 전환이 일어나야 한다. 다른 사람이 순종을 위해 부름을 받아야 한다. 오직 순종하는 자만이 믿는다!

이 명제는 그를 행위의 길로 잘못 인도하지 않겠는가? 아니다. 그는 오히려 다음과 같은 말을 듣게 된다. 그의 믿음은 믿음이 아니다. 그는 자신을 옭아매는 사슬에서 스스로 벗어나게 된다. 그는 자유롭게 결단해야 한다. 이렇게 그는 믿음과 "나를 따르라"는 예수의 부름을 새롭게 들을 수 있게 된다.

이리하여 우리는 부자 청년의 이야기 속으로 벌써 들어오게 되었다.

> 어떤 사람이 주께 와서 이르되, 선생님이여, 내가 무슨 선한 일을 하여야 영생을 얻으리이까? 예수께서 이르시되, 어찌하여 선한 일을 내게 묻느냐? 선한 이는 오직 한 분이시니라. 네가 생명에 들어가려면, 계명들을 지키라. 이르되, 어느 계명이오니이까? 예수께서 이르시되, 살인하지 마라, 간음하지 마라, 도둑질하지 마라, 거짓 증언 하지 마라, 네 부모를 공경하라, 네 이웃을 네 자신과 같이 사랑하라 하신 것이니라. 그 청년이 이르되, 이 모든 것을 내가 지키었사온대, 아직도 무엇이 부족하니이까? 예수께서 이르시되 네가 온전하고자 할진대, 가서 네 소유를 팔아 가난한 자들에게 주라. 그리하면 하늘에서 보화가 네게 있으리라. 그리고 와서 나를 따르라 하시니, 그 청년이 재물이 많으므로 이 말씀을 듣고 근심하며 가니라. (마 19:16-22)

영생에 관한 청년의 질문은 구원에 관한 질문이다. 이것은 완전히 가장 진지한 질문이다. 그러나 이런 질문을 올바로 제기하는 것은 쉽지 않다. 이것은 다음과 같은 점에서 드러난다. 청년은 분명히 이런 질문을 제기할 생각이지만, 본질적으로는 이미 전혀 다른 질문을 생각하고 있다. 실제로 그는 질문을 회피한다. 다시 말하면, 그는 자신의 질문을 "선한 선생님"에게 던진다. 그는 이 질문에 대한 선한 선생님, 위대한 선생의 의견과 충고와 판단을 듣기를 원한다. 여기서 우리는 두 가지를 깨달을 수 있다.

첫째로, 청년에게 자신의 질문은 매우 중요하다. 따라서 예수는 이 질문에 관해 의미 있는 말을 해야 한다. 둘째로, 그러나 청년은 분명히 선한 선생, 위대한 선생으로부터 중요한 설명을 듣기를 기대하지만, 그가 기대하는 것은 절대적으로 유효한 하나님의 명령이 아니다. 영생에 관한 청년의 질문은 "선한 선생"과 대화하고 토론하고 싶은 질문이다. 그러나 이미 여기서 "어찌하여 선한 일을 내게 묻느냐? 선한 이는 오직 한 분이시니라."는 예수의 말이 대화를 가로막는다. 예수의 질문은 청년의 마음을 이미 드러냈다. 청년은 한 선한 선생과 더불어 영생에 관해 토론하기를 원하지만, 이제 이 질문을 제기하는 그가 실제로는 선한 선생 앞에 서 있는 것이 아니라 하나님 자신 앞에 서 있다는 사실을 알게 된다. 따라서 그는 하나님의 아들로부터 유일한 하나님의 계명에 관한 분명한 설명이 아닌 다른 설명은 듣지 못할 것이다. 그는 "선한 선생"으로부터 하나님의 분명한 뜻에 자신의 생각을 추가한 그런 대답은 얻지 못할 것이다. 예수는 자신으로부터 유일하게 선한 하나님에게 시선을 돌리며, 그래서 하나님에게 완전히 순종하는 아들임을 드러낸다.

그러나 만약 질문자가 하나님 자신 앞에 선다면, 이와 동시에 그는 자신이 알고 있는 하나님의 분명한 계명으로부터 도피한 자로 드러난다. 청년은 참으로 계명을 알고 있다. 그러나 이 상황에서 그는 하나님의 계명에 만족할 수 없다. 그는 이 상황을 넘어서기를 원한다. 그의 질문은 스스로 생각하고 스스로 선택한 신앙의 질문으로 인식된다. 왜 청년은 분명한 계명에 만족하지 못하는가? 왜 그는 자신의 질문에 대한 대답을 오래전부터 알지 못한 사람처럼 행동하는가? 왜 그는 하나님이 이러한 결정적인 삶의 질문에 대답하지 않았다고 하나님에게 책임을 돌리려고 하는가? 그리하여 청년은 이미 사로잡혀 버렸고, 심판대 앞에 서게 되었다. 구원에 관해 무의미한 질문을 던졌던 그는 이제 분명한 계명에 완전히 순종하라는 요구를 다시 받게 되었다.

그다음에는 두 번째 도피의 시도가 일어난다. 청년은 "어느 계명이오니이까?"라는 새로운 질문으로 대꾸한다. 이 한 가지 질문 속에는 사탄이 자신을 숨기고 있다. 여기에는 참으로 사로잡힌 자가 빠져나갈 수 있는 유일한 출구가 있었다. 물론 청년은 계명을 알고 있다. 그러나 허다한 계명 중에 어느 계명이 바로 그에게, 바로 지금 유효한지를 누가 알기를 원하는가? 계명의 계시는 모호하고 불분명하다고 청년은 말한다. 그는 계명을 보지 않고, 다시금 오직 자기 자신만을, 자신의 문제만을, 자신의 갈등만을 본다. 그는 하나님의 분명한 계명에서 물러나, 명백하게 인간적인 "윤리적 갈등"의 상황 안으로 되돌아간다. 잘못된 것은 그가 이런 갈등을 알고 있다는 사실이 아니라, 이런 갈등을 통해 하나님의 계명에 저항한다는 사실이다. 그러나 계명은 바로 윤리적 갈등을 해결하기 위해 주어진 것이다.

윤리적 갈등은 타락 이후에 나타난 인간의 최초의 윤리적 현상으로서 하나님에게 맞서는 인간의 반항이다. 낙원의 뱀은 첫 인간의 마음 안에 이런 갈등을 넣었다. "하나님이 먹지 마라 하시더냐?" 윤리적 의심 때문에, 그리고 계명은 전적으로 해석되고 분석되어야 한다는 주장 때문에 인간은 분명한 계명과 어린아이와 같은 단순한 순종을 포기한다. "하나님이 먹지 마라 하시더냐?" 인간이 선과 악에 대한 자신의 지식의 힘으로, 자신의 양심의 힘으로 선이 무엇인지를 스스로 판단해야 한다. 계명은 모호하다. 하나님은 인간이 계명을 해석하고 자유롭게 결단하기를 원한다.

이로써 계명에 대한 순종은 이미 거부된 셈이다. 단순한 행위 대신에 이중적인 사고가 들어왔다. 자유로운 양심의 인간은 순종의 자녀에 맞서 자신을 자랑한다. 윤리적 갈등을 평계로 삼는 것은 순종을 거부하는 것이다. 이것은 하나님의 현실성으로부터 인간의 가능성으로, 믿음으로부터 의심으로 후퇴하는 것이다. 이제 기대하지 않았던 일이 일어났다. 청년이 자신의 불순종을 은폐하려고 던졌던 바로 그 질문이 자신의 본질을 폭로한 것이다. 그는 죄 아래 있는 인간임이 드러났다. 이런 폭로는 예수의 대답을 통해 일어난다. 하나님의 분명한 계명이 언급되었다. 하나님의 계명을 언급함으로써 예수는 그것을 다시금 하나님의 계명으로 입증한다. 청년은 다시금 사로잡히고 말았다.

그는 또다시 영생에 관한 무의미한 대화를 나눌 수 있기를 기대했다. 그는 예수가 윤리적 갈등의 해결책을 제시해 주기를 기대했다. 그러나 예수가 장악한 것은 그의 질문이 아니라 그 자신이었다. 윤리적 갈등의 고통에 대한 유일한 대답은 하나님의 계명 자체요, 이와 함께 이제는 계속 토론하지 말고 최종적으로 순종해야 한다는 요구다. 오직 사탄만이 윤리적 갈등의 해결책을 제공할 수 있었다. 이것은 다음과 같은 의미를 가진다. 만약 계속 질문을 던진다면, 너는 순종할 수 없다.

예수가 겨누고 있는 것은 청년의 문제가 아니라 청년 자신이다. 예수는 청년이 매우 진지하게 생각하는 윤리적 갈등을 전혀 진지하게 여기지 않는다. 예수가 진지하게 여기는 것은 오직 한 가지, 곧 청년이 마침내 계명을 듣고 계명에 순종하는 것이다. 윤리적 갈등을 이처럼 진지하게 여길 때, 윤리적 갈등이 순종의 자유로운 행위를 낳지 못하기 때문에 인간을 괴롭히고 속박할 때, 바로 그때 인간의 철저한 불신앙은 드러난

나를 따르라 •

다. 바로 그때 불신앙 안에서 전혀 진지하게 여기지 않는 윤리적 갈등은 결정적인 불순종으로 드러나게 된다. 진지한 것은 오직 갈등을 끝장내고 파괴하는, 그리고 우리를 하나님의 자녀로 해방하는 순종의 행위다. 이것은 청년에게 제공되는 하나님의 처방전이다.

다시 한 번 청년은 이제 하나님의 말씀의 진리 아래 놓이게 된다. 청년은 하나님의 계명을 더는 회피하지 않는다. 그렇다. 계명은 분명하다. 인간은 계명에 순종해야 한다! 그러나 이것으로도 충분하지 않다! "이 모든 것을 내가 지키었사온대, 아직도 무엇이 부족하니이까?" 조금 전에도 그러했듯이, 이렇게 대답하는 청년은 자신의 관심이 옳다고 확신한다. 바로 그래서 그는 예수에게 저항한다. 그는 계명을 알고 있으며, 계명을 지켰다. 그러나 그는 이것이 하나님의 모든 뜻일 수 없다고 생각한다. 탁월하고 독특한 그 무엇이 추가되어야 한다. 이것을 그는 행하기를 원한다. 참된 계명으로부터 끝까지 도피하는 가운데서, 자기 자신에게 집착하고 선과 악이 무엇인지 스스로 결단하려고 끝까지 시도하는 가운데서 청년은 하나님의 분명한 계명이 불완전하다고 말한다. 이제 그는 계명을 인정하지만, 이와 동시에 계명을 정면에서 공격한다. " 이 모든 것을 내가 지키었사온대, 아직도 무엇이 부족하니이까?" 마가복음은 여기서 "예수께서 그를 보시고 사랑하셨다"(막 10:21)고 덧붙이고 있다.

청년이 하나님의 살아 있는 말씀을 얼마나 절망적으로 거부했는지를 예수는 알고 있다. 청년은 자신의 모든 것을 걸고 살아 있는 계명에, 단순한 순종에 격렬하게 저항했다는 사실을 알고 있다. 예수는 청년을 도와주기를 원한다. 예수는 청년을 사랑했다. 그러므로 예수는 그에게 "네가 온전하고자 할진대, 가서 네 소유를 팔아 가난한 자들에게 주라. 그리하면 하늘에서 보화가 네게 있으리라. 그리고 와서 나를 따르라!'고 마지막 대답을 준다. 청년에게 주어진 이 대답에서 우리는 세 가지 관점에 주목해야 한다.

첫째로, 명령하는 자는 이제 예수 자신이다. 청년의 관심을 선한 선생으로부터 유일하게 선한 하나님에게로 돌린 예수는 이제 최종적인 말씀과 계명을 말할 권한을 스스로 요구한다. 청년은 자기 앞에 하나님의 아들이 친히 서 있다는 사실을 인식해야 한다. 청년의 관심을 자신으로부터 아버지에게로 돌리게 한 것은 예수의 숨겨진 아들 신분이었다. 이 신분 때문에 예수는 자신의 아버지와 완전히 일치했다. 예수가 이제 아버지 자신의 계명을 말할 수 있었던 까닭은 바로 이러한 일치성 때문이다. 청년이 "나를 따르라"는 예수의 부름을 들었을 때, 이러한 일치성은 오해의 여지가 없이 분명히 드러나야 한다. 이것은 모든 계명의 총합이다. 청년은 그리스도의 사귐 속에서 살아야 한다. 그리스도는 계명의 목표다. 이 그리스도가 지금 그를 마주보고 있고, 그를 부른다. 이제는 윤리적 갈등의 거

나를 따르라 •

짓으로 도피할 수 없다. 계명은 분명하다. 나를 따르라.

둘째로, "나를 따르라"는 부름도 오해를 막기 위해 설명되어야 할 필요가 있다. 청년이 뒤따름 자체를 다시금 윤리적 모험으로, 특별하고 흥미가 있지만 가끔은 취소할 수 있는 길과 삶의 스타일로 오해할 수 없도록 만들어야 한다. 만약 청년이 뒤따름을 그가 지금까지 행동하고 질문한 것의 마지막 완성으로, 지나간 것의 보충으로, 지금까지 행한 일의 보완과 완성과 성취로 간주한다면, 바로 이때도 뒤따름은 오해될 것이다. 그러므로 오해할 수 없도록 설명하기 위해서는 다시금 뒤로 물러날 수 없게 만드는 하나의 상황, 취소될 수 없는 상황이 만들어져야 한다. 이와 동시에 뒤따름이 지나간 일의 보완이 결코 아니라는 점도 분명히 설명되어야 한다.

이렇게 요구된 상황은 자발적인 가난을 요청하는 예수의 말씀을 통해 만들어진다. 이것은 뒤따름의 실존적인 측면이요, 돌봄의 측면이다. 이것은 마침내 올바르게 이해하도록, 그리고 올바르게 순종하도록 청년을 도우려는 것이다. 이것은 청년에 대한 예수의 사랑에서 생겨난 것이다. 이것은 지금까지 걸어온 청년의 길과 뒤따름 사이에 있는 중간단락일 따름이다. 그러나 이것은 - 올바르게 말하면 - 뒤따름 자체와 똑같은 것은 아니며, 뒤따르는 첫걸음도 아니다. 이것은 예수를 따를 수 있게 만드는 순종이다. **먼저** 청년은 되돌아가 모든 것을 팔아 가난한 자들에게 주고, **그다음에** 예수를 따라야 한다. 목표는 예수를 따르는 것이고, 예수를 따르는 길은 자발적인 가난이다.

셋째로, 자신에게 아직도 무엇이 부족한지를 묻는 청년의 질문을 예수는 받아들인다. "네가 온전하고자 할진대…" 이 말은 마치 지금까지 일어난 일에 그 어떤 것을 추가해야 한다는 말처럼 들릴 수도 있다. 이것은 하나의 추가이기는 하지만, 내용적으로는 이미 지금까지 행해온 일의 포기를 뜻한다. 청년은 지금까지 온전하지 않았다. 왜냐하면 그는 계명을 잘못 이해했고, 잘못 행동했기 때문이다. 이제 그는 계명을 올바로 이해할 수 있고, 예수를 따르면서 올바로 행동할 수 있다. 그러나 그가 그렇게 할 수 있는 까닭도 오직 그리스도가 그를 그렇게 하도록 불렀기 때문이다. 예수는 청년의 질문을 받아들였기 때문에 그에게 해결책을 제공한다. 청년은 영생에 이르는 길을 물었고, 예수는 대답한다. "내가 너를 부른다. 이것이 전부다."

청년은 자신의 질문에 대한 대답을 요구했다. 대답은 바로 예수 그리스도 자신이다. 청년은 선한 선생의 말을 듣기를 원했지만, 이제 그는 자신의 질문을 받은 바로 그가 이 말씀 자체라는 것을 깨달았다. 청년은 예수, 곧 하나님의 아들 앞에 서게 되었다. 완전한 만남은 일어났다. 이제는 긍정하거나 부정해야 하고, 순종하거나 불순종해야 한다. 청년의 대답은 부정이다. 청년은 근심한 나머지 떠나갔다. 그는 실망했다. 그의

나를 따르라 •

기대는 무너졌다. 그는 자신의 과거로부터 여전히 벗어날 수 없었다. 그는 많은 재산을 가졌다. 여기서도 나를 따르라는 부름의 내용은 오직 예수 그리스도 자신이고, 그에게 매이는 것이고, 그의 사귐 안으로 들어가는 것이다. 그러나 예수를 따르는 것은 한 명의 선한 선생을 열광적으로 숭배하는 것이 아니라, 하나님의 아들에게 순종하는 것이다.

선한 사마리아 사람의 비유도 부자 청년의 이야기와 똑같은 틀을 가지고 있다.

> 어떤 율법교사가 일어나 예수를 시험하여 이르되, 선생님, 내가 무엇을 하여야 영생을 얻으리이까? 예수께서 이르시되, 율법에 무엇이라 기록되었으며, 네가 어떻게 읽느냐? 대답하여 이르되, 네 마음을 다하며 목숨을 다하며 힘을 다하며 뜻을 다하여 주 너의 하나님을 사랑하고, 또한 네 이웃을 네 자신 같이 사랑하라 하였나이다. 예수께서 이르시되, 네 대답이 옳도다. 이를 행하라. 그러면 살리라 하시니, 그 사람이 자기를 옳게 보이려고 예수께 여짜오되, 그러면 내 이웃이 누구니이까? (눅 10:25-29)

율법학자의 질문은 청년의 질문과 같은 것이다. 다만 여기서 처음부터 밝혀진 것은 그의 질문이 예수를 시험해 보려는 질문이었다는 사실이다. 남을 시험해 보려는 자에게 해결책은 이미 확실한 것이다. 그것은 윤리적인 갈등의 난처함에서 벗어나려는 것이다. 예수의 대답은 부자 청년에게 주어진 대답과 완전히 똑같다. 질문을 제기하는 자는 근본적으로 자신의 질문에 대한 대답을 알고 있다. 그러나 그는 대답을 이미 알면서도 여전히 질문을 던짐으로써 하나님의 계명에 대한 순종을 회피하려고 한다. 그에게는 오직 한 가지 정보만이 남아 있다. 네가 배운 것을 행하라. 그리하면 살 것이다.

따라서 그의 첫 입지는 빼앗기고 말았다. 그러나 청년이 그랬듯이, 율법학자도 다시금 윤리적 갈등으로 도피한다. "그러면 내 이웃이 누구니이까?" 예수를 시험해 보려는 율법학자 이래 잘 믿는 자들이나 잘 알지 못하는 자들에게 이런 질문은 수없이 반복되었다. 이것은 진리를 추구하는 자의 진지하고 합리적인 질문으로서 존중을 받는다. 그러나 사람들은 질문의 맥락을 올바로 읽지 못했다. 선한 사마리아 사람에 관한 모든 이야기는 이런 악마적인 질문에 대한 예수의 유일한 논박과 파괴다. 이런 질문은 끝도 없고 해답도 없는 질문이다.

이런 질문은 "진리를 잃어버린 자", "변론과 언쟁을 좋아하는 자의 비뚤어진 생각"에서 나왔다. 이로부터 "투기와 분쟁과 훼방과 악행이 나온다."(딤전 6:4 이하) 이것은 "항상 배우지만, 결국에는 진리의 인식에 이를 수 없는," "경건의 모양은 있으나, 그 능력을 부인하는"(딤후 3:52 이하) 오만한 자의 질문이다. 이들은 믿기에 무능하다. 이들이 이렇게 묻는 까닭은 "양심에 화인을 맞았고"(딤전 4:2), 하나님의 말씀에 순종하기를 거부하기 때문이다.

누가 나의 이웃인가? 나의 이웃은 나의 육신의 형제인가,

나를 따르라 •

나의 민족인가, 교회 안의 나의 형제인가, 아니면 나의 원수인가? 이에 대한 대답이 있는가? 모두가 똑같이 나의 이웃이라고 주장할 수도 있고, 모두가 똑같이 나의 이웃이 아니라고 주장할 수도 있는가? 이런 질문의 마지막은 불화와 불순종이 아닌가? 그렇다. 이런 질문은 하나님의 계명 자체에 맞선 반항이다. 나는 순종하기를 원한다. 그러나 하나님은 내가 어떻게 순종할 수 있는지를 말해 주시지 않는다. 하나님의 계명은 모호하다. 그것은 나를 영원한 갈등 속에 빠뜨린다.

"내가 무엇을 해야 하는가?"라는 질문은 첫 번째 속임수였다. 그에 대한 대답은 다음과 같다. "네가 배운 계명을 행하라." 묻지 말고, 행하라. "내 이웃이 누구니이까?"라는 질문도 자신의 불순종을 정당화하는 절망적이거나 이기적인 질문이다. 그의 질문에 대한 대답은 "네 자신이 이웃이다. 가서, 사랑의 행위로 순종하라."였다. 이웃이 된다는 것은 남의 자질이 아니라, 나를 향한 그의 요구와 다르지 않다. 순간마다, 모든 상황에서 나는 행동과 순종을 요구받고 있다. 문자 그대로 남의 자질에 관해 질문할 시간이 남아 있지 않다. 나는 순종해야 하고, 행동해야 한다. 나는 남에게 이웃이 되어야 한다.

만약 네가 다시금 놀라면서, 어떻게 행동해야 하는지를 미리 알아야 하고 깊이 생각해야 하지 않는지를 묻는다면, 오직 다음과 같은 정보만이 존재한다. 나는 항상 이미 행동하고 있고, 항상 이미 행동을 요구받고 있다. 바로 이러한 방식으로 나는 내가 어떻게 행동해야 하는지를 알고 있고, 깊이 생각하고 있다. 순종이 무엇인지를 나는 질문을 통해서 배우는 것이 아니라, 오직 순종 속에서만 배운다. 오직 순종 속에서만 나는 진리를 깨닫는다. 양심과 죄의 갈등 속에 있는 우리에게 예수는 단순한 순종을 요구한다. 그러나 부자 청년은 예수로부터 뒤따름의 은혜 안으로 들어오라는 부름을 받았지만, 예수를 시험해 보려던 율법학자는 계명의 요구 앞에 다시금 세워졌다.

단순한 순종

예수가 부자 청년에게 자발적인 가난을 요구했을 때, 그는 오직 순종이 아니면 불순종만이 존재한다는 것을 알았다. 레위가 세리로서 일하다가 부름을 받았을 때, 베드로가 물고기를 잡다가 부름을 받았을 때, 예수의 부름이 진지했다는 것은 의심할 여지가 없다. 그들은 모든 것을 버리고, 예수를 따라야 했다. 베드로가 출렁이는 바다로 뛰어들라는 부름을 받았을 때, 그는 일어나 용감히 걸음을 옮겨야 했다. 그들에게 주어진 요구는 오직 하나였다. 그것은 예수 그리스도의 말씀을 의지하고, 그의 말씀을 세상의 모든 보장보다 더 든든한 토대로 생각해야 한다는 요구였다. 예수의 말씀과 순종 사이에 들어오기를 원했던 세력들은 오늘날처럼 그 당시에도 매우 강력했다. 이런 극단적인 일, 이런 무법적인 "열광주의"를 감시하기 위해 이성(理性)이 저항했고, 단지 양심과 책임성과 경건만이 아니라 율법과 성서 원리까지 개입했다. 그러나 예수의 부름은 이 모든 것을 돌파했고, 순종을 이끌어냈다. 예수의 부름은 하나님 자신의 말씀이었다. 단순한 순종이 요구되었다.

만약 예수가 성서를 통해 오늘날 우리 가운데 한 사람에게 그렇게 말했다면, 우리는 예수가 아주 특별한 것을 명령한다고 주장할 것이다. 이것은 사실이다. 그러나 우리는 알아야 한다. 만약 예수가 명령한다면, 그가 요구하는 것은 결코 율법적인 순종이 아니라 오직 하나, 곧 내가 믿는 것이다. 그러나 내 믿음은 가난이나 부요나 그와 비슷한 것에 달려 있지 않다. 믿음 가운데서 나는 가난할 수도 있고, 부요할 수도 있다. 중요한 것은 내게 재물이 전혀 없다는 사실이 아니라, 내가 마치 재물이 없는 듯이 재물을 소유하는 것이고, 내면적으로 재물로부터 자유로운 것이며, 내 마음이 내 재물에 걸려 있지 않는 것이다. 그래서 예수는 "네 재물을 팔아라!"고 명령한다.

그러나 예수의 의도는 다음과 같은 것이다. 외형적으로 재물을 가지고 있는 것은 참으로 중요하지 않다. 너는 재물을 조용히 소유해야 한다. 너는 마치 재물을 소유하지 않은 듯이 재물을 소유해야 한다. 네 마음을 재물에 걸지 마라. 따라서 예수의 말씀에 대한 우리의 순종은 "믿음 안에서" 순종하기 위해 단순한 순종을 율법적인 것으로 거부하는 것이 된다. 이로써 우리는 우리를 부자 청년과 구분한다.

그러나 부자 청년은 다음과 같은 말로도 자신의 슬픔을 진정시킬 수 없다. "예수의 말씀에도 불구하고 나는 부자로 남고 싶다. 그러나 나는 내면적으로는 나의 재물로부터 자유롭게 되기를 원한다. 그리고 나는 매우 부족하지만 사죄의 위로를 받기를 원하며, 믿음 안에서 예수 그리스도와 사귐을 나누고 싶다." 그러나 그는 슬퍼하며 떠났고, 순종과 함께 믿음도 버렸다. 이런 점에서 청년은 매우 정직했다. 비록 그는 예수를 떠났지만, 분명히 이런 정직성은 불순종에서 생겨나는 예수와의 외형적인 사귐보다는 더 희망적인 것이었다.

분명히 예수는 이 청년이 내면적으로 자신의 재물로부터 자유롭게 될 수 없다고 생각했다. 아마도 이 청년은 진지하고 노력하는 자로서 수없이 그렇게 되려고 시도했을 것이다. 이런 시도가 실패했다는 것은 그가 결정적인 순간에 예수의 말씀에 순종할 수 없었다는 사실을 통해 입증된다. 이런 점에서 청년은 정직했다. 그러나 우리는 우리의 주장을 통해 우리를 예수 그리스도의 말씀을 들었던 사람들과 구분한다. 만약 예수가 그에게 "다른 모든 것을 버리고 나를 따르라. 네 직업과 가족과 민족과 가문을 버리라!"고 말했다면, 이런 부름에 대한 유일한 대답은 오직 단순한 순종일 뿐이라는 사실을 그는 깨달았을 것이다. 왜냐하면 바로 이렇게 순종하는 자에게만 예수와의 사귐의 약속이 주어졌기 때문이다.

그러나 예수의 부름은 "무조건 진지하게 여겨야" 하지만, 예수에 대한 진정한 순종은 내가 내 직업 안에, 내 가정 안에 머물러 있고 내면의 진정한 자유 안에서 예수를 섬기는 것이라고 말할 것이다. 그렇다면 예수는 "떠나라!"고 말할 것이다. 그러나 우리는 예수의 부름을 원래의 뜻대로 "내면적으로는 떠난 자로서 그 안에 머물러 있어라!"고 이해할 것이다. 또는 예수는 "걱정하지 마라."고 말할 것이다. 그러나 우리는 "우리 가족을 위해, 그리고 우리를 위해 걱정해야 하고, 일해야 한다. 만약 그렇게 하지 않는다면, 우리는 참으로 무책임한 존재가 될 것이다. 그러나 우리는 내면적으로는 그런 걱정으로부터 자유로워야 한다."고 이해할 것이다.

만약 예수가 "누가 네 오른뺨을 치거든 다른 뺨도 돌려대라."고 말한다면, 우리는 "바로 투쟁 속에서만, 바로 다른 뺨을 칠 때에만 비로소 형제에 대한 진정한 사랑은 아주 커질 것이다."라고 이해할 것이다. 만약 예수가 "먼저 하나님의 나라를 구하라."고 말한다면, 우리는 "당연히 온갖 다른 것들을 먼저 구해야 한다. 만약 그렇게 하지 않는다면, 우리가 어떻게 살아갈 수 있는가?"라고 이해할 것이다. 하나님의 나라를 위해 모든 것을 바칠 최종적이고 내면적인 자세를 갖추고 있다는 말이다. 우리의 자세는 항상 똑같다. 곧 우리는 단순하고 문자적인 순종을 고의로 폐기해 버린다.

어떻게 이러한 왜곡이 일어날 수 있는가? 무슨 일이 일어났기 때문에 예수의 말씀이 이렇게 희롱을 당하고, 그래서 세상의 웃음거리가 되는가? 세상 안에서 항상 어떤 명령이 주어지든, 상황은 분명하다. 만약 아버지가 아들에게 "가서 자라!"고 말한다면, 어린아이는 아버지가 무슨 뜻으로 그런 말을 했는지를 안다. 그러나 신학적 훈련이 잘못된 어린아이는 아마도 다음과 같이 주장할 것이다. 아버지가 "가서 자라!"고 말한

나를 따르라 •

것은 내가 피곤하다는 뜻이다. 아버지는 내가 피곤하기를 원하지 않는다. 비록 나가서 놀아도, 나는 피곤을 이길 수 있다. 그렇다. 아버지가 "가서 자라!"고 말했지만, 아버지의 진심은 "나가서 놀아라!"는 것이다. 이렇게 주장하다 보면, 아들은 아버지로부터, 그리고 시민은 관리로부터 매우 분명한 말을 들을 것이다. 다시 말하면, 그는 처벌을 받을 것이다. 예수의 명령 앞에서는 상황이 달라질 것이다. 여기서는 단순한 순종이 왜곡된다. 다시 말하면, 단순한 순종은 불순종으로 왜곡된다. 어떻게 이런 일이 일어날 수 있는가?

이런 일이 일어날 수 있는 까닭은 이런 왜곡된 주장의 바탕에 실제로는 매우 적절한 그 무엇이 깔려 있기 때문이다. 부자 청년에 대한 예수의 명령, 곧 믿을 수 있는 상황 안으로 들어오라는 부름은 실제로 오직 하나의 목표만을 가지고 있다. 그것은 인간을 예수에 대한 믿음으로, 곧 예수와의 사귐으로 부르는 것이다. 모든 것은 결국 인간의 이런저런 행위에 달려 있는 것이 아니라, 하나님의 아들과 중보자인 예수에 대한 믿음에 달려 있다. 모든 것은 결국 가난이나 부요, 결혼이나 독신, 직업이나 무직에 달려 있는 것이 아니라, 믿음에 달려 있다. 따라서 만약 우리가 전적으로 옳다면, 부요한 가운데서도, 세상의 재물을 소유한 가운데서도 그리스도를 믿는 것이 가능하다. 그러므로 우리는 마치 재물을 소유하지 않은 듯이 소유할 수 있다.

그러나 이런 가능성은 완전히 그리스도인의 최종적인 가능성이고, 그리스도의 임박한 재림에 대한 매우 진지한 기대 앞에서 생길 수 있는 하나의 가능성이다. 따라서 이것은 최초의 가능성도 아니고, 가장 단순한 가능성도 아니다. 계명에 대한 역설적 이해는 그리스도인의 권리다. 그러나 이로 말미암아 계명에 대한 단순한 이해가 폐기되어서는 안 된다. 오히려 이러한 권리와 가능성은 오직 자신의 삶의 어느 순간에 단순한 이해를 진지하게 경험한 사람에게만 주어진 것이고, 예수와 이미 사귐을 나누고 예수를 따르고 종말을 기대하는 사람에게만 주어진 것이다.

예수의 부름을 역설적으로 이해하는 것은 무한히 훨씬 더 어렵고, 인간적으로 말하면, 참으로 불가능한 가능성이다. 그리고 그것은 바로 그 자체로서 그 안에서 정반대로 뒤집히고 편안한 탈출구가 되고 구체적인 순종을 회피할 수 있는 가장 큰 위험을 항상 안고 있다. 예수의 계명을 단순하게 이해하고 문자대로 순종하는 것, 곧 예수의 명령에 따라 재산을 소유하기보다는 실제로 포기하는 것이 무한히 훨씬 더 쉬울 것이라는 사실을 알지 못하는 자는 예수 그리스도의 말씀을 역설적으로 이해할 권리가 없다. 따라서 예수의 계명에 대한 문자적 이해는 그에 대한 역설적 이해를 필연적으로 내포한다. 예수의 구체적인 부름과 단순한 순종은 취소할 수 없는 의미가 있다. 이로써 예수는 믿을 수 있는 구체적인 상황 안으로

부른다. 그러므로 예수는 매우 구체적으로 부르며, 바로 그렇게 이해되기를 원한다. 왜냐하면 오직 구체적으로 순종할 때에만 인간이 믿을 수 있게 된다는 사실을 예수는 알고 있기 때문이다.

단순한 순종이 원칙적으로 제거될 때, 예수의 부름의 값진 은혜는 다시금 값싼 자기 칭의(稱義)의 은혜로 변질되었다. 그러나 이와 더불어 그리스도의 구체적인 부름에 귀를 막게 하는 거짓된 율법도 세워졌다. 이런 거짓된 율법은 은혜의 율법에 저항하고 대응하는 세상의 율법이다. 여기서 세상은 그리스도 안에서 극복된, 그리고 그리스도의 공동체 안에서 매일 새롭게 극복될 수 있는 율법이 아니다. 오히려 세상은 경직되고 파괴될 수 없는 원칙적인 율법이 되었다.

그러나 여기서 은혜는 우리로 하여금 세상을 벗어나서 그리스도에게 순종하게 만드는 살아 계신 하나님의 선물이 아니라, 오히려 오직 특수한 상황에서만 적용될 수 있는 하나의 보편적이고 신적인 율법, 하나의 신적인 원리다. 단순한 순종의 "율법성"에 맞선 원칙적인 투쟁은 가장 위험한 율법, 곧 세상의 율법과 은혜의 율법을 스스로 세운다. 율법성에 맞선 원칙적인 투쟁은 그 자체로서 가장 율법적이다. 율법성은 오직 자신을 따르기를 요구하는 예수의 은혜로운 부름에 대한 진정한 순종을 통해서만 극복된다. 여기서 율법은 예수 자신을 통해 성취되었고, 폐기되었다.

단순한 순종이 원칙적으로 제거될 때, 복음과 무관한 하나의 성서 원리가 도입된다. 만약 그렇게 되면, 성서 이해를 위한 전제는 성서 이해를 위한 하나의 열쇠를 소유하게 된다. 그러나 여기서 이 열쇠는 심판과 은혜 안에서 살아 있는 그리스도 자신이 아니다. 이 열쇠의 사용은 더는 오직 살아 있는 성령의 뜻 안에 놓여 있지 않다. 오히려 성서의 열쇠는 하나의 보편적인 은혜론이다. 그리고 우리는 스스로 이 열쇠를 소유할 권리를 가진다. 여기서 뒤따름의 문제는 하나의 해석학적 문제이기도 하다는 사실이 입증된다. 우리를 예수의 부름을 받은 사람들과 무조건 동일시하는 것은 분명히 복음적 해석학이 아니다. 예수의 부름을 받은 성서의 사람들은 하나님의 말씀에 속해 있고, 따라서 선포에 속해 있다. 선포를 통해 우리는 단지 우리의 질문일 수도 있는 한 청년의 질문에 주어진 예수의 대답만을 듣는 것이 아니다. 오히려 질문과 대답은 다함께 성서의 말씀으로서 선포의 대상이다.

따라서 만약 우리가 예수의 부름을 받은 사람들과의 직접적인 동시대성 안에서 행동하고 따르려고 한다면, 단순한 순종은 해석학적으로 오해될 것이다. 그러나 성서 안에서 우리에게 선포되는 예수 그리스도는 자신의 모든 말씀을 통해 오직 순종하는 자에게만 믿음을 선사하고, 오직 믿는 자에게만 순종을 선사한다. 우리는 성서 말씀 배후로 거슬러 올라가 실제적인 사건으로 되돌아갈 수 없고, 그렇게 해서도 안 된다. 오히려 우리는 성서의 모든 말씀 가운데서 뒤따름의 부름을 듣는다. 왜냐하면 우리는 하나의 원리를 통해 - 비록 그것이 은혜론일지라도 - 성서에 율법적인 폭력을 행사하기를 원하지 않기 때문이다.

예수의 계명에 대한 역설적 이해는 항상 단순한 이해를 포함한다. 왜냐하면 우리가 하나의 율법을 세우기를 원하지 않고, 그리스도를 선포하기를 원하기 때문이다. 따라서 단순한 순종이 인간의 그 어떤 공로를 의미할 수도 있고, "자신의 일을 수행한다."(facere quod in se est)는 원리를 의미할 수도 있으며, 믿음의 전제 조건을 의미할 수도 있다는 의심을 반박할 필요는 없다. 예수의 부름에 대한 순종은 인간의 독단적인 행위가 아니다. 그것은 예컨대 이미 주어진 순종의 요구에 따라서 재물을 포기하는 것도 아니다.

재물을 버리는 것도 예수에 대한 순종이 전혀 아닐 수 있다. 재물을 버리는 것도 하나의 독자적인 삶의 형태, 하나의 그리스도교적 이상(理想), 성 프란시스 후예들이 실천한 청빈(淸貧)의 이상을 자유롭게 세운 것일 수 있다. 재물을 포기함으로써 인간은 자기 자신과 하나의 이상은 긍정할 수 있겠지만, 예수의 계명은 긍정하지 못할 수 있으며, 자신으로부터 벗어나기보다는 오히려 자신에게 더 집착할 수 있다. 상황 속으로 들어가는 것은 인간이 예수에게 주는 제안이 아니라, 항상 예수가 인간에게 주는 은혜로운 제안이다. 이처럼 오직 예수의 제안이 주어질 때에만 그의 제안은 확실하다. 하지만 여기서 예수의 제안은 결코 인간의 자유로운 가능성이 아니다.

> 예수께서 제자들에게 이르시되, 내가 진실로 너희에게 이르노니, 부자는 천국에 들어가기가 어려우니라. 다시 너희에게 말하노니, 낙타가 바늘귀로 들어가는 것이 부자가 하나님의 나라에 들어가는 것보다 쉬우니라 하시니, 제자들이 듣고 몹시 놀라 이르되, 그렇다면 누가 구원을 얻을 수 있으리이까? 예수께서 그들을 보시며 이르시되, 사람으로는 할수 없으나 하나님으로서는 다 하실 수 있느니라. (마 19: 23-26)

예수의 말씀에 놀란 제자들은 "그렇다면 누가 구원을 얻을 수 있으리이까?"라고 질문했다. 따라서 부자 청년의 사례는 하나의 개별적인 사례가 아니라 철저히 일반적인 사례임을 알 수 있다. 그들은 참으로 "누가 부자입니까?"라고 묻지 않고, 아주 일반적으로 "누가 구원을 얻을 수 있습니까?"라고 물었다. 왜냐하면 모든 사람이, 그리고 제자들 자신들도 하늘나라에 들어가기 매우 어렵기 때문이다. 예수의 대답은 예수의 말씀에 대한 제자들의 이런 해석을 인정한다. 예수를 따르고 구원을 얻는 것은 결코 인간의 가능성이 아니다. 그러나 하나님에게는 모든 것이 가능하다.

뒤따름과 십자가

인자가 많은 고난을 받고 장로들과 대제사장들과 서기관들에게 버린 바 되어 죽임을 당하고 사흘 만에 살아나야 할 것을 비로소 그들에게 가르치시되, 드러내 놓고 이 말씀을 하시니, 베드로가 예수를 붙들고 항변하매, 예수께서 돌이키사 제자들을 보시며 베드로를 꾸짖어 이르시되, 사탄아, 내 뒤로 물러가라. 네가 하나님의 일을 생각하지 아니하고 도리어 사람의 일을 생각하는도다 하시고, 무리와 제자들을 불러 이르시되, 누구든지 나를 따라오려거든 자기를 부인하고 자기 십자가를 지고 나를 따를 것이니라. 누구든지 자기 목숨을 구원하고자 하면 잃을 것이요, 누구든지 나와 복음을 위하여 자기 목숨을 잃으면 구원하리라. 사람이 만일 온 천하를 얻고도 자기 목숨을 잃으면 무엇이 유익하리요? 사람이 무엇을 주고 자기 목숨과 바꾸겠느냐? 누구든지 이 음란하고 죄 많은 세대에서 나와 내 말을 부끄러워하면, 인자도 아버지의 영광으로 거룩한 천사들과 함께 올 때에 그 사람을 부끄러워하리라. (막 8:31-38)

"나를 따르라"는 부름은 여기서 예수의 고난 선포와 연결되어 있다. 예수 그리스도는 고난을 받을 것이고, 버림을 받을 것이다. 이것은 성서의 말씀이 성취되기 위해 일어나야 할 하나님의 약속이다. 고난과 버림받음은 똑같은 것이 아니다. 예수는 고난 가운데서 칭송을 받는 그리스도가 될 수 있었다. 고난은 세상의 전적인 동정과 경탄을 받을 수도 있다. 고난은 비극적인 것으로서 여전히 자신의 가치와 자신의 명예와 존엄성을 띨 수도 있다. 그러나 예수는 고난 속에서 버림받은 그리스도다. 버림받음은 고난으로부터 모든 가치와 명예를 빼앗는다. 버림받음은 하나의 치욕적인 고난으로 생각된다. 고난과 버림받음은 예수의 십자가를 집약하는 표현이다. 십자가의 죽음은 버림받은 자로서, 배척된 자로서 고난을 받고 죽는다는 것을 의미한다. 예수는 신적인 필연성 때문에 고난을 받아야 하고, 죽어야 한다.

필연적인 것을 막으려는 모든 시도는 악마적인 시도다. 자체적으로도 그러하지만, 바로 제자들의 무리가 그렇게 시도할 때에도 그러하다. 왜냐하면 이런 시도는 그리스도의 그리스도 됨을 저지하려고 하기 때문이다. 교회의 반석 베드로가 예수 그리스도에 대한 신앙을 고백하고 교회 설립의 사명을 받은 후에 곧바로 실수를 저질렀다는 사실은 교회가 처음부터 고난을 받는 그리스도를 불쾌하게 생각했다는 사실을 의미한다. 교회는 이러한 주를 원하지 않는다. 그리고 교회는 그리스도의 교회로서 자신의 주로부터 고난의 율법을 강요받기를 원하지 않는다. 베드로의 항의는 고난을 받아들이고 싶지 않다는 불평이다. 이런 불평과 함께 악마는 교회 안으로 들어왔다. 악마는 교회를 자신의 주의 십자가와 떼어놓기를 원한다.

따라서 예수는 자신의 제자들도 반드시 고난을 받아야 한다는 점을 분명하고도 단호하게 말해야 할 필연성을 느꼈다.

80   나를 따르라 •

그리스도가 오직 고난을 받고 버림을 받는 자로서만 그리스도이듯이, 제자도 오직 고난과 버림을 받은 자로서만, 오직 예수와 함께 십자가에 못 박힌 자로서만 제자다. 예수 그리스도를 따르는 것은 그에게 얽매이는 것으로서 따르는 자를 그리스도의 율법 아래, 다시 말하면, 십자가 아래 세운다.

그러나 이런 확고한 진리를 제자들에게 알리는 과정에서 예수는 특이하게도 제자들에게 다시금 말한다. "**만일** 나를 따라 오려거든…" 이것은 제자들 가운데서 당연한 일이 아니다. 이것은 그 누구에게도 강요될 수 없고, 그 누구로부터도 기대될 수 없는 일이다. 자신에게 주어지는 다른 모든 제안에도 불구하고 따라오라는 것이다. 다시금 모든 것은 결단에 달려 있다. 예수를 따르는 가운데서도 다시금 모든 것은 중단될 수 있다. 모든 것은 열려 있다. 아무것도 기대되지 않으며, 아무것도 강요되지 않는다. 예수의 의도는 이렇게 단호하다. 다시 말하면, 뒤따름의 율법이 선포되기 전에 제자들은 자기 자신을 포기해야 한다.

"누구든지 나를 따라 오려거든 자기를 부인하라." 베드로가 그리스도를 부인하면서 "나는 이 사람을 모른다."고 말했듯이, 예수를 따르는 자도 이제는 자기 자신을 부인해야 한다. 자기 부인은 자학 행위나 금욕 훈련의 개별적 행위를 수없이 반복하는 것이 결코 아니다. 자기 부인은 자살이 아니다. 왜냐하면 자살을 통해서도 인간의 고집이 관철될 수 있기 때문이다. 자기 부인은 더는 자기 자신을 보지 않고 오직 그리스도만을 아는 것이고, 더는 우리에게 너무 힘든 길을 바라보지 않고, 오직 앞장서 가는 그리스도만을 바라보는 것이다. 다시 말하면, 자기 부인은 오직 앞서 가는 그리스도만을 굳건히 붙드는 것이다.

"그리고 자기 십자가를 지라." 자기 부인의 말씀을 통해 제자들로 하여금 이 말씀에 대해 준비할 수 있게 한 것은 예수의 은혜다. 만약 우리가 우리 자신을 참으로 완전히 잊어버렸다면, 우리는 우리 자신을 더는 알지 못한다. 오직 그럴 때에만 우리는 예수를 위해 십자가를 질 준비를 할 수 있다. 만약 우리가 오직 예수만을 안다면, 우리는 십자가의 아픔도 더는 알지 못한다. 오직 그럴 때에만 우리는 오직 예수만을 바라볼 수 있다. 만약 예수가 이 말씀을 위해 우리를 이렇게 친절하게 준비시키지 않았다면, 우리는 십자가를 질 수 없을 것이다. 이렇게 예수는 우리로 하여금 이처럼 힘든 말씀도 은혜로 받아들일 수 있도록 해주었다. 예수의 말씀은 우리로 하여금 예수를 기쁘게 따를 수 있게 하며, 예수를 따르도록 우리에게 힘을 준다.

십자가는 불쾌한 사건과 무거운 숙명이 아니다. 그것은 오직 예수 그리스도에게 매어 있기 때문에 생겨나는 고난이다. 십자가는 우발적인 고난이 아니라, 필연적인 고난이다. 십자가는 자연인(自然人)에게 매어 있는 고난이 아니라, 그리스도인에게 매어 있는 고난이다. 십자가는 본질적으로 고난을 받는 것만이 아니라, 고난과 버림을 받는 것이다. 엄밀히 말하면,

나를 따르라 •

십자가는 그 어떤 다른 행동이나 신념 때문이 아니라 예수 그리스도 때문에 고난과 버림을 받는 것이다.

뒤따름을 더는 진지하게 받아들이지 않고, 복음을 믿음의 값싼 위로로 변질시키며, 자연인의 삶과 그리스도인의 삶을 혼동하는 그리스도인들은 십자가를 일상적인 불운으로 이해했고, 우리의 자연스러운 삶의 고통과 불안으로 이해했다. 그들은 십자가가 항상 동시에 버림을 받는 것이기도 하고 십자가가 고통의 수치도 포함하고 있다는 사실을 망각했다. 시편의 저자들은 고난 가운데서 배척과 멸시와 버림을 받는 것을 끝없이 탄식한다. 시민의 삶과 그리스도인의 삶을 구분할 줄을 모르는 그리스도인들은 십자가 고난의 이러한 본질적인 특징을 더는 이해하지 못한다. 십자가는 그리스도와 함께 고난을 받는 것이요, 그리스도 때문에 고난을 받는 것이다. 오직 그리스도를 따르기 위해 그리스도에게 매이는 자만이 십자가 아래 진지하게 선다.

"자기 십자가를 지고" - 십자가는 처음부터 벌써 준비되어 있다. 오직 십자가를 지는 것만이 필요하다. 그러나 자기 스스로 그 어떤 십자가를 찾아야 하고, 마음대로 고난을 추구해야 한다고 생각하지 마라. 모든 사람에게 자신의 십자가는 이미 준비되어 있고, 하나님이 그의 십자가를 결정하였으며 그에게 적합한 십자가를 주신다고 예수는 말한다. 모든 사람은 자신을 위해 준비된 분량의 고난과 버림받음을 감당해야 한다.

사람마다 고난의 분량은 다르다. 어떤 사람에게는 하나님이 큰 고난을 주신다. 하나님은 그에게 순교의 은혜를 선사하신다. 또 어떤 사람에게는 하나님이 그의 능력을 넘어설 정도의 시험은 허락하시지 않는다. 하지만 십자가는 하나의 십자가다.

십자가는 모든 그리스도인들에게 주어진다. 모든 그리스도인들이 경험해야 할 첫 번째 고난은 우리를 이 세상의 속박에서 벗어나게 하는 부름이다. 이것은 예수 그리스도를 만나는 가운데서 옛 사람이 죽는 것이다. 예수를 따르는 자는 예수의 죽음 안으로 들어간다. 그는 자신의 생명을 죽음에 내어준다. 뒤따름은 바로 이렇게 시작된다. 십자가는 경건하고 행복한 삶의 충격적인 종말이 아니라, 예수 그리스도와의 사귐이 시작될 때부터 존재한다. 그리스도의 모든 부름은 죽음으로 인도한다.

첫 번째 제자들처럼 예수를 따르기 위해 집과 직업을 버려야 하든, 루터처럼 수도원에서 뛰쳐나와 세상의 직업으로 돌아가든, 어떤 경우에든 죽음은 우리를 기다린다. 이 죽음은 예수 그리스도 때문에 일어나는 죽음이요, 예수의 부름 때문에 일어나는 우리의 옛 사람의 죽음이다. 부자 청년을 향한 예수의 부름은 그에게 죽음을 가져왔다. 그는 오직 자신의 의지에 대해 죽은 자로서만 예수를 따를 수 있다. 예수의 모든 계명은 우리의 모든 소원과 욕망과 함께 우리가 죽어야 한다고 말한다. 그리고 우리는 스스로 죽기를 원할 수 없다. 그렇기 때문에 예수 그리스도는 그의 말씀 안에서 우리의 죽음과 생명이어야 한다.

"나를 따르라"는 예수의 부름, 예수 그리스도의 이름으로 받는 세례는 죽음과 생명이다. 그리스도의 부름과 세례는 그리스도인들을 죄와 악마에 맞서 매일 투쟁하게 만든다. 이처럼 육체와 세상의 유혹에 맞선 투쟁을 통해 제자들은 날마다 예수 그리스도의 새로운 고난을 진다. 이런 투쟁으로부터 그리스도인들이 얻는 상처와 흉터는 예수 그리스도와 십자가의 사귐을 나누고 있다는 생생한 표지다.

그러나 그리스도인들에게는 하나의 다른 고난과 하나의 다른 수치도 주어진다. 물론 오직 그리스도 자신의 고난만이 화해를 위한 고난이다. 그러나 그리스도는 세상의 죄 때문에 고난을 받았다. 그에게 죄의 모든 책임이 넘겨졌다. 그리고 예수 그리스도는 자신을 따르는 자들에게 자신의 고난의 열매를 나눠 준다. 그렇기 때문에 제자들에게도 시련과 죄가 주어진다. 세상은 그들에게 큰 소리를 지르며 시련과 죄를 씌우며, 그들을 어린양처럼 성문 밖으로 쫓아낸다. 따라서 그리스도인은 남들을 위해 죄와 잘못을 지는 자가 된다. 만약 모든 죄를 지는 자가 그리스도인을 친히 지지 않는다면, 그리스도인은 죄 아래서 무너질 것이다. 그러나 그리스도인은 죄를 용서함으로써 자신에게 지워진 죄를 그리스도의 고난의 힘으로 극복할 수 있다.

그리스도인은 짐을 지는 자가 된다. "너희가 짐을 서로
지라. 그리하여 그리스도의 법을 성취하라."(갈 6:2) 그리스도
가 우리의 짐을 지듯이, 우리는 형제의 짐을 져야 한다. 성취
되어야 할 그리스도의 율법은 십자가를 지는 것이다. 내가 져
야 할 형제의 짐은 단지 그의 외적인 숙명, 그의 기질과 성향만
이 아니라, 진정한 의미에서 그의 죄다. 내가 그의 죄를 질 수
있는 방법은 오직 내가 참여한 그리스도의 십자가의 힘으로써
그의 죄를 용서하는 것일 수밖에 없다. 따라서 십자가를 지라
는 예수의 부름은 그를 따르는 모든 자를 사죄의 사귐 안에 세
운다. 사죄는 제자들에게 명령된 그리스도의 고난이다. 이것
은 모든 그리스도인들에게 부여되었다.

그러나 제자가 자신의 십자가가 무엇인지를 어떻게 알겠
는가? 만약 그가 고난을 받은 주를 따른다면, 그는 자신의 십
자가를 받을 것이다. 그는 예수의 사귐 안에서 자신의 십자가
를 깨달을 것이다.

이렇게 고난은 그리스도를 따르는 자의 표지가 된다. 제
자는 선생보다 높지 못하다. 뒤따름은 필연적 고난(passio pas-
siva)이다. 그래서 루터는 고난을 올바른 교회의 표지라고 말할
수 있었다. 그는 아우크스부르크 신앙고백(Augustana) 초안에
서 교회를 "복음 때문에 박해와 고문을 받는 자들의 공동체"라
고 정의했다. 자신의 십자가를 지지 않으려는 자, 자신의 생명
을 사람들의 고난과 배척에 내어주지 않으려는 자는 그리스도

와의 사귐을 잃게 된다. 그는 그리스도를 따르는 자가 아니다. 그러나 그리스도를 따르다가, 십자가를 지다가 자신의 생명을 잃어버리는 자는 그리스도를 따르는 가운데서, 그리스도와 십자가의 사귐을 나누는 가운데서 생명을 다시 찾을 것이다. 그리스도를 따르기를 거부하는 것은 그리스도를 부끄러워하는 것이요, 십자가를 부끄러워하는 것이요, 십자가에 걸려 넘어지는 것이다.

그리스도를 따르는 것은 고난을 받는 그리스도에게 매이는 것이다. 그러므로 그리스도인의 고난은 전혀 이상한 것이 아니다. 그것은 도리어 순전한 은혜와 기쁨이다. 교회의 첫 번째 순교자들의 행위는 그리스도가 자신의 놀라운 친밀함과 사귐을 통해 제자들의 극심한 고난을 아름답게 변화시킨다는 것을 증언한다. 이처럼 순교자들은 자신들의 주 때문에 겪는 혹독한 고통 가운데서도 예수의 사귐을 누리는 최고의 기쁨과 축복을 누렸다. 십자가를 지는 것은 고난을 이길 수 있는 유일한 방법이라는 사실이 그들에게 드러났다. 그러나 그리스도를 따르는 모든 자들은 십자가를 져야 한다. 왜냐하면 그리스도가 친히 십자가를 졌기 때문이다.

> 조금 나아가사 얼굴을 땅에 대시고 엎드려 기도하여 이르시되, 내 아버지여, 만일 할 만하시거든, 이 잔을 내게서 지나가게 하옵소서. 그러나 나의 원대로 마시옵고, 아버지의 원대로 하옵소서. … 다시 두 번째 나아가 기도하여 이르시되, 내 아버지여, 만일 내가 마시지 않고는 이 잔

이 내게서 지나갈 수 없거든, 아버지의 원대로 되기를 원하나이다. (마 26:39, 42)

예수는 잔이 지나가기를 아버지에게 기도하고, 아버지는 아들의 기도를 듣는다. 고난의 잔은 예수에게서 지나갈 것이다. 그러나 오직 **예수가 잔을 마실 때에만** 고난의 잔은 지나갈 것이다. 겟세마네에서 예수가 두 번째 땅에 엎드릴 때, 그는 고난을 받음으로써 고난이 지나갈 것이라는 사실을 알게 된다. 오직 십자가를 짐으로써만 그는 고난을 극복하고 승리할 것이다. 그의 십자가는 십자가를 극복하는 길이다.

고난은 하나님의 멀어짐이다. 그러므로 하나님의 사귐 안에 있는 자는 고난을 받지 않을 수 있다. 예수는 구약성서의 이 구절을 인정했다. 그러므로 그는 온 세상의 고난을 스스로 지며, 그렇게 함으로써 온 세상의 고난을 극복한다. 그는 하나님의 완전한 멀어짐을 감수한다. 그가 잔을 마시는 바로 그 순간에 잔은 그에게서 지나간다. 예수는 세상의 고난을 극복하기를 원한다. 그러므로 그는 고난의 대가를 완전히 치러야 한다. 물론 고난은 항상 하나님의 멀어짐이다. 그러나 예수 그리스도의 고난의 사귐 가운데서 고난은 고난을 통해 극복되며, 하나님의 사귐은 바로 고난 가운데서 선사된다.

고난이 지나가려면, 고난을 져야 한다. 세상이 고난을 지다가 고난 때문에 멸망할 수도 있지만, 고난이 그리스도에게

나를 따르라 •

주어지고 그리스도 안에서 극복될 수도 있다. 그래서 그리스도는 세상을 위해 대리적으로 고난을 받는다. 오직 그리스도의 고난만이 구원하는 고난이다. 그러나 세상의 고난은 고난을 질 사람을 찾고 있다는 사실을 교회도 이제는 알고 있다. 따라서 고난은 그리스도를 따르는 교회에게 주어진다. 그리고 교회는 고난을 진다. 왜냐하면 그리스도가 교회를 지기 때문이다. 예수 그리스도의 교회는 십자가를 지고 그를 따름으로써 세상을 위해 하나님 앞에 대리적으로 선다.

하나님은 짐을 지시는 하나님이다. 하나님의 아들은 우리의 육체를 졌다. 그래서 그는 십자가를 졌고, 우리의 모든 죄를 졌으며, 고난을 짐으로써 화해를 창조했다. 따라서 그를 따르는 자도 짐을 지라는 부름을 받는다. 그리스도인이 된다는 것은 본질적으로 짐을 진다는 것이다. 그리스도가 짐을 짐으로써 하나님의 사귐을 보존하듯이, 그리스도를 따르는 자들이 짐을 지는 것은 그리스도와 사귐을 나누는 것이다. 인간은 자신에게 지워진 짐을 떨쳐버릴 수 있다. 하지만 이로써 인간이 짐에서 벗어나기보다는 도리어 이제는 훨씬 더 무겁고 감당하기 훨씬 더 어려운 짐을 지게 된다. 인간은 자신이 선택한 자기 자신의 멍에를 지게 된다.

예수는 수많은 고통과 짐 때문에 신음하는 모든 사람을 불러서, 그들로 하여금 그들의 멍에를 벗어 버리고 부드러운 자신의 멍에와 가벼운 자신의 짐을 지게 했다. 그의 멍에와 그의 짐은 십자가다. 이 십자가를 진다는 것은 불행과 절망이 아니라, 영혼을 소생케 하고 편히 쉬게 하는 것이요, 최고의 기쁨이다. 이제 우리는 스스로 만든 율법과 짐을 더는 지지 않고, 우리를 알고 있고 우리와 함께 멍에를 지는 그의 멍에를 진다. 그의 멍에 아래서 우리는 그의 친밀함과 사귐을 알게 된다. 만약 그를 따르는 자가 그의 십자가를 진다면, 그가 발견하는 것은 바로 그리스도 자신이다.

"너의 지식을 따라가지 말고, 너의 지식을 뛰어넘어라. 무지 속으로 들어가라. 그리하면 내가 네게 나의 지식을 줄 것이다. 무지는 올바른 지식이다. 네가 어디로 가는지를 알지 못하는 것, 이것은 네가 어디로 가는지를 아는 것이다. 나의 지식은 너를 완전히 무지하게 만든다. 그래서 아브라함은 그의 아버지 땅을 떠났고, 어디로 가는지를 알지 못했다. 그는 나의 지식에 자신을 맡기고, 자신의 지식을 버렸다. 그리고 그는 올바른 길을 따라 올바른 목적지에 도달했다. 보라, 이것은 십자가의 길이다. 너는 그 길을 발견할 수 없고, 내가 소경인 너를 인도해야 한다. 그러므로 너도 아니고, 한 인간도 아니고, 한 피조물도 아니고, 내가 친히 나의 영과 말씀을 통해 너를 인도할 것이다. 너는 그 길을 걸어야 한다. 네가 선택한 업적이나 네가 생각하는 고난이 아니라 너의 선택과 생각과 욕망에 거슬려 네게 다가오는 것이 너를 인도할 것이다. 따르라. 나는 외친다. 학생이 여기 있다. 때가 되었다. 너의 스승이 왔다." (루터)

나를 따르라 •

ભ

뒤따름과 개인

무릇 내게 오는 자가 자기 부모와 처자와 형제와 자매와 더욱이 자기 목
숨까지 미워하지 아니하면 능히 내 제자가 되지 못하고… (눅 14:26)

"나를 따르라"는 예수의 부름은 제자를 개인으로 만든다.
원하든 거부하든, 그는 스스로 결단해야 하며, 자기 홀로 결단
해야 한다. 개인이 되기를 원하는 것은 자신의 선택이 아니다.
그리스도가 부름 받은 자를 개인으로 만든다. 모든 사람은 홀
로 부름을 받는다. 그는 홀로 따라가야 한다. 이처럼 홀몸이
되는 것이 두려워서 인간은 자기 주위의 사람들과 사물들의
보호를 받기를 원한다. 인간은 갑자기 자신의 모든 책임을 발
견하며, 거기에 매달린다. 그는 이런 구실 아래 결단하기를 원
한다. 그러나 그는 예수를 홀로 마주보기를 거부하며, 오직 예
수만을 바라보고 결단하기를 거부한다. 그러나 부모나 처자,
아내와 자식, 민족과 역사는 이 순간에 부름 받은 사람을 숨겨
주지 않는다. 그리스도는 인간을 고독하게 만들기를 원한다.
인간은 자신을 부른 자 외에는 그 어느 것도 바라보아서는 안
된다.

예수의 부름 속에서 인간의 삶의 자연스러운 현실은 이미 단절되고 말았다. 예수를 따르는 자가 그렇게 한 것이 아니라, 그리스도 자신이 부름을 통해 이미 그렇게 한 것이다. 그리스도는 인간을 세상과의 직접적인 관계로부터 해방했고, 자기 자신과 직접적인 관계를 맺게 만들었다. 만약 이미 일어난 단절을 인정하고 긍정하지 않는다면, 아무도 그리스도를 따를 수 없다. 자기 뜻대로 살아가겠다는 고집이 아니라 그리스도 자신이 이처럼 단절로 이끈다.

이런 단절이 왜 일어나야 하는가? 자연스러운 질서로부터 그리스도의 공동체 안으로 중단 없이 성장하는 과정, 서서히 성화하는 진보는 왜 존재하지 않는가? 인간이 허락하고 하나님이 허락하신 그의 자연스러운 삶의 질서 사이에 그 어떤 불쾌한 세력이 들어오는가? 이러한 단절은 율법적인 법칙주의가 아닌가? 이것은 그리스도인의 자유와는 전혀 무관한 하나님의 선한 선물을 언짢게 멸시하는 것이 아닌가?

그렇다. 그리스도의 부름을 받은 자와 그의 자연스러운 삶의 질서 사이에 그 무엇이 들어오는 것은 사실이다. 그러나 이것은 삶에 대한 언짢은 멸시가 아니며, 깊은 신앙의 율법도 아니다. 이것은 생명과 복음 자체요, 그리스도 자신이다. 그리스도는 인간이 됨으로써 나와 세상의 현실 사이에 들어왔다. 나는 더는 뒷걸음질 할 수 없다. 그리스도가 한가운데 존재한다. 그는 부름 받은 자를 세상의 현실과의 직접적인 관계로부

나를 따르라 •

터 벗어나게 만들었다. 그는 중보자가 되기를 원한다. 모든 것은 오직 그를 통해서만 일어나야 한다.

그는 단지 나와 하나님 사이에 존재할 뿐만 아니라, 바로 그렇게 함으로써 나와 세상의 중간에도, 나와 남들과 사물들의 중간에도 존재한다. 단지 하나님과 남들 사이만이 아니라 사람과 사람, 사람과 현실 사이에서도 **그는 중보자다**. 온 세상은 그로 말미암아, 그리고 그를 향해 창조되었다.(요 1:3; 고전 8:6; 히 1:2) 그렇기 때문에 그는 세상에서 유일한 중보자다. 하나님에 대해서든 세상에 대해서든, 그리스도 이래 인간의 직접적인 관계는 더는 존재하지 않는다. 그리스도는 중보자이기를 원한다. 물론 인간에게 직접적인 접근을 허용하는 신들은 상당히 많다. 물론 세상은 모든 수단을 통해 인간과 직접적인 관계를 맺으려고 시도한다. 그러나 바로 여기에 중보자 그리스도에 대한 적대감이 존재한다. 신들과 세상은 그리스도가 사람들로부터 떼어놓았던 것을 그리스도로부터 떼어놓기를 원한다.

세상의 직접성과의 단절은 그리스도를 중보자로, 하나님의 아들로 인식하는 것과 전혀 다르지 않다. 이것은 인간이 작은 이상을 더 큰 이상과 혼동하는 나머지 그 어떤 이상 때문에 세상의 속박에서 벗어나려는 의도적인 행위가 아니다. 이것은 열광주의와 독단일 것이며, 다시금 세상과 직접적인 관계를 맺는 행위일 것이다. 오직 이미 일어난 사실, 곧 그리스도가 중보자라는 사실을 인정함으로써만 예수의 제자들은 사람들과 사물들의 세상에서 벗어날 수 있다. 예수의 부름이 하나의 이상이 아니라 중보자의 말씀으로 이해되는 한, 예수의 부름은 이미 일어난 세상과의 단절을 내게 실행한다.

만약 여러 가지 이상을 고려하는 것이 중요하다면, 어떠한 상황 아래서도 균형을 추구해야 할 것이다. 그리스도인의 이상 때문에 균형을 포기할 수도 있겠지만, 균형은 결코 일방적이어서는 안 될 것이다. 이상의 관점에서 본다면, 삶의 "책임성"의 관점에서 본다면, 그리스도인의 삶의 이상을 위해 자연적인 삶의 질서를 경시하는 것은 정당하지 않다. 그리스도인의 이상, 그리스도인의 책임윤리나 양심윤리의 관점에서 보더라도, 심지어는 정반대의 평가를 매우 강력히 지지해야 한다! 그러나 중요한 것은 이상과 평가와 책임성이 아니라, 이미 일어난 사실과 이를 인정하는 것이다. 다시 말하면, 우리와 세상 사이에 중보자 자신의 인격이 들어왔다. 그렇기 때문에 삶의 직접성은 단절되어야만 한다. 그렇기 때문에 부름 받은 자는 중보자 앞에서 개인이 되어야 한다.

따라서 예수의 부름을 받은 자는 세상과 관계를 맺는 동안 기만 속에서 살아왔다는 사실을 배운다. 이러한 기만은 직접성을 의미한다. 직접성은 그의 믿음과 순종을 방해했다. 이제 그는 자신의 삶의 가장 가까운 관계 속에서, 부모와 자녀와 형제와 자매와의 혈연관계 속에서, 부부의 사랑 속에서, 역사적 책임성 속에서 스스로 직접성을 가질 수 없다는 사실을 안다. 예수 이래 제자들은 자연적·역사적·경험적인 직접성을 가질 수 없다. 인식하든 인식하지 못하든, 아들과 아버지 사이에, 남자와 여자 사이에, 개인과 민족 사이에 중보자 그리스도가 존재한다. 그리스도를 통하지 않고, 그의 말씀을 통하지 않고, 그리고 그를 따르지 않고 남들에게 갈 수 있는 길은 우리에게 전혀 존재하지 않는다. 직접성은 기만이다.

우리에게 진리를 숨기는 기만을 우리는 미워해야 한다. 그렇기 때문에 우리는 중보자 예수 그리스도를 위해 삶의 자연스러운 현실에 대한 직접성을 미워해야 한다. 만약 어떤 공동체가 그리스도 앞에서 개인이 되는 것을 방해한다면, 만약 어떤 공동체가 직접성을 요구한다면, 그리스도를 위해 우리는 그 공동체를 미워해야 한다. 왜냐하면 알든 모르든, 모든 직접성은 중보자 그리스도에 대한 증오이기 때문이다. 그리스도교적인 것으로 이해되기를 원하더라도, 그리고 바로 그럴 때에도 마찬가지다.

만약 신학이 하나님과 인간의 중보자인 예수의 신분을 삶의 직접성을 정당화하기 위해 이용한다면, 이것은 심각한 혼돈이다. 만약 그리스도가 중보자라면, 그가 세상에 대한 우리의 모든 직접성의 죄를 담당했고, 이로써 우리를 의롭게 했다고 사람들은 말한다. 예수는 하나님과 함께 있는 우리의 중보자이기 때문에 우리는 다시금 선한 양심을 가지고 그리스도를 십자가에 못 박은 세상과 직접적인 관계를 맺게 되었다는 것이다. 이로써 하나님에 대한 사랑과 세상에 대한 사랑은 하나의 공통분모 아래 놓여진다. 세상 현실과의 단절은 이제 하나님의 은혜를 "율법적으로" 오해하는 결과를 낳았다. 하나님의 은혜는 참으로 이러한 단절을 원하지 않는다는 것이다. 세상에 대한 직접성을 미워하라는 예수의 말씀이 이제는 "하나님이 주신 이 세상의 현실"을 당연히, 즐겁게 인정하라는 말씀으로 바뀌었다. 죄인을 의롭다고 인정하는 복음이 다시금 죄를 의롭다고 인정하는 복음으로 바뀌었다.

예수의 제자들에게 "하나님에 의해 주어진 현실"은 오직 예수 그리스도를 통해서만 존재한다. 인간이 된 그리스도를 통해 내게 주어지지 않은 것은 하나님이 주신 것이 아니다. 그리스도 때문에 주어진 것이 아닌 것은 하나님으로부터 나온 것이 아니다. 창조의 선물에 대한 감사는 예수 그리스도를 통해 일어나며, 이 삶의 은혜로운 보존을 위한 기도는 그리스도 때문에 일어난다. 그리스도 때문에 감사할 수 없는 것에 대해 나는 절대로 감사해서는 안 된다. 그것은 내게 죄가 된다. "하나님에 의해 주어진 현실", 곧 남들에게 이르는 길도 예수 그리스도를 통과한다. 그렇지 않은 길은 잘못된 길이다.

우리를 남들과 분리하는 간격, 곧 남들과의 엄연한 간격과 차이와 생소함을 자연적이거나 정신적인 결합 수단을 통해 극복하려는 우리의 모든 시도는 반드시 실패한다. 이것은 사람으로부터 사람으로 이어주는 진정한 길이 아니다. 매우 사랑스러운 환영 인사, 매우 심오한 심리학, 매우 자연스러운 솔직함도 남에게 다가가지 못한다. 정신적 직접성은 존재하지 않는다. 그리스도가 그 사이에 존재한다. 오직 그를 통해서만 우리는 이웃에게 다가갈 수 있다. 그러므로 남을 위한 기도는 그에게 다가갈 수 있는 가장 빠른 길이며, 그리스도의 이름으로 드리는 공동기도는 가장 진정한 사귐이다.

만약 중보자에 대한 인식이 없다면, 하나님의 선물에 대한 참된 인식도 없다. 오직 중보자에 대한 인식 때문에 하나님의 선물에 대한 인식도 주어졌다. 만약 만물 위에 뛰어난 그리스도에게만 영광을 돌리는 깊은 참회가 없다면, 민족과 가족과 역사와 자연에 대한 진정한 감사도 없다. 우리는 이미 창조된 세상의 현실과 분리되었고, 세상 속에서 감당해야 할 진정한 책임과도 분리되었다. 만약 이를 인정하지 않는다면, 그것과의 진정한 결합도 없다. 하나님이 예수 그리스도 안에서 세상에게 보여주신 사랑밖에는 세상에 대한 참된 사랑은 없다. "세상을 사랑하지 마라."(요일 2:15) 그러나 "하나님이 세상을 이처럼 사랑하사 독생자를 주셨으니, 이는 그를 믿는 자마다 멸망하지 않고 영생을 얻게 하려 하심이라."(요 3:16)

직접성과의 단절은 불가피하다. 가족이나 민족과 외적으로 단절되었든, 그리스도의 수치와 인간증오의 비난을 받든, 아니면 언제라도 드러낼 준비를 하면서 숨겨진 단절을 홀로 알고 감당해야 하든, 궁극적인 차이는 없다. 아브라함은 두 가지 가능성을 보여주는 모범적인 인물이 되었다. 그는 친척과 아비의 집을 떠나야 했다. 그리스도가 아브라함과 그들 사이에 들어왔다. 그러므로 단절은 분명히 드러나야 했다.

아브라함은 약속의 땅 때문에 나그네가 되었다. 이것은 그의 첫 번째 소명이었다. 그 후에 아브라함은 자신의 아들인 이삭을 제물로 바치라는 하나님의 부르심을 들었다. 그리스도가 믿음의 조상과 약속의 아들 사이에 들어왔다. 여기서는 단지 자연스러운 직접성만이 아니라 정신적인 직접성도 무너진다. 아브라함은 약속이 이삭에게 달려 있는 것이 아니라 오직 하나님 자신에게만 달려 있다는 것을 배워야 한다. 아무도 하나님의 이런 부르심을 받지 못했다. 심지어 아브라함을 제단까지 동행한 종도 이런 부르심을 받지 못했다. 아브라함은 완전히 외톨이다. 아비의 집을 떠날 때에도 그랬듯이, 그는 다시금 완전히, 그리고 철저히 개인이다.

아브라함은 하나님의 부르심을 그대로 받아들였다. 그는 하나님의 부르심을 에둘러 해석하지 않았으며, 영적으로 해석하지 않았다. 그는 하나님의 말씀을 그대로 받아들였고, 순종할 준비가 되어 있었다. 모든 자연스러운 직접성에 맞서, 모든 윤리적인 직접성에 맞서, 모든 종교적인 직접성에 맞서 그는 하나님의 말씀에 순종한다. 그는 자신의 아들을 제물로 삼는다. 그는 중보자를 위해 은밀한 단절을 보여주기를 원한다.

바로 그 순간에 그는 자신이 바친 모든 것을 선물로 되돌려 받았다. 아브라함은 자신의 아들을 도로 받았다. 하나님은 이삭을 대신할 더 좋은 제물을 그에게 보여주신다. 이것은 360도 전환이었다. 아브라함은 이삭을 다시 받았다. 그러나 그가 받은 이삭은 이제 과거의 이삭과는 다르다. 아브라함은 중보자를 통해, 그리고 중보자 때문에 이삭을 가진다. 아브라함은 하나님의 명령을 문자대로 듣고 행할 준비를 하는 자로서 마치 이삭을 가지지 않은 듯이 가질 수 있게 되고, 예수 그리스도를 통해 이삭을 가질 수 있게 된다. 다른 사람은 이 사실을 알지 못한다.

아브라함은 그가 올라갔던 산을 이삭과 함께 내려온다. 그러나 모든 것은 달라졌다. 그리스도가 아버지와 아들 사이에 들어왔다. 아브라함은 모든 것을 버렸고, 그리스도를 따랐다. 그리스도를 따르는 가운데서 그는 이제 과거에 살았던 바로 그 세상에 다시금 살 수 있게 된다. 외적으로는 모든 것이 여전히 옛날 그대로 있다. 그러나 옛 것은 지나갔다. 보라, 모든 것이 새롭게 되었다. 모든 것은 그리스도를 통해 일어나야 했다.

이것은 공동체 가운데서, 민족과 가족 안에서, 재물과 재산을 소유하는 가운데서 개인이 될 수 있고 그리스도를 따르는 자가 될 수 있는 다른 가능성이다. 그러나 이러한 실존으로 부름을 받은 자는 바로 아브라함이었다. 그는 과거에 분명한 단절을 스스로 경험했고, 그의 믿음은 신약성서에서 모범이 되었다. 우리는 아브라함의 이런 가능성을 너무 쉽게 일반화하고 율법적으로 이해하기를 좋아한다. 다시 말하면, 우리는 아브라함의 이런 가능성을 곧바로 우리 자신과 연결하기를 좋아한다. 이 세상의 재물을 소유한 가운데서 그리스도를 따르고, 그래서 개인이 될 수 있는 것은 바로 우리 그리스도인의 실존이기도 하다는 것이다.

그러나 그리스도인들이 신앙 가운데서 은밀하게 단절을 실행하는 것보다는 외적인 단절을 실행하는 것이 분명히 더 쉬운 길이다. 이런 사실을 모르는 자, 다시 말하면, 성서와 경험으로부터 이런 사실을 깨닫지 못하는 자는 다른 길을 가면서 자신을 속인다. 그런 사람은 직접성으로 되돌아갈 것이고, 그리스도를 잃어버릴 것이다.

이런저런 가능성을 선택하는 것은 우리의 자유에 달려 있지 않다. 우리는 예수의 뜻에 따라서 이런저런 방식으로 직접성으로부터 벗어나게 될 것이다. 드러나 보이든 숨겨져 있든, 우리는 개인이 되어야 한다. 그러나 우리를 개인으로 만드는 바로 그 중보자는 이로써 완전히 **새로운 사귐**의 근거이기도 하다. 그는 남들과 나의 한가운데 존재한다. 그는 분리하지만, 결합하기도 한다. 물론 남들에게 이르는 모든 직접적인 길은 단절된다. 그러나 그를 따르는 자에게는 중보자를 넘어서 남들에 도달하는, 새롭고 유일하게 현실적인 길이 지시된다.

베드로가 여짜와 이르되, 보소서. 우리가 모든 것을 버리고 주를 따랐나이다. 예수께서 이르시되, 내가 진실로 너희에게 이르노니, 나와 복음을 위하여 집이나 형제나 자매나 어머니나 아버지나 자식이나 전토를 버린 자는 현세에 있어 집과 형제와 자매와 어머니와 자식과 전토를 백배나 받되 박해를 겸하여 받고, 내세에 영생을 받지 못할 자가 없느니라. 그러나 먼저 된 자로서 나중 되고, 나중 된 자로서 먼저 될 자가 많으니라. (막 10:28-31)

여기서 예수는 자신을 위해 개인이 된 자들에게 말한다. 예수가 불렀을 때, 그들은 모든 것을 버렸고, 다음과 같이 말할 수 있었다. 보소서. 우리가 모든 것을 버리고, 주를 따랐나이다. 그들에게는 새로운 사귐의 약속이 주어졌다. 예수의 말씀에 따르면 그들은 이미 이 시간에 그들이 버린 것의 백배를 받게 될 것이다. 예수는 여기서 자신 안에 존재하는 자신의 공동체에 관해 말한다. 예수를 위해 아버지를 버린 자는 여기서 분명히 아버지를 다시 얻는다. 그는 형제와 자매를 다시 얻는다. 그에게는 참으로 땅과 집도 이미 준비되어 있다. 모든 사람은 홀로 그를 따른다. 그러나 예수를 따르는 자는 홀로 있지 않다. 말씀을 의지하고 용감하게 개인이 되기를 결정한 자에게는 공동체의 사귐이 선사된다. 그는 자신이 잃은 것의 백배를 돌려받는 하나의 가시적인 형제 모임에 속하게 된다.

백배를 돌려받는다는 것은 바로 그가 이제 오직 그리스도를 통해서만 모든 것을 가지게 되며, 중보자를 통해 모든 것을 가지게 된다는 뜻이다. 물론 이것은 "박해 아래서" 일어난다.

"백배" - "박해 아래서," 이것은 십자가를 지고 자신의 주를 따르는 공동체의 은혜다. 따라서 십자가 공동체의 지체가 되고 중보자의 백성, 십자가 아래 모인 백성이 되는 것은 주를 따르는 자들을 위한 약속이다.

> 예루살렘으로 올라가는 길에 예수께서 그들 앞에 서서 가시는데, 그들이 놀라고 따르는 자들은 두려워하더라. 이에 다시 열두 제자를 데리시고 자기가 당할 일을 말씀하여 이르시되. (막 10:32)

"나를 따르라"는 예수의 부름이 진지하다는 것을 증명하고 이와 동시에 인간의 힘으로는 예수를 따를 수 없다는 사실을 증명하려는 듯이, 그리고 박해 아래서 자신의 백성이 된다는 약속을 증명하려는 듯이, 예수는 이제 십자가를 지려고 예루살렘으로 올라가며, 그를 따르는 자들은 놀라움과 두려움 속에서 예수가 부르는 길을 따른다.

나를 따르라 •

⟨ 산상설교

마태복음 5장 그리스도인의 삶의 "탁월성"에 관해

1. 팔복

예수는 언덕 위에 있고, 민중과 제자들도 함께 있다. **무리가 본다.** 예수는 자신에게 다가오는 제자들과 함께 있다. 제자들은 얼마 전까지 스스로 민중의 무리에 완전히 속해 있었다. 그들은 다른 모든 사람들과도 같았다. 얼마 후에 예수의 부름이 들려왔고, 그러자 그들은 모든 것을 버렸고, 예수를 따랐다. 이제 그들은 예수와 함께 가고, 예수와 함께 살며, 예수가 인도하는 대로 어디든지 그를 따른다. 그들에게는 남들에게는 일어나지 않은 사건이 일어났다. 이것은 매우 불안하고 매우 거슬리는 사건이었다. 민중은 이 사건을 여기서 분명히 목격한다.

제자들이 본다. 민중이 있다. 제자들은 민중으로부터 나왔고, 민중은 이스라엘 집의 잃어버린 양이다. 민중은 부름 받은 하나님의 공동체다. 그들은 민중 교회다. 예수의 부름을 통해 이 민중으로부터 선택되었을 때, 제자들은 이스라엘 집의 잃어버린 양을 위해 당연하고 필수적인 일을 했다. 그들은 선한 목자의 음성을 따랐다. 왜냐하면 그들은 목자의 음성을 알았기 때문이다. 바로 그들이 걷는 길은 민중이 걷는 길과 똑같다. 그들은 민중 안에서 살아갈 것이고, 민중 안으로 들어갈 것이며, 민중에게 예수의 부름과 뒤따름의 고귀함을 설교할 것이다. 그러나 마지막은 어떻게 될 것인가?

예수가 본다. 그의 제자들이 있다. 그들은 민중으로부터 나와 예수에게 분명히 다가간다. 예수는 그들 각자를 불렀다. 그들은 예수의 부름에 따라서 모든 것을 포기했다. 이제 그들은 가난과 결핍 속에서 살아간다. 그들은 가난한 자들 가운데서 가장 가난한 자들이요, 시련을 당하는 자들 가운데서 가장 시련을 당하는 자들이요, 굶주린 자들 가운데서 가장 굶주린 자들이다. 그들은 오직 예수만을 소유한다. 그렇다. 예수처럼 그들은 세상에서 아무것도, 전혀 아무것도 소유하지 않는다.

그러나 그들은 하나님 곁에서 모든 것을 소유하고 있다. 그것은 예수가 발견한 하나의 작은 공동체. 그러나 예수가 민중을 볼 때, 그것은 하나의 거대한 공동체다. 제자들과 민중, 이 둘은 하나다. 제자들은 그의 복음을 전하는 자들이 될 것이다. 제자들은 이곳저곳에서 복음을 듣고 믿는 자들을 발견할 것이다. 그렇지만 그들 사이에는 마지막까지 일종의 대립이 존재할 것이다. 하나님과 예수의 말씀에 대한 모든 분노가 제자들 위로 떨어질 것이고, 제자들은 예수와 함께 배척을 당할

나를 따르라 •

것이다. 십자가가 눈에 보이기 시작한다. 그리스도, 제자들, 민중 - 이것은 이미 예수와 그의 공동체가 받을 고난의 역사를 완전하게 보여준다.[1]

그러므로 예수는 제자들에게 "복이 있다."라고 말한다.(눅 6:20 이하) 예수는 이미 그의 부름의 능력 아래 있는 자들에게 말한다. 이 부름은 그들을 가난하고 시련을 당하고 배고프게 만들었다. 예수는 그들의 결핍이나 그들의 포기 때문에 그들에게 축복을 선언하지 않는다. 결핍과 포기는 그 자체로서 그 어떤 방식으로든 축복의 근거가 아니다. 부름과 약속만으로도 근거는 충분하다. 이것 때문에 예수를 따르는 자들은 결핍과 포기 속에서 살아간다. 축복을 선언하는 몇 구절들이 제자들의 결핍에 관해 말하고, 다른 구절들이 제자들의 의식적인 포기나 특별한 미덕에 관해 말한다는 관찰은 의미가 없다. 객관적 결핍과 개인적 포기의 공통적 근거는 그리스도의 부름과 약속이다. 둘 가운데 그 어떤 것도 그 자체 안에 가치와 권리를 가지고 있지 않다.[2]

---

1) 이렇게 설명할 수 있는 주석학적 근거는 이미 고대교회의 주석에서 매우 존중되었던 ἀνοιγειν τό στόμα에 있다. 예수가 말하기 전에 침묵의 순간이 있었다.
2) 마태와 누가의 대립 구조는 성서적 근거가 없다. 마태가 누가의 축복을 영성화하지 않았듯이, 누가도 원래는 오직 "마음"만이 느낄 수 있는 축복을 정치화하지 않았다. 누가가 결핍을 축복의 근거로 보지 않았듯이, 마가도 포기를 축복의 근거로 보지 않았다. 마태와 누가에게서 결핍과 포기, 정치화와 영성화는 오직 예수의 부름과 약속을 통해서만 정당성을 얻게 된다. 예수는 오직 지금 존재하는 그대로의 사람들에게 복을 선언한다. 예수는 축복선언의 유

예수는 자신의 제자들에게 축복을 선언한다. 백성은 이를 보고 놀랐으며, 지금 일어난 사건의 증인이 된다. 하나님의 약속에 따라서 모든 민중에게 주어질 것이 여기서는 예수가 선택한 제자들의 작은 공동체에 주어진다. "하늘나라는 너희 안에 있다." 그러나 제자들과 민중은 모두 부름을 받은 하나님의 공동체라는 사실에서 일치한다. 이렇게 예수의 축복은 **모든 사람들**에게 결단과 구원이 되었다. 모든 사람들은 참된 존재가 되어야 한다는 부름을 받는다. 제자들은 그들이 따르는 예수의 부름 때문에 축복을 받는다. 하나님의 모든 백성은 자신에게 주어진 약속 때문에 축복을 받게 될 것이다. 그러나 하나님의 백성은 예수와 그의 말씀에 대한 믿음 안에서 이제 약속을 붙잡을 것인가, 아니면 불신앙 속에서 그리스도와 그의 공동체로부터 멀어질 것인가? 이것이 여전히 문제다.

심령이 가난한 자는 복이 있나니, 천국이 그들의 것임이요.

제자들은 모든 점에서 궁핍하다. 그들은 완전히 "가난하다."(눅 6:20) 제자들은 안전 보장도 없고, 자신의 것이라고 말할

일한 근거다. 가톨릭교회의 주석은 클레멘트 이래 가난의 미덕을 찬양하게 만들었다. 이것은 한편으로는 수도사의 자발적 빈곤을 의미하고, 다른 한편으로는 그리스도를 위한 자발적 빈곤을 의미한다. 이 두 경우에 볼 수 있는 잘못된 해석의 근거는 축복의 근거를 오직 예수의 부름과 약속에서 찾지 않고, 그 어떤 인간적인 태도에서 찾는다는 점에 있다.

나를 따르라 •

수 있는 재산이 없고, 자신의 고향이라고 말할 수 있는 한 조각의 땅도 없으며, 그들이 완전히 속해도 좋은 지상의 공동체도 없다. 그리고 제자들은 의지하고 위로로 삼을 수 있는 정신적 능력과 경험과 지식도 없다. 예수 때문에 그들은 모든 것을 잃었다. 예수를 따라나섰을 때, 그들은 참으로 자기 자신을 잃었고, 이와 더불어 자신을 아직도 부자로 만들 수 있었던 모든 것을 잃었다. 이제 그들은 가난하고 매우 미숙하고 매우 어리석기 때문에 오직 자신을 부른 자에게만 희망을 걸 수밖에 없다.

예수는 다른 사람들, 곧 이 땅에서 민족주의와 시대정신과 민중 신앙에 단단히 뿌리를 내리고 있는 민중종교의 옹호자들과 설교자들, 힘센 자들, 존경을 받는 자들을 알고 있다. 그러나 예수는 그들이 아니라 오직 자신의 제자들에게만 "복이 있다. 하늘나라가 너희 안에 있기 때문이다."라고 말한다. 예수를 위해 완전히 **포기하고 가난하게** 살아가는 그들에게 하늘나라가 들어온다. 그들은 가난 가운데서 하늘나라를 유업으로 받는다. 그들은 깊이 감춰져 있는 보물을 소유하고 있다. 그들의 보물은 십자가에 걸려 있다. 그들에게는 하늘나라의 분명한 영광이 약속되어 있다. 그리고 십자가의 완전한 가난 속에서 살아가는 그들에게 하늘나라는 벌써 선사되어 있기도 하다.

여기서 예수의 축복은 정치적·사회적 프로그램의 형태를 띠고 있는 우스꽝스러운 축복과는 완전히 구분된다. 그리스도를 적대시하는 자도 가난한 자들을 축복한다. 그러나 그가 그렇게 하는 것은 모든 가난을 포함하고 축복하는 십자가를 위해서가 아니라 바로 정치적·사회적 이념을 통해 십자가를 거부하기 위해서다. 그는 이런 이념을 그리스도교적인 이념이라고 말하고 싶겠지만, 바로 그래서 그는 그리스도의 원수가 된다.

애통하는 자는 복이 있나니, 그들이 위로를 받을 것임이요.

축복이 계속 선언될수록 제자들과 민중 사이의 균열은 점점 더 깊어진다. 제자 모임은 점점 더 분명히 드러난다. 애통하는 자들이란 참으로 세상이 **행복과 평화**라고 말하는 것을 **포기**하고 살 준비가 되어 있는 자들이요, 세상과 한목소리를 낼 수 없고 세상과 한통속이 될 수 없는 자들이다. 제자들은 세상의 고통, 세상의 잘못, 세상의 불행과 행복을 진다. 세상은 잔치를 벌이지만, 제자들은 따로 떨어져 지낸다. 세상은 인생을 즐기라고 외치지만, 제자들은 슬퍼한다. 제자들은 환호하며 즐거워하는 배가 이미 기울고 있음을 본다. 세상은 진보와 힘과 미래에 대해 환상을 품지만, 제자들은 종말과 심판과 하늘나라의 도래를 알고 있다. 더욱이 세상은 이런 것들에 익숙하지 않다. 그러므로 제자들은 추방되어야 할 세상의 이방인이요, 성가신 손님이요, 평화의 교란자다.

왜 예수의 공동체는 백성의 수많은 축제에 끼지 못하고

나를 따르라 •

바깥에 서 있어야 하는가? 동료들을 도저히 이해하지 못하기 때문인가? 인간중오와 인간멸시에 빠졌기 때문인가? 예수의 공동체보다 동료들을 더 잘 이해하는 자는 없다. 예수의 제자들보다 동료들을 더 사랑하는 자는 없다. 바로 그렇기 때문에 그들은 바깥에 서 있다. 바로 그렇기 때문에 그들은 고난을 진다. 루터가 여기서 헬라어 단어를 고난을 진다로 번역한 것은 의미심장하고 아름답다. 다시 말하면, 중요한 것은 고난은 지는 것이다.

제자들의 공동체는 고난을 아무 소용이 없는 듯이 떨쳐버리지 않고, 고난을 진다. 바로 이 점에서 제자들이 동료들과 결속되어 있다는 사실이 드러난다. 이것은 동시에 다음과 같은 것을 말한다. 제자들은 마음대로 고난을 추구하지 않는다. 그들은 마음대로 세상을 경멸하면서 세상을 도피하지 않는다. 제자들은 자신에게 지워진 것을 지며, 예수를 따르는 과정에서 예수 때문에 일어나는 것을 진다. 그렇지만 마지막으로 제자들은 고난 때문에 무너질 만큼 연약해지고 찢겨지고 슬퍼하지 않는다. 제자들은 자신들을 지는 예수의 힘으로 고난을 진다. 제자들은 오직 십자가에서 모든 고난을 지는 예수의 힘으로만 자신들에게 지워진 고난을 진다.

제자들은 고난을 지는 자로서 십자가에 못 박힌 예수와 사귐을 나눈다. 제자들은 이방인으로서 세상에게 매우 생소하기 때문에 세상이 십자가에 못 박은 예수의 능력 안에 있다. 이것은 그들의 위로다. 더욱이 예수는 그들의 위로요, 그들의 위로자다.(눅 2:25) 이방인들의 공동체는 십자가 안에서 위로를 받으며, 이스라엘의 위로자가 기다리는 곳으로 쫓겨남으로써 위로를 받는다. 이처럼 제자들은 십자가에 못 박힌 주 곁에서 지금, 그리고 영원히 참된 고향을 발견한다.

온유한 자는 복이 있나니, 그들이 땅을 기업으로 받을 것임이요.

이방인들의 이 공동체는 세상에서 자신을 보호할 권리를 가지고 있지 않으며, 이를 주장하지도 않는다. 왜냐하면 그들은 예수 그리스도를 위해 **자신의 모든 권리를 포기하며** 살아가는, 온유한 자들이기 때문이다. 사람들이 비난하면, 그들은 침묵한다. 사람들이 폭력을 행사하면, 그들은 참는다. 사람들이 추방하면, 그들은 떠난다. 불의한 일이 생길 때, 그들은 자신들의 권리를 위해 소송하지 않으며, 세상 사람들의 존경도 받지 않는다. 그들은 자신들의 권리를 원하지 않는다. 그들은 모든 권리를 오직 하나님에게만 맡기기를 원한다. 고대 교회의 해석에 따르면, 이것은 보복하지 않는다(non cupidi vindicate)는 뜻이다. 그들의 주에게 옳은 것은 그들에게도 옳아야 한다. 오직 이것이다. 모든 말투에서, 모든 몸짓에서 그들이 이 세상에 속해 있지 않다는 사실이 드러날 것이다. "그들은 하늘에 속해 있으니, 그들에게 하늘을 허락해 주어라."고 세상은 동정(同情)

나를 따르라 •

의 말을 던진다.[3]

그러나 예수는 그들이 땅의 나라를 소유할 것이라고 말한다. 땅은 이처럼 권리와 힘이 없는 자들의 것이다. 지금 폭력과 불법으로 땅을 소유하고 있는 자들은 땅을 잃어버릴 것이다. 이 세상에서 땅을 완전히 포기한 자들, 십자가를 지기까지 온유한 자들은 새로운 땅을 다스리게 될 것이다. 여기서 우리는 세상 안에서 일어날 형벌의 정의를 생각할 필요는 없다.(칼뱅) 하늘나라가 내려올 때에 땅의 모습은 새로워질 것이며, 땅은 예수 공동체의 땅이 될 것이다. 하나님은 땅을 버리시지 않는다. 하나님은 땅을 창조하셨다. 하나님은 자신의 아들을 세상에 보내셨다. 하나님은 이 땅에 자신의 공동체를 세우셨다. 따라서 이미 이 시대에 땅은 주어지기 시작했다. 하나의 표징이 주어졌다. 이미 이곳에서 힘없는 자들에게 한 조각의 땅이 주어졌다. 그들은 박해 가운데서도 십자가를 지기까지 교회와 사귐과 보물과 자매들과 형제들을 가지고 있다. 그렇지만 골고다도 한 조각의 땅이다. 가장 온유한 자가 죽었던 골고다로부터 땅은 새로워질 것이다. 하나님의 나라가 올 때, 온유한 자들은 땅을 차지할 것이다.

---

3) 율리안 황제는 그의 43번째 편지에서 그리스도인들의 재산을 압수하는 것은 오직 그리스도인들이 가난하게 하늘나라에 들어가기 위함일 뿐이라고 비꼬아 말했다.

의에 주리고 목마른 자는 복이 있나니, 그들이 배부를 것임이요.

예수를 따르는 자들은 자신들의 권리만이 아니라 **자신들의 정의도 포기하면서** 살아간다. 그들은 자신들이 행하고 희생하는 것으로부터 아무런 명성도 얻지 못한다. 그들은 오직 정의에 대한 굶주림과 목마름 속에서만 정의를 소유한다. 그들에게는 자신의 정의도 없고, 하나님의 정의도 없다. 그들은 항상 하나님의 미래적인 정의를 바라볼 뿐이며, 스스로 정의를 세우지 못한다. 예수를 따르는 자들은 길에서 굶주리고 목마를 것이다. 그들은 모든 죄를 용서 받고 땅이 완전히 새로워지기를 갈망하며, 새 땅과 하나님의 완전한 정의를 갈망한다.

그러나 세상의 저주는 그들의 갈망을 덮어 버리며, 세상의 죄가 그들 위로 떨어진다. 그들이 따르는 예수는 저주를 받은 자로서 십자가에서 죽어야 한다. 그의 마지막 외침은 정의를 향한 처절한 갈망이다. 나의 하나님, 나의 하나님, 어찌하여 나를 버리시나이까? 그러나 제자는 스승을 뛰어넘지 못한다. 그들은 스승을 따른다. 그들은 복이 있다. 왜냐하면 그들은 배부를 것이라는 약속을 받기 때문이다. 그들은 단지 귀로만 정의를 얻는 것이 아니라, 정의와 함께 육체의 만족도 경험할 것이다. 그들은 미래의 만찬에서 자신들의 주와 함께 참된 생명의 빵을 먹을 것이다. 이 미래의 양식 때문에 그들은 복이 있

나를 따르라 •

다. 왜냐하면 그들은 참으로 이 빵을 이미 지금 가지고 있기 때문이다. 생명의 빵인 주가 굶주림 가운데서도 그들 가운데 있다. 이것은 죄인들의 복이다.

긍휼히 여기는 자는 복이 있나니, 그들이 긍휼히 여김을 받을 것임이요.

가진 것이 없는 이 사람들, 이 이방인들, 이 무력한 자들, 이 죄인들, 예수를 따르는 이 사람들은 예수와 함께 이제 **자신들의 존엄성도 포기하면서** 살아간다. 왜냐하면 그들은 긍휼히 여기기 때문이다. 그들은 자신들의 고난과 결핍만으로 충분하다고 생각하지 않고, 남들의 고난과 불행과 잘못에도 참여한다. 그들은 작은 자들, 병든 자들, 비참한 자들, 멸시와 폭력을 받는 자들, 불의를 괴로워하는 자들, 배척을 당하는 자들, 학대를 당하고 염려하는 모든 자들에게 꺾이지 않는 사랑을 보인다. 그들은 죄와 잘못에 빠진 자들을 찾는다. 그들의 긍휼이 미치지 못할 만큼 그렇게 깊은 고난은 없으며, 그렇게 끔찍한 죄악도 없다. 긍휼히 여기는 자는 모욕을 받는 자에게 자신의 명예를 선사하며, 그들의 모욕을 대신 감당한다. 그는 세리들과 죄인들과 어울리고, 그들과 사귐을 나누는 수치를 기꺼이 받는다. 그들은 인간의 최고의 선, 자신의 존엄성과 명예를 버리고, 긍휼히 여긴다.

그들은 오직 **하나의** 존엄성과 명예만을 알고 있다. 그것은 바로 자신의 주의 자비다. 그들은 오직 이로부터 살아간다. 주는 자신의 제자를 부끄러워하지 않았다. 그는 인간들에게 한 형제가 되었다. 그는 십자가에서 죽기까지 인간들의 수치를 감당했다. 이것은 예수의 자비, 십자가에 못 박힌 그의 자비다. 그에게 매어 있는 자들은 오직 그의 긍휼로부터 살아가기를 원한다. 그들이 자신들의 모든 명예와 존엄성을 잊고 오직 죄인들의 사귐만을 추구할 수 있게 되는 것은 예수의 긍휼 때문이다.

그들에게 이제 모욕이 돌아와도, 그들은 복이 있다. 왜냐하면 그들은 긍휼히 여김을 받을 것이기 때문이다. 하나님은 언젠가 그들을 향해 깊이 내려오실 것이고, 그들의 죄와 수치를 받아들이실 것이다. 하나님은 그들에게 자신의 명예를 주실 것이고, 그들의 수치를 친히 제거하실 것이다. 죄인들의 치욕을 지고 이를 자신의 명예로 덧입히는 것은 하나님의 명예가 될 것이다. 긍휼히 여기는 자들은 복이 있다. 왜냐하면 그들은 긍휼히 여기는 자를 주로 모시고 있기 때문이다.

마음이 청결한 자는 복이 있나니, 그들이 하나님을 볼 것임이요.

누가 마음이 깨끗한 자인가? 예수에게 자신의 마음을 완전히 드리기 때문에 오직 예수의 지배만을 받는 자요, 자신의 악과 자신의 선으로도 자신의 마음을 더럽히지 않는 자다. 깨

나를 따르라 •

끗한 마음이란 선악을 모르는 어린아이의 순전한 마음이요, 타락 이전의 아담의 마음이요, 양심이 아니라 예수의 뜻이 다스리는 마음이다. **자신의 선과 악**, 자신의 마음을 **포기하는** 자, 그렇게 회개하는 자, 오직 예수만을 의지하는 자의 마음은 예수의 말씀으로 말미암아 깨끗하다.

여기서 마음의 순결은 모든 외적 순결과 대립된다. 선한 의도의 순결도 외적 순결이라고 할 수 있다. 깨끗한 마음은 선과 악에 물들어 있지 않다. 깨끗한 마음은 오직, 그리고 완전히 그리스도에게 속해 있고, 오직 앞서가는 그리스도만을 본다. 이러한 생활 가운데서 오직 하나님의 아들 예수 그리스도를 본 자만이 하나님을 볼 것이다. 그의 마음은 더러운 생각이 전혀 없으며, 온갖 소원과 의도로 말미암아 이리저리 끌려 다니지 않는다. 그의 마음은 완전히 하나님을 볼 수 있게 된다. 예수 그리스도의 형상을 비춰주는 마음을 소유한 자는 하나님을 볼 것이다.

화평하게 하는 자는 복이 있나니, 그들이 하나님의 아들이라 일컬음을 받을 것임이요.

예수를 따르는 자들은 평화를 위해 부름을 받았다. 예수가 그들을 불렀을 때, 그들은 평화를 발견했다. 예수는 그들의 평화다. 이제 그들은 평화를 소유할 뿐만 아니라, 평화를 창조해야 한다.[4] 이로써 그들은 **폭력과 폭동을 포기한** 셈이다. 폭력과 폭동은 그리스도의 일에 아무런 도움도 주지 못했다. 그리스도의 나라는 평화의 나라이며, 그리스도의 공동체는 서로 평화의 인사를 나눈다. 예수의 제자들은 남들에게 고통을 주기보다는 차라리 스스로 고난을 받음으로써 평화를 유지한다. 남들이 공동체를 파괴할 때, 그들은 공동체를 보호한다. 그들은 자기주장을 포기하며, 미움과 불의에 대해서는 냉담한 태도를 보인다.

이렇게 그들은 선으로 악을 이긴다. 따라서 그들은 미움과 전쟁의 세상 한복판에서 하나님의 평화를 창조하는 자들이다. 그러나 악한 자들을 평화롭게 대하고 그들에게 고난을 당할 준비가 되어 있는 자들보다 더 큰 평화를 창조하는 자들은 없다. 화평하게 하는 자들은 자신들의 주와 함께 십자가를 질 것이다. 왜냐하면 십자가에서 평화가 만들어졌기 때문이다. 이처럼 그들은 그리스도의 평화 활동에 참여하게 되며, 하나님의 아들의 활동으로 부름을 받는다. 그렇기 때문에 그들은 하나님의 아들이라고 일컬어진다.

의를 위하여 박해를 받은 자는 복이 있나니, 천국이 그들의 것임이라.

---

4) εἰρηνοποιοί는 이중적 의미를 갖고 있다. 루터의 번역에 따르면, "화평하게 하는 것"은 단지 수동적으로만 이해되지 않는다. 영어 번역 "peacemaker"는 일방적이며, 자주 오해되어 온 그리스도교적 행동주의를 낳는 계기가 되었다.

나를 따르라 •

이것은 하나님의 정의에 관해 말하는 것이 아니라, 의로운 일 때문에,[5] 제자들의 의로운 판단과 행위 때문에 겪어야 할 고난에 관해 말한다. 재산과 행복과 권리와 정의와 명예와 폭력을 포기하면서 예수를 따르는 사람들은 세상과는 다르게 판단하고 행동한다. 그들은 세상의 거침돌이 된다. 그러므로 제자들은 정의 때문에 박해를 받는다. 세상이 그들의 말과 행위의 대가로 주는 것은 인정이 아니라 비난이다. 제자들이 예수의 이름에 대한 직접적인 고백 때문이 아니라 정의로운 일 때문에 고난을 당할 때에도 예수가 그들에게 축복을 선언한다는 사실은 중요하다. 그들은 가난한 자들이 받는 약속과 동일한 약속을 받는다. 그들은 박해를 받는 자로서 참으로 가난한 자들과 동일하다.

축복 선언의 끝에서 다음과 같은 질문이 일어난다. 이 세상의 어느 장소에 이러한 공동체가 존재하는가? 오직 하나의 장소만이 존재한다는 사실이 분명해졌다. 다시 말하면, 가장 가난한 자, 가장 큰 시련을 당한 자, 가장 온유한 자를 볼 수 있는 곳, 곧 골고다의 십자가에 바로 그런 자리가 존재한다. 축복을 받은 자들의 공동체는 십자가에 못 박힌 자의 공동체다. 그와 함께 그들은 모든 것을 잃었고, 그와 함께 그들은 모든 것을 얻었다. 십자가에서 이제 다음과 같은 말이 들려온다. 복이 있

---

5) 관사가 없는 것에 주목하라!

다. 복이 있다. 그러나 예수는 오직 이를 이해할 수 있는 자들, 곧 제자들에게만 곧장 다음과 같이 말한다.

> 나로 말미암아 너희를 욕하고 박해하고 거짓으로 너희를 거슬러 모든 악한 말을 할 때에는 너희에게 복이 있나니, 기뻐하고 즐거워하라. 하늘에서 너희의 상이 큼이라. 너희 전에 있던 선지자들도 이같이 박해하였느니라.

"나로 말미암아" - 제자들은 수치를 당한다. 그러나 수치를 당하는 자는 예수 자신이다. 모든 것은 예수 위에 떨어진다. 왜냐하면 제자들은 예수로 말미암아 수치를 당하기 때문이다. 예수는 허물을 진다. 모욕하는 말, 치명적인 박해, 사악한 비방은 예수와 사귐을 나누는 제자들에게 축복을 보증한다. 참으로 세상은 온유한 이방인들에게 말과 폭력과 비방을 마구 퍼부을 수밖에 없다. 가난하고 온유한 이 사람들의 목소리는 너무나 위협적이고, 너무나 시끄럽다. 그들의 고난은 너무나 잠잠하고 조용하다. 예수의 제자들은 가난과 고난을 통해 세상의 불의를 너무나 강력하게 증언한다. 이것은 치명적이다.

예수가 "복이 있다, 복이 있다!"고 외칠 때, 세상은 "꺼져라! 꺼져라!"고 외친다. 그러나 어디로 가라는 말인가? 하늘나라로 가라는 말이다. 기뻐하고 즐거워하라. 하늘에서 너희에게 상이 크다. 거기서 가난한 자들은 기쁨의 잔치를 맛본다.

하나님은 나그네의 눈에서 눈물을 친히 닦아주시며, 자신의 식탁에서 굶주린 자들을 먹이신다. 상처를 입고 고문을 당한 몸은 거기서 영광스러운 몸으로 변화되며, 그들은 죄와 회개의 옷 대신 영원토록 의로운 흰 옷을 입게 된다. 십자가를 지고 예수를 따르는 자들의 공동체는 이미 여기서 영원한 기쁨으로 가득한 하나의 외침을 듣는다. 그것은 "복이 있다, 복이 있다"라는 예수의 외침이다.

2. 보이는 교회

> 너희는 세상의 소금이니 소금이 만일 그 맛을 잃으면 무엇으로 짜게 하리요? 후에는 아무 쓸데없어 다만 밖에 버려져 사람에게 밟힐 뿐이니라. 너희는 세상의 빛이라. 산 위에 있는 동네가 숨겨지지 못할 것이요, 사람이 등불을 켜서 말 아래에 두지 아니하고 등경 위에 두나니, 이러므로 집 안 모든 사람에게 비치느니라. 이같이 너희 빛이 사람 앞에 비치게 하여, 그들로 너희 착한 행실을 보고 하늘에 계신 너희 아버지께 영광을 돌리게 하라. (마 5:13-16)

이 말씀은 축복선언에서 십자가에 못 박힌 자를 따르는 은혜로 부름 받은 자들에 관한 말씀이다. 축복을 받은 자들은 지금까지 하늘나라의 상을 받을 수는 있지만, 이와 동시에 세상에서는 분명히 살아갈 가치가 없는 자들, 쓸모가 없는 자들로 보일 수밖에 없었다. 이제 그들은 세상에서 없어서는 안 될 보물의 상징이라고 표현된다. 그들은 세상의 소금이다. 그들은 세상이 소유하고 있는, 가장 비싼 가치를 지니는 가장 고귀한 보물이다. 만약 그들이 없다면, 세상은 계속 살아갈 수 없다. 세상은 소금을 통해 보존된다. 세상은 자신이 배척하는 바로 이 가난한 자들, 비천한 자들, 약한 자들 때문에 살아간다. 세상은 제자들을 배척함으로써 자신의 삶을 망가뜨린다. 배척을 당한 바로 이 사람들 때문에 - 오, 놀라운 기적이다! - 세상은 계속 살아갈 수 있다.

이 "신의 소금"(호머)은 자신의 영향을 통해 자신을 보존한다. 소금은 온 세상에 널리 영향을 끼친다. 소금은 온 세상의 본질적인 요소다. 따라서 제자들은 단지 하늘나라만을 바라볼 뿐만 아니라, 세상에서 수행해야 할 사명도 기억하고 있다. 그들은 오직 예수에게만 매인 자들로서, 세상의 소금으로서 세상으로 보내진다. 예수는 자기 자신이 아니라 자신의 제자들을 소금이라고 부름으로써 제자들에게 세상에 대한 영향력을 넘겨준다. 예수는 제자들을 자신의 일에 끌어들인다. 예수는 이스라엘 백성 가운데 머물러 있다. 그러나 예수는 제자들에게 온 세상을 넘겨준다.

소금이 오직 정화하고 맛을 내는 힘을 보존하는 소금으로 남아 있음으로써만 비로소 세상은 소금을 통해 보존될 수 있다. 소금은 세상만이 아니라 자신을 위해서도 소금으로 남아 있어야 하며, 제자들의 공동체는 그리스도의 부름에 응답하는 존재로 남아 있어야 한다. 바로 그렇게 함으로써 교회는 세상

나를 따르라 •

에 진정한 영향을 발휘할 수 있을 것이며, 세상을 보존하는 힘을 발휘할 것이다. 소금은 변질되지 말아야 하며, 그래서 정화하는 힘을 계속 발휘해야 한다. 그러므로 구약성서는 제사를 위해 소금이 필요했고, 가톨릭교회의 세례식은 어린이의 입에 소금을 넣는다.(출 30:35; 겔 16:4) 소금이 변질되지 않을 때, 비로소 공동체는 지속적으로 보존될 수 있다.

예수는 "너희는 소금**이다**"라고 말했지, "너희는 세상의 소금이 되어야 한다!"고 말하지 않았다. 제자들이 소금이 되거나 소금이 되지 않기를 원하는 것은 자신의 뜻에 달려 있는 것이 아니다. 예수는 제자들에게 세상의 소금이 되라고 호소하지도 않는다. 원하든 거부하든, 자신들에게 주어진 부름의 힘 안에서 제자들은 소금이다. 제자들은 소금**이다**. 제자들이 소금을 가지고 있는 것이 아니다. 만약 우리가 종교개혁자들처럼 제자들이 전하는 소식을 소금과 동일시한다면, 이것은 소금의 의미를 축소할 것이다. 제자들의 실존이 "나를 따르라"는 예수의 부름을 통해 새롭게 정립되는 한, 소금은 축복 선언을 받은 제자들의 모든 실존을 의미한다. 예수의 부름에 따라 예수를 따르는 자는 이러한 부름으로 말미암아 자신의 모든 실존에서 세상의 소금이다.

물론 소금이 짠맛을 잃고 소금이기를 포기하는 다른 가능성도 존재한다. 만약 소금이 짠맛을 잃어버린다면, 실제로 소금을 바깥에 버리는 것보다 더 나은 방도는 없다. 소금은 모든 것을 짜게 해야 한다. 이것이 소금의 특징이다. 그러나 짠맛을 잃은 소금은 더는 짜게 될 수 없다. 모든 것, 심지어 매우 썩은 재료도 소금으로 건질 수 있지만, 짠맛을 잃은 소금만은 절망적으로 망가진다. 이것은 소금의 다른 측면이다. 이것은 제자 공동체를 위협하는 심판이다. 세상은 교회를 통해 구원되어야 한다. 다만 자신의 본질을 잃어버린 교회 자체만은 구원을 잃고 버려진다. 예수 그리스도는 외친다. 만약 세상의 소금이 되지 않는다면, 제자들은 버림을 받을 것이다. 만약 예수를 따르지 않는다면, 부름 자체가 부름 받은 자를 버릴 것이다. 두 번 다시 쓰임을 받을 가능성은 없다. 그런 가능성은 존재할 수 없다.

예수의 부름은 제자 공동체에게 단지 소금의 보이지 않는 영향만을 요구하는 것이 아니라, 빛의 보이는 작용도 요구한다. "너희는 빛**이다.**" 다시금 "너희는 빛이 되어야 한다!"라는 말이 아니다. 부름 그 자체가 제자들을 빛으로 만들었다. 제자들은 다른 것이 될 수 없다. 그들은 보이는 빛이다. 만약 그들이 빛이 아니라면, 그들은 분명히 부름을 받지 않았을 것이다. 예수의 제자들에게, 바로 **이** 제자들에게 세상의 빛이 **되기를** 원하는 것은 불가능하고 어리석은 목표인가! 그들은 부름을 통해, 예수를 따름으로써 이미 빛으로 만들어졌다. 다시 말한다면, "너희는 빛을 **가지고** 있다"가 아니라, "너희는 빛이다!" 너희에게 주어진 것, 예컨대 너희의 설교가 빛이 아니라, 너희가 빛이다.

자신에 관해 "나는 빛이다."라고 말하는 예수는 제자들에게도 다음과 같이 말한다. "부름에 머물러 있는 한, 너희는 모든 생활 속에서 빛이다. 너희는 빛이다. 그렇기 때문에 원하든 거부하든, 너희는 더는 숨어 지낼 수 없다. 빛은 보인다. 그리고 산 위의 마을은 숨겨질 수 없다." 마을은 숨겨질 수 없다. 성벽을 쌓은 마을이든, 파수꾼이 지키는 성이든, 무너진 폐허든, 산 위의 마을은 땅의 어디서나 보인다. 산 위의 이 마을은 - 여기서 어떤 이스라엘 사람이 가장 높이 세워진 마을 예루살렘을 생각하지 않겠는가! - 제자 공동체를 말한다. 예수를 따르는 자들은 더는 결단 앞에 세워지지 않는다. 그들을 위해 존재하는 유일한 결단은 이미 내려졌다. 이제 그들은 자신의 모습 그대로 존재해야 한다. 만약 그렇지 않다면, 그들은 예수를 따르는 자들이 아니다. 예수를 따르는 자들은 보이는 공동체다. 그들의 뒤따름은 세상과 분리되는, 보이는 행위다. 만약 그렇지 않다면, 이것은 바로 예수를 따르는 것이 아니다. 예수를 따르는 것은 밤중의 빛처럼, 평지 위의 산처럼 매우 잘 보인다.

보이지 않는 곳으로 도피하는 것은 부름을 부인하는 것이다. 보이지 않는 공동체가 되기를 원하는 예수의 공동체는 더는 예수를 따르는 공동체가 아니다. "사람이 불을 켜서 말 아래 두지 않고 등경 위에 둔다." 이것은 다시금 빛이 마음대로 가려지고 빛이 말 아래서 꺼지며 부름이 부정되는 다른 가능성이다. 보이는 교회가 자신의 빛을 가리려고 사용하는 말은 인간에 대한 두려움일 수도 있고, - 선교의 형태를 띠든, 인간을 향한 빗나간 사랑에서 나온 것이든 - 그 어떤 목적을 위해 고의로 세상과 타협하는 것일 수도 있다! 이것은 또한 - 더 위험한 것으로서 - 심지어 "십자가의 신학"(theologis crucis)이라고 감히 일컬어지는 이른바 종교개혁자들의 신학일 수도 있다. 이 신학은 "바리새인들처럼" 남에게 보이기보다는 세상과 완전히 타협하는 형태 속에서 "겸손하게" 보이지 않는 것을 선호하는 특징을 띠고 있다. 여기서 교회의 표지가 되는 것은 탁월한 가시성이 아니라, "시민적 정의"(justitia civilis) 안에서 보호를 받는 것이다. 빛을 발하지 **않는다**는 사실은 여기서 그리스도인의 기준이 된다. 그러나 예수는 말한다. "너희 빛을 이방인들 앞에서 비춰라." 여기서 빛을 발하는 것은 무슨 경우에도 예수의 부름의 빛이다.

그러나 예수의 제자들, 축복선언을 받은 제자들이 비춰야 할 빛은 어떤 빛인가? 오직 제자들만이 설 수 있는 자리에서 흘러나오는 빛은 어떤 빛인가? 제자들 위에 있는 십자가의 불가시성과 은폐성은 제자들이 비춰야 할 빛과 어떤 공통성을 가지고 있는가? 십자가는 은폐되어 있기 때문에 제자들도 은폐되어야 하고 빛으로 드러나서는 안 된다는 뜻이 아니겠는가? 예수의 십자가로부터 교회의 세상 타협의 이유를 끌어오는 것은 사악한 궤변이다. 말씀을 순수하게 듣는 사람은 바로 이 십자가에서 탁월한 그 무엇이 드러났다는 사실을 분명히 깨닫지 않는가? 아니면 이 모든 것이 시민적 정의이며, 십자가는 세상 타협인가? 십자가는 바로 짙은 어둠 속에서 갑자기 나타나서 남들을 놀라게 하는 것이 아닌가? 그리스도가 버림을 받고 고난을 당해야 했다는 사실과 그의 생애가 성문 밖의 치욕스런 언덕에서 끝났다는 사실은 너무나도 분명하지 않은가? 이것은 보이지 않는가?

이러한 빛 안에서 제자들의 선한 행실은 보여야 한다. "너희가 아니라 너희의 선한 행실이 드러나야 한다."고 예수는 말한다. 이 빛 안에서 볼 수 있는 선한 행실이란 무엇인가? 예수가 그들을 부를 때, 예수가 자신의 십자가 - 가난, 나그네 생활, 온유, 평화, 박해와 추방 - 아래서 그들을 세상의 빛으로 만들 때, 예수가 그들 안에서 친히 창조한 행실과 다른 것일 수가 없다. 한마디로 말하면, 선한 행실이란 예수 그리스도의 십자가를 지는 것이다. 십자가는 빛을 발하는 진기한 빛이다. 이 빛 안에서는 오직 제자들의 모든 선한 행실만이 보인다. 제자들의 모든 행실 안에서 하나님이 보이는 것이 아니라 그들의 "선한 행실"이 보인다는 말이며, 이러한 행실 때문에 사람들이 하나님을 찬양한다는 말이다. 십자가는 보이게 된다. 십자가의 공로는 보이게 된다. 축복선언을 받은 자들의 결핍과 포기는 보이게 된다.

그러나 십자가와 이러한 공동체 때문에 인간은 더는 찬양을 받을 수 없다. 오직 하나님만이 찬양을 받을 수 있다. 만약 선한 행실들이 인간들의 모든 미덕이라면, 바로 그 때문에 찬양을 받는 자는 아버지가 아니라 제자들일 것이다. 그러나 십자가를 지는 제자들과 빛을 발하는 산 위의 공동체는 결코 찬양을 받을 수 없다. 오직 하늘의 아버지만이 그들의 "선한 행실 때문에" 찬양을 받을 수 있다. 이렇게 사람들은 십자가와 십자가 공동체를 **보며**, 하나님을 믿는다. 그러나 이것은 부활의 빛이다.

3. 그리스도의 의

> 내가 율법이나 선지자를 폐하러 온 줄로 생각하지 마라. 폐하러 온 것이 아니요, 완전하게 하려 함이라. 진실로 너희에게 이르노니, 천지가 없어지기 전에는 율법의 일점일획도 결코 없어지지 아니하고 다 이루리라. 그러므로 누구든지 이 계명 중의 지극히 작은 것 하나라도 버리고 또 그같이 사람을 가르치는 자는 천국에서 지극히 작다 일컬음을 받을 것이요, 누구든지 이를 행하며 가르치는 자는 천국에서 크다 일컬음을 받으리라. 내가 너희에게 이르노니, 너희 의가 서기관과 바리새인보다 더 낫지 못하면 결코 천국에 들어가지 못하리라. (마 5:17-20)

제자들이 자신들의 주로부터 받은 새로운 약속, 곧 백성들이 소중하게 여기는 모든 것의 가치를 박탈하고 가치가 없는 모든 것을 축복하는 약속과 더불어 율법도 끝장났다고 생각한 것은 참으로 놀랍지 않다. 제자들은 하나님의 자유로운 은혜로부터 모든 것을 얻은 자로, 이제는 모든 것을 소유한 자

나를 따르라 •

로, 하늘나라의 확실한 상속인으로 일컬어졌고, 특별히 구별되었다. 제자들은 만물을 새롭게 만든 그리스도와 함께 완전하고 인격적인 사귐을 나누었다. 그들은 참으로 소금과 빛이었고, 산 위의 마을이었다. 따라서 참으로 옛것은 모두 사라졌고, 해체되었다. 이제는 예수가 자신과 옛 전통 사이를 최종적으로 갈라놓을 때가 무르익었다. 예수는 옛 계약의 율법이 폐기되었다고 선언했고, 아들의 자유 안에서 그것과 결별했으며, 자신의 공동체를 위해 그것을 무력하게 만들었다.

모든 일이 잘 진행된 다음에 제자들은 유대인들의 성서 날조를 비난하면서 본문을 다음과 같이 바꾸었던 마르시온 (Marcion)처럼 생각할 수 있었다. "내가 율법이나 선지자를 완성하려고 왔다고 생각하는가? 나는 그것을 폐하러 왔으며, 완성하러 오지 않았다." 마르시온 이래 수많은 사람들이 예수의 말씀을 그렇게 읽고 해석했다. 그러나 예수는 "내가 율법이나 선지자를 폐하러 온 줄 생각하지 마라."고 말한다. 그리스도는 옛 계약의 율법을 인정한다.

이 말씀은 어떻게 이해되어야 하는가? 우리는 이 말씀이 오직 예수 그리스도에게만 매어서 예수를 따르는 자들에게 주어졌음을 알고 있다. 그 어떤 율법도 예수와 제자들의 사귐을 방해할 수 없었다. 누가복음 9장 57절 이하를 해석할 때, 이 점은 분명해졌다. 예수를 따른다는 것은 곧장 오직 예수에게만 매인다는 것이다. 그럼에도 불구하고 이제 여기서 제자들이 전혀 뜻밖에 구약성서의 율법에 매이는 결과가 빚어진다. 이로써 예수는 제자들에게 두 가지를 말한다. 율법에 매이는 것은 여전히 예수를 따르는 것이 아니다. 그러나 율법 없이 예수 그리스도의 인격에 매이는 것도 예수를 따르는 것이라고 할 수 없다. 예수는 자신의 모든 약속을 받고 자신과 온전한 사귐을 나누는 자들에게 친히 율법을 가르친다. 예수는 자신을 따르는 제자들에게 그렇게 하기 때문에 율법은 제자들에게 유효하다.

이제 다음과 같은 질문이 일어난다. 무엇이 유효한가? 그리스도인가, 아니면 율법인가? 나는 어디에 매어 있는가? 오직 그에게만 매어 있는가, 아니면 다시금 율법에 매어 있는가? 예수는 그 어떤 율법도 자신과 제자들 사이에 끼어 들어서는 안 된다고 말했다. 이제 예수는 율법의 폐기는 곧 자신과의 단절을 의미한다고 말한다. 이것은 무엇을 의미하는가?

율법이란 구약성서의 율법을 말한다. 그것은 새로운 율법이 아니라 옛 율법이다. 그것은 부자 청년과 예수를 시험하려던 율법학자에게 하나님의 계시된 뜻으로 제시된 율법이다. 오직 그리스도가 자신을 따르는 자들에게 이 율법을 요구함으로써만 율법은 새로운 계명이 된다. 따라서 중요한 것은 바리새인들의 율법보다 "더 나은 율법"이 아니다. 그것은 하나의 동일한 율법이요, 모든 문자와 함께 남아 있고 일어나야 할 율법이요, 세상의 종말까지 일점일획 그대로 이루어져야 할 율법이다.

물론 중요한 것은 "더 나은 의(義)"다. 이러한 더 나은 의를 소유하지 못한 자는 하나님의 나라에 들어가지 못할 것이다. 왜냐하면 그는 자신에게 율법을 가르치는 예수를 따르기를 거부했기 때문이다. 그렇지만 바로 여기서 예수의 가르침을 받은 사람 외에는, 그리스도의 부름을 받은 자 외에는 아무도 이러한 더 나은 의를 소유할 수 없다. 이러한 더 나은 의를 위한 조건은 예수 그리스도의 부름이요, 그리스도 자신이다.

그러므로 그리스도가 산상설교의 이 구절에서 처음으로 자신에 관해 말하는 것은 이해가 된다. 더 나은 의와 예수로부터 이런 요구를 받는 제자들 사이에는 그리스도 자신이 서 있다. 예수는 옛 계약의 율법을 성취하기 위해 왔다. 이것은 모든 다른 율법들의 전제다. 예수는 구약성서 안에서, 율법과 예언자들 안에서 계시된 하나님의 뜻과 자신이 완전히 일치한다는 사실을 인식하게 만든다. 예수가 하나님의 계명에 덧붙여야 할 것은 실제로 하나도 없다. 예수는 하나님의 계명을 지킨다. 이것은 예수가 덧붙이는 유일한 사항이다. 예수는 율법을 성취한다. 예수는 자기 자신에 관해 말한다. 그러므로 율법은 참되다. 예수는 율법을 일점일획에 이르기까지 성취한다.

그러나 예수가 율법을 성취함으로써 율법의 성취를 위해 일어나야 하는 "모든 것이 일어났다." 예수는 율법이 요구하는 것을 행할 것이다. 그렇기 때문에 예수는 죽음을 당해야 할 것이다. 왜냐하면 오직 예수만이 율법을 하나님의 율법으로 이해하기 때문이다. 다시 말하면, 율법 자체가 하나님이 아니며, 하나님 자신도 율법이 아니다. 그러므로 율법이 하나님을 대신할 수 없다.

따라서 이스라엘은 율법을 오해했다. 율법을 하나님으로 만들고 하나님을 율법으로 만든 것은 이스라엘의 죄악이었다. 거꾸로 율법을 하나님과 분리하고 하나님을 그의 율법과 분리한 것은 제자들의 잘못된 오해였을 것이다. 두 경우마다 하나님과 율법은 서로 분리되거나 동일시되었다. 그러나 결과는 똑같았다. 유대인들이 하나님과 율법을 동일시한다면, 율법과 함께 하나님 자신을 장악하기 위해 그렇게 한 것이다. 하나님은 율법 안에서 사라졌고, 하나님은 더는 율법의 주가 아니었다. 제자들이 하나님을 율법과 분리할 수 있다고 생각했다면, 구원을 소유함으로써 하나님을 장악하기 위해 그렇게 한 것이다. 두 경우마다 선물과 선물을 주는 자가 혼동되었고, 율법이나 구원의 약속 덕분에 하나님이 부인되었다.

두 가지 오해에 맞서 예수는 율법을 하나님의 율법으로 새롭게 인정한다. 하나님은 율법을 주시는 자요, 율법의 주이시다. 오직 하나님과 인격적인 사귐을 나누는 가운데서만 율법은 성취된다. 하나님과의 사귐이 없이는 율법은 성취되지 않으며, 율법의 성취가 없이는 하나님과 사귈 수도 없다. 전자가 유대인들이 품는 위험한 오해라면, 후자는 제자들이 품는 위험한 오해다.

홀로 하나님과 완전한 사귐을 나누는 하나님의 아들 예수는 옛 계약의 율법을 성취하기 위해 왔기 때문에 율법을 새롭게 주장한다. 오직 예수만이 이를 행한 유일한 자였기 때문에 홀로 율법과 율법 성취를 올바로 가르칠 수 있었다. 예수가 이를 말했을 때, 제자들은 이를 확실히 알았고, 이해했다. 왜냐하면 제자들은 예수가 누구인지를 알았기 때문이다. 유대인들은 예수를 믿지 않았기 때문에 이것을 이해할 수 없었다. 따라서 유대인들은 율법에 관한 예수의 가르침을 하나님, 곧 하나님의 율법에 대한 모독이라고 비난할 수밖에 없었다. 따라서 예수는 하나님의 참된 율법 때문에 잘못된 율법을 소유한 자들의 손에서 고난을 받아야 했다. 예수가 하나님을 모독한 자로서, 율법을 범한 자로서 십자가에 못 박혀 죽었던 까닭은 그가 오해되고 잘못된 법에 맞서 참된 율법을 주장하였기 때문이다.

예수가 말하는 율법 성취는 예수가 죄인으로서 십자가에 못 박히지 않고는 달리 일어날 수 없다. 예수는 십자가에 못 박힌 자로서 스스로 율법을 완전히 성취한다. 다시 말하면, 오직 예수 그리스도만이 율법을 성취한다. 왜냐하면 오직 예수만이 하나님과 완전한 사귐을 나누기 때문이다.

예수는 제자들과 율법 사이에 스스로 들어온다. 그러나 율법은 예수와 제자들 사이에 들어오지 못한다. 율법으로 나아가는 제자들의 길은 그리스도의 십자가를 통과한다. 따라서 예수는 자신만이 성취하는 율법을 제자들에게 가르침으로써 제자들을 자기 자신에게 다시금 맨다. 예수는 율법이 없는 결속을 거부해야 한다. 왜냐하면 이것은 열광주의이고, 따라서 결속이 아니라 완전한 이탈이기 때문이다. 그러나 율법에 매임으로써 예수와 분리될 것이라는 제자들의 염려는 제거된다. 이런 염려는 오직 유대인들을 실제로 하나님과 분리했던 오해된 율법으로부터만 일어날 수 있었다. 그 대신에 예수와의 진정한 결속은 오직 하나님의 율법과의 결속과 함께 선사될 수 있다는 사실이 명백해진다.

그러나 만약 예수가 제자들과 율법 사이에 들어온다면, 제자들에게 이제 다시금 율법 성취의 의무를 덜어주기 위해서가 아니라, 율법 성취의 요구를 인정하기 위해서다. 바로 예수에게 매임으로써 제자들은 율법 순종의 의무를 지게 되었다. 율법은 일점일획에 이르기까지 성취되어야 하기 때문에 율법의 일점일획도 무시해서는 안 된다. 율법은 성취되었다. 이것이 전부다. 그러나 바로 그렇기 때문에 율법은 이제 비로소 참으로 인정을 받게 되었고, 따라서 율법을 행하고 가르치는 자는 이제 하늘나라에서 큰 자라고 일컬어질 것이다.

"행하고 가르치라." 이 말은 또 다른 율법 이해를 생각하게 한다. 율법은 오직 율법 성취가 불가능하다는 사실을 깨닫게 하기를 원하기 때문에 율법을 행하지 않아도 좋다고 생각할 수 있다. 우리는 이러한 이론의 근거를 예수로부터 끌어올

나를 따르라 •

수 없다. 예수가 분명히 율법을 스스로 행했듯이, 율법은 성취되어야 한다. 율법을 성취한 예수를 따르는 자는 율법을 행하고, 가르친다. 오직 율법을 행하는 자만이 예수의 공동체 안에 머물 수 있다.

제자를 유대인과 구분하는 것은 율법이 아니라 "더 나은 의"다. 제자들의 의는 율법학자보다 "더 낫다." 제자들은 그들을 뛰어넘는다. 제자들은 탁월하고 특별한 자들이다. 47절에서 가장 중요한 의미를 갖는 "더 낫다"라는 개념은 여기에 처음으로 나온다. 우리는 물어야 한다. 바리새인들의 의는 본질적으로 무엇인가? 제자들의 의는 본질적으로 무엇인가? 분명히 바리새인들은 율법을 단지 가르치기만 하고 행할 필요는 없다는, 성서와 배치되는 잘못을 범하지 않았다. 바리새인들은 율법을 행하려고 노력했다. 그들의 의는 본질적으로 율법 안에서 명령된 것들을 직접적으로, 문자적으로 성취하는 것이었다. 그들의 의는 그들의 행위였다. 자신들의 행위를 율법 안에서 명령된 것들과 완전히 일치시키는 것이 그들의 목표였다.

그렇지만 사죄를 통해 해결되어야 할 여지는 항상 존재할 수밖에 없었다. 그들의 의는 항상 불완전하다. 제자들도 오직 율법을 행함으로써만 의롭다고 인정을 받을 수 있었다. 율법을 행하지 않는 자는 결코 의롭다고 인정되어서는 안 된다. 그러나 제자들의 행위는 바리새인들의 불완전한 의에 비해 실제로 완전한 의라는 점에서 바리새인들의 행위보다 더 낫다. 어떻게 그러한가? 제자들과 율법 사이에는 율법을 완전히 성취한 예수가 있고, 제자들은 그의 사귐 안에 있다. 바로 이 점에서 제자들의 의는 바리새인들의 의보다 더 낫다. 제자들은 성취되지 않은 율법이 아니라 이미 성취된 율법을 바라보았다. 그들이 율법을 따르려고 시작하기 전에 율법은 이미 성취되었고, 율법의 요구는 이미 충족되었다. 율법이 요구하는 의는 이미 존재한다. 그것은 율법 때문에 십자가를 향해 나아가는 예수의 의다.

그러나 이와 같은 의는 단지 행해야 할 하나의 선(善)만이 아니라, 하나님과의 완전하고 참되고 인격적인 사귐 자체다. 그러므로 예수는 단지 의를 **소유할** 뿐만 아니라, 그는 의 자체**이기도** 하다. 예수는 제자들의 의다. 제자들을 부름으로써 예수는 제자들을 자기 자신에게 참여시켰고, 그들에게 자신의 사귐을 선사했다. 따라서 예수는 제자들을 자신의 의에 참여시켰고, 제자들에게 자신의 의를 선사하였다. 제자들의 의는 그리스도의 의다. 예수가 스스로 율법을 성취했다고 말함으로써 "더 나은 의"에 관해 말하기 시작했던 것은 오직 이 사실을 말하기 위해서였다. 그러나 그리스도의 의는 참으로 제자들의 의이기도 하다.

물론 엄격히 말하면, 제자들의 의는 항상 선사된 의, "나를 따르라"는 부름을 통해 선사된 의다. 제자들의 의는 본질적으로 예수를 따르는 것이고, 예수가 복이 있다고 선언할 때에 하늘나라의 약속을 받은 의다. 제자들의 의는 십자가 아래 있는 의다. 그것은 그리스도의 부름 때문에 가난한 자들, 애통하는 자들, 굶주리는 자들, 온유한 자들, 평화를 위해 일하는 자들, 박해를 받는 자들의 의이고, 바로 그래서 예수의 부름 때문에 세상의 빛과 산 위의 마을이 되는 자들의 보이는 의다. 제자들의 의가 바리새인들의 의보다 "더 나은" 까닭은 오직 그들이 홀로 율법을 성취하는 예수의 사귐 안으로 부름을 받았기 때문이다. 제자들의 의가 참된 의인 까닭은 그들이 이제 스스로 하나님의 뜻을 행하고 율법을 성취하기 때문이다. 그리스도의 의도 단지 가르치기만 해서는 안 되고, **행해야** 한다. 만약 그렇지 않다면, 그것은 가르치기만 하고 행하지 않는 율법보다 더 낫지 않다. 이어지는 모든 본문은 제자들이 그리스도의 의를 이같이 행해야 한다고 말한다. 한마디로 따르라는 것이다. 그것은 그리스도의 의에 대한 믿음 안에서 참으로, 단순하게 행하는 것이다. 그리스도의 의는 새로운 율법, 그리스도의 율법이다.

4. 형제

옛 사람에게 말한 바 살인하지 마라. 누구든지 살인하면 심판을 받게 되리라 하였다는 것을 너희가 들었으나, 나는 너희에게 이르노니, 형제에게 노하는 자마다 심판을 받게 되고, 형제를 대하여 라가라 하는 자는 공회에 잡혀가게 되고, 미련한 놈이라 하는 자는 지옥 불에 들어가게 되리라. 그러므로 예물을 제단에 드리려다가 거기서 네 형제에게 원망들 을 만한 일이 있는 것이 생각나거든, 예물을 제단 앞에 두고 먼저 가서 형제와 화목하고 그 후에 와서 예물을 드리라. 너를 고발하는 자와 함께 길에 있을 때에 급히 사화하라. 그 고발하는 자가 너를 재판관에게 내어 주고 재판관이 옥리에게 내어 주어 옥에 가둘까 염려하라. 진실로 네게 이르노니, 네가 한 푼이라도 남김이 없이 다 갚기 전에는 결코 거기서 나오지 못하리라. (마 5:21-26)

"나는 너희에게 말한다." 예수는 율법에 관한 모든 말씀 을 요약한다. 앞에 나온 내용 자체로부터 볼 때, 여기서 예수를 혁명가로 이해하거나 랍비들의 방식대로 반대 의견을 주장하 는 자로 간주하는 것은 옳지 않다. 오히려 예수는 앞에서 한 말 을 이어받으면서, 자신이 모세 계약의 율법과 일치한다는 사 실을 표현한다. 그러나 하나님의 율법과의 참된 일치성 속에 서 예수는 하나님의 아들인 자신이 율법의 주와 수여자라는 사실을 밝힌다. 오직 율법을 그리스도의 말씀으로 듣는 자만 이 율법을 성취할 수 있다. 바리새인들의 잘못된 오해는 아무 런 근거가 없다. 오직 그리스도를 율법의 죽임과 율법의 성취 자로 인식할 때에만 율법은 올바로 이해될 수 있다. 예수는 율 법을 소유했고, 율법을 요구한다. 이로써 예수는 율법이 진정 으로 원하는 일을 행한다. 그러나 예수는 율법과의 일치성 속 에서도 잘못된 율법 이해를 반박한다. 예수는 율법을 존중하 기 때문에 잘못된 율법 숭배자를 꾸짖는다.

예수가 제자들에게 가장 먼저 가르치는 율법은 그들에게 살인을 금지하고, 그들에게 형제를 맡긴다. 형제의 생명은 하나님이 허락하신 것이며, 하나님의 손에 놓여 있다. 오직 하나님만이 생명과 죽음을 주관하신다. 살인자는 하나님의 공동체 안에 설 자리가 없다. 그는 자신이 행하는 심판에 떨어진다. 단지 공동체 안의 형제만이 하나님의 계명의 보호를 받는 형제가 아니라는 사실은 다음과 같은 사실로부터 분명해진다. 예수를 따르는 자는 남이 누구인지를 통해 자신의 행동을 결정할 수 없고, 오직 그가 순종하고 따르는 예수를 통해서만 자신의 행동을 결정할 수 있다.

예수를 따르는 자에게 살인은 금지되었다. 살인은 하나님의 심판을 받을 것이다. 예수를 따르는 자에게 형제의 생명은 그가 침범해서는 안 될 경계선으로 놓여졌다. 그러나 이러한 경계선 침해는 분노를 통해 이미 일어난다. 경계선 침해는 바로 우리가 내뱉는 악한 말(미련한 놈)을 통해 처음 일어난다. 마지막으로 경계선 침해는 남에 대한 고의적인 모욕(어리석은 놈)을 통해 일어난다. 모든 분노는 남들의 생명을 공격하며, 그의 생명을 보호하지 않으며, 그의 생명을 파괴하려고 한다. 또한 이른바 의로운 분노와 의롭지 못한 분노 사이에는 아무런 차이가 없다.[6]

---

6) εἰκῇ가 첨가됨으로써 예수의 말씀의 날카로움이 조심스럽게 수정되었다.

예수의 제자는 절대로 화를 내서는 안 된다. 왜냐하면 화를 냄으로써 그는 하나님과 형제에게 죄를 짓기 때문이다. 우리가 매우 쉽게 내뱉는 빠른 말은 우리가 남을 존중하지 않고 자신 앞에서 우쭐대며, 우리의 생명을 그의 생명보다 더 높이 평가한다는 사실을 드러낸다. 이런 말은 형제를 향한 하나의 타격이고, 그의 심장을 향한 하나의 공격이다. 이런 말은 때리고, 상처를 주며, 죽인다. 그러나 고의적인 모욕은 공공연하게 형제의 명예를 빼앗고, 남들 앞에서 그를 우습게 만들며, 증오 속에서 그의 내적이고 외적인 삶을 파괴한다. 형제에 대한 나의 심판은 살인이다. 살인자는 심판을 받는다.

자기 형제에게 화를 내는 자, 그에게 악한 말을 내뱉는 자, 그를 공공연하게 모독하거나 비방하는 자는 살인자로서 하나님 앞에 더는 설 자리가 없다. 그런 자는 형제만이 아니라 하나님과도 자신을 분리한다. 그는 하나님 앞에 더는 나아갈 수 없다. 그의 제물, 그의 예배, 그의 기도가 하나님을 기쁘게 할 수 없을 것이다. 랍비들에게 그러하듯이, 예수를 따르는 자들에게도 예배는 형제에 대한 섬김과 결코 분리될 수 없다. 형제 멸시는 예배를 거짓되게 만들며, 그에게서 하나님의 모든 약속을 빼앗는다.

멸시하거나 다투는 마음으로 하나님 앞에 나아가려는 개인이나 공동체는 이로써 하나의 우상과 놀이한다. 형제에게 봉사와 사랑을 거부하는 한, 형제가 멸시의 대상이 되는 한, 형제가 나와 예수의 공동체에게 원한을 품는 한, 제물도 용납될 수 없다. 단지 내 자신의 분노만이 나와 하나님 사이를 가로막는 것이 아니다. 나로 말미암아 마음이 상하고 모욕감을 느끼고 명예를 잃은 형제가 존재하고, 그가 내게 원한을 품고 있다는 사실도 이미 나와 하나님 사이를 가로막는다.

따라서 예수의 제자 공동체는 여기저기서 형제에게 죄를 짓지 않았는지, 세상을 위해 형제를 미워하고 멸시하고 비방하고 그래서 형제에게 살인죄를 짓지 않았는지 살펴보라. 오늘날 예수의 공동체는 기도하고 예배하려고 하나님 앞에 나아가는 순간에 자신과 하나님 사이에서 많은 불평 소리를 듣고 자신의 기도를 방해하지 않는지 살펴보라. 예수의 공동체는 세상으로부터 수치를 당하고 권리를 빼앗긴 자들에게 생명을 보존하고 지탱하고 보호하기를 원하는 예수 사랑의 징표를 보여주었는지 살펴보라. 만약 그렇지 않다면, 가장 빈틈이 없는 예배와 가장 경건한 기도와 가장 용감한 신앙고백도 아무런 도움을 주지 못하며, 정반대의 결과를 낳을 것이다. 왜냐하면 이것들은 예수를 따르기를 포기한 행위이기 때문이다.

하나님은 우리 형제와 분리되기를 원하시지 않는다. 만약 한 형제가 명예를 빼앗긴다면, 하나님은 영광을 받기를 원하시지 않는다. 하나님은 아버지이시다. 그렇다. 하나님은 우리 모두의 형제가 된 예수 그리스도의 아버지이시다. 하나님이 우리 형제와 더는 분리되기를 원하시지 않는 최종적인 이유는 바로 여기에 있다. 하나님의 육신의 아들은 아버지의 명예를 위해 멸시와 천대를 받았다. 그러나 아버지는 자신의 아들과 분리되기를 원하시지 않는다. 이제 아버지는 형제들과도 분리되기를 원하시지 않는다. 하나님의 아들은 형제들과 같은 모습으로 왔고, 형제들을 위해 수모를 받았다. 하나님의 아들의 성육신 때문에 하나님 봉사(예배)는 형제 봉사와 더는 분리될 수 없다. 하나님을 사랑한다고 말하면서 자신의 형제를 미워하는 자는 사기꾼이다.

예수를 따르면서 하나님을 진정으로 예배하려는 자에게는 오직 하나의 길밖에 없다. 그것은 형제와 화해하는 길이다. 다투는 마음으로 말씀을 듣고 성찬에 참여하기 위해 나오는 자는 이를 통해 심판을 받는다. 그는 하나님 앞에서 살인자다. 그러므로 "먼저 가서 네 형제와 화해하고 와서 네 제물을 드리라." 이것은 예수가 자신을 따르는 자들에게 요구하는 힘든 길이다. 이 길은 겸손과 모욕이 많이 따르는 길이다. 그러나 이 길은 참으로 십자가에 못 박힌 형제 예수에게 나아가는 길이며, 그러므로 은혜가 충만한 길이다. 예수 안에서 작은 형제를 위한 봉사와 하나님을 위한 봉사는 하나가 되었다. 예수는 바깥으로 나가서 형제와 화해했으며, 그다음에는 아버지에게 하나의 진정한 제물, 곧 자기 자신을 드렸다.

지금은 아직도 은혜의 때다. 왜냐하면 우리에게는 여전히 한 형제가 주어졌기 때문이요, 우리가 여전히 "그와 함께 길을 가기" 때문이다. 우리 앞에는 심판이 기다리고 있다. 우리는 여전히 형제에게 호의를 베풀 수 있고, 우리는 여전히 빚진 자들에게 빚을 갚을 수 있다. 우리가 심판자 앞에 서게 될 시간이 다가오고 있다. 그때는 너무 늦다. 그때가 되면, 마지막 빚까지 정의와 심판이 실현된다. 예수의 제자들에게 형제가 율법이 되지 않고 은혜가 되었다는 사실을 알고 있는가? 형제에게 호의를 베풀고 그의 정의를 실현하는 것은 은혜다. 우리가 형제와 화해할 수 있다는 사실은 은혜다. 형제는 심판대 앞에서 우리의 은혜다.

따라서 우리의 형제로서 심판대 앞에서 우리의 은혜와 우리의 화해와 우리의 구원이 된 자만이 우리에게 말할 수 있다. 하나님의 아들의 인간성 안에서 우리에게 형제의 은혜가 선사되었다. 예수의 제자들이 이 사실을 올바로 생각할 수 있기를 바란다!

형제를 위한 봉사, 곧 형제에게 호의를 베풀고 그에게 정의와 생명을 허락하는 예배는 자기부정의 길, 십자가의 길이다. 자신의 친구를 위해 생명을 버리는 것보다 더 큰 사랑은 없다. 이것은 십자가에 못 박힌 자의 사랑이다. 따라서 이런 율법은 오직 예수의 십자가 안에서만 성취된다.

5. 아내

또 간음하지 마라 하였다는 것을 너희가 들었으나, 나는 너희에게 이르노니, 음욕을 품고 여자를 보는 자마다 마음에 이미 간음하였느니라. 만일 네 오른 눈이 너로 실족하게 하거든 빼어 내버리라. 네 백체 중 하나가 없어지고 온 몸이 지옥에 던져지지 않는 것이 유익하며, 또한 만일 네 오른손이 너로 실족하게 하거든 찍어 내버리라. 네 백체 중 하나가 없어지고 온 몸이 지옥에 던져지지 않는 것이 유익하니라. 또 일렀으되. 누구든지 아내를 버리려거든 이혼 증서를 줄 것이라 하였으나, 나는 너희에게 이르노니, 누구든지 음행한 이유 없이 아내를 버리면 이는 그로 간음하게 함이요, 또 누구든지 버림받은 여자에게 장가드는 자도 간음함이니라. (마 5:27-32)

예수 그리스도와의 결속은 그를 따르는 자들에게 사랑이 없는 욕망을 허용하지 않고 금지한다. 예수를 따른다는 것은 자신을 부정하고 예수에게 완전히 매인다는 것을 뜻한다. 그러므로 제자들은 자신들의 의지가 욕망의 지배를 받도록 자유롭게 허용할 수 없다. 단 한순간에 일어나는 욕망도 예수를 따르지 못하게 만들며, 온 몸을 지옥으로 끌고 간다. 이와 함께 인간은 욕망의 팥죽 한 그릇을 위해 하늘이 내려준 장자의 권리를 팔아버린다. 그는 욕망을 포기한 대가로 백배의 기쁨을 주실 수 있는 하나님을 믿지 않는다. 그는 보이지 않는 것을 신뢰하지 않고, 보이는 욕망의 열매를 움켜쥔다. 따라서 그는 예수를 따르는 길에서 벗어났으며, 예수와 분리되었다. 욕망의 불순함은 불신앙이다. 오직 그렇기 때문에 욕망은 사악하다.

나를 따르라 •

예수를 따르는 자는 그와 분리하는 이런 욕망으로부터 벗어나기 위해 아무리 큰 희생을 치르더라도 충분하지 않다. 눈은 그리스도보다 귀하지 않으며, 손은 그리스도보다 귀하지 않다. 만약 눈과 손이 욕망을 섬기고, 온 몸이 예수 그리스도를 깨끗하게 따르는 것을 방해한다면, 예수보다는 차라리 눈과 손을 희생해야 한다. 욕망이 가져오는 이득은 손실에 비해 적다. 만약 한순간을 위해 눈과 손의 욕망을 취한다면, 몸을 영원히 잃어버린다. 불순한 욕망을 섬기는 눈은 하나님을 보지 못한다.

여기서 이제 우리는 예수가 자신의 계명을 문자대로 이해했는지, 아니면 다른 의미로 이해했는지를 결단해야 하지 않는가? 우리의 모든 생명은 이러한 질문에 대한 분명한 대답에 달려 있지 않은가? 제자들의 태도를 볼 때, 대답도 벌써 내려지지 않았는가? 이처럼 매우 중대하게 보이는 결정적인 질문에서 우리의 의지는 결단을 회피한다. 그러나 이러한 질문은 그 자체로서 잘못된 것이고, 사악한 것이다. 이런 질문은 아무런 대답도 들을 수 없다. 만약 예수의 계명을 문자대로 이해한다면, 우리는 계명의 진지한 요구를 이미 회피한 셈이다. 그러나 만약 계명을 문자대로 이해한다면, 그리스도인의 실존의 원칙적인 모호성이 드러나게 되며, 이와 함께 계명은 효력을 잃어버리게 된다.

우리는 이와 같은 원칙적인 질문에 대답하지 못한다. 바로 그렇기 때문에 우리는 예수의 계명에 비로소 완전히 사로잡히게 된다. 우리는 어느 편으로도 도망갈 수 없다. 우리는 계명 앞에 세워졌고, 계명에 순종해야 한다. 예수는 제자들에게 일종의 비인간적인 경련을 강요하지 않는다. 예수는 여자에 대한 시선을 금지하지 않는다. 그러나 예수는 제자들의 시선을 자신에게 돌린다. 비록 제자들이 이제 여자를 바라보더라도, 그들의 시선이 순수하다는 것을 예수는 알고 있다. 이처럼 예수는 제자들에게 감당할 수 없는 율법의 멍에를 지우는 것이 아니라, 복음을 통해 그들을 자비롭게 돕는다.

예수는 자신을 따르는 자들에게 결혼을 강요하지 않는다. 그러나 예수는 이혼을 금지함으로써 율법에 따라서 결혼을 거룩하게 만들며, 간음으로 말미암아 남과 갈라선 사람에게는 재혼을 금지한다. 이런 계명을 통해 예수는 결혼을 이기적이고 악한 욕망에서 해방하며, 결혼이 오직 예수를 따르는 자들만이 실천할 수 있는 사랑의 봉사로서 이루어질 것을 원한다.

예수는 몸과 몸의 자연적인 욕망을 꾸짖지 않는다. 그러나 예수는 그 안에 들어 있는 불신앙을 비판한다. 따라서 예수는 결혼을 해체하는 것이 아니라, 믿음을 통해 결혼을 확고하고 거룩한 것으로 만든다. 이렇게 예수를 따르는 자는 절제하고 부정함으로써 자신의 결혼을 통해서도 오직 예수에게만 매어 있다는 사실을 보여주어야 한다. 그리스도는 그의 결혼도 주관한다. 이로써 제자들의 결혼이 시민들의 결혼과 다르다는 사실은 다시금 결혼을 경멸하는 것이 아니라, 오히려 결혼을 거룩하게 만든다.

예수는 이혼을 금지함으로써 구약성서의 율법과 충돌하는 것처럼 보인다. 그러나 예수는 자신이 모세의 율법과 일치한다는 것을 이해시키려고 한다.(마 19:8) 이스라엘 사람들에게 이혼증서가 허락된 것은 그들의 "마음이 완악해졌기 때문이다." 다시 말하면, 그들의 마음을 더 큰 방종으로부터 지켜야 하기 때문이다. 구약성서의 율법의 의도는 예수와 일치하기 때문에 예수는 오직 결혼의 순결, 곧 하나님에 대한 믿음 안에서 이루어지는 결혼을 강조한다. 그러나 이러한 순결, 곧 정조는 예수의 공동체 안에서, 예수를 따르는 자들 가운데서 유지된다.

예수는 오직 제자들의 완전한 순결, 곧 정조에 관심을 기울이기 때문에 하나님의 나라를 위해 결혼을 완전히 포기하는 것도 칭찬할 만하다고 말한다. 예수는 결혼이나 독신을 하나의 프로그램으로 만드는 것이 아니라, 제자들을 결혼 안팎에서 일어나는 간음으로부터 해방한다. 간음은 자기 자신의 몸만이 아니라 그리스도의 몸 자체에도 죄를 범하는 것이다.(고전 6:13-15) 제자들의 몸도 그리스도에게 속하며, 그를 따르는 자, 곧 우리의 몸은 그의 몸의 지체다. 하나님의 아들 예수는 인간의 몸을 입었고, 우리는 예수의 몸과 사귐을 나눈다. 그렇기 때문에 간음은 예수 자신의 몸에 죄를 짓는 것이다.

예수의 몸은 십자가에 못 박혔다. 사도 바울은 그리스도에게 속한 자들이 자신의 몸을 그 욕망과 욕정과 함께 십자가에 못 박는다고 말한다.(갈 5:24) 따라서 구약성서의 율법은 오직 십자가에 못 박히고 고문을 당한 예수 그리스도의 몸 안에서만 참으로 성취된다. 자신들을 위해 희생된 이 몸을 바라보고 이 몸과 사귐을 나누는 것은 제자들에게 예수가 제공하는 정조의 능력이다.

6. 진실성

또 옛 사람에게 말한 바, 헛 맹세를 하지 말고 네 맹세한 것을 주께 지키라 하였다는 것을 너희가 들었으나, 나는 너희에게 이르노니, 도무지 맹세하지 말지니, 하늘로도 하지 마라. 이는 하나님의 보좌임이요, 땅으로도 하지 마라. 이는 하나님의 발등상임이요, 예루살렘으로도 하지 마라. 이는 큰 임금의 성임이요, 네 머리로도 하지 마라. 이는 네가 한 터럭도 희고 검게 할 수 없음이라. 오직 너희 말은 옳다, 옳다, 아니라, 아니라 하라. 이에서 지나는 것은 악으로부터 나느니라. (마 5:33-37)

이 구절의 해석은 교회에서 지금까지 대단히 불확실하다. 모든 맹세를 매우 엄격하게 죄라고 배척하는 자들로부터 가벼운 맹세와 거짓 맹세를 부드럽게 거부하는 자들에 이르기까지 해석자들은 고대 교회 이래 논쟁을 거듭하고 있다. 고대 교회에서 맹세는 "완전한" 그리스도인들에게는 금지되었지만 밑음이 약한 자들에게는 일정한 한계 안에서 허락된다는 해석이 널리 인정되었다. 특히 아우구스티누스는 이런 입장을 대변했다. 맹세에 대한 그의 판단은 플라톤, 피타고라스학파, 에피쿠로스학파, 마르쿠스 아우렐리우스와 같은 이방인 철학자들의 판단과 일치했다. 그들은 맹세가 고귀한 사람들의 품위를 깎아내린다고 보았다.

종교개혁자들을 따르던 교회는 자신의 신앙고백서에서 세상의 관리가 요구하는 맹세는 예수의 말씀과 분명히 무관하다고 보았다. 그들의 주요한 논지는 처음부터 다음과 같았다. 구약성서에서 맹세는 허용되었고, 예수는 재판관 앞에서 스스로 맹세했으며, 사도 바울은 맹세와 비슷한 표현을 여러 차례 사용했다. 종교개혁자들에게는 성서의 직접적인 인용과 함께 영적인 나라와 세상적인 나라의 분리가 결정적인 의미를 갖고 있었다.

맹세란 무엇인가? 맹세란 과거, 현재 또는 미래의 일에 관한 나의 주장을 위한 증거로 하나님을 공개적으로 끌어들이는 것이다. 모든 것을 알고 계신 하나님이 거짓에 대해 보복하실 것이라는 말이다. 왜 예수는 이런 맹세를 "악에서 나온" 것, "악마적인 것"이라고 하는가? 예수는 완전한 진실을 요구하기 때문이다.

맹세는 세상에 거짓말이 존재한다는 증거다. 만약 인간이 거짓말을 할 수 없다면, 맹세는 전혀 필요하지 않을 것이다. 물론 맹세는 거짓말을 막는 하나의 장치다. 그러나 바로 그렇기 때문에 맹세는 거짓말을 장려하기도 한다. 왜냐하면 오직 맹세만이 최후의 진실을 요구한다면, 이와 동시에 삶 속에서 거짓말을 위한 여지도 주어졌기 때문이고, 거짓말을 할 수 있는 분명한 권리가 허용되었기 때문이다. 구약성서의 율법은 맹세를 통해 거짓말을 하는 것을 배격한다.

그러나 예수는 맹세 금지를 통해 거짓말을 배격한다. 예전이나 지금이나 중요한 것은 하나와 전체, 곧 신자들의 생활에서 거짓을 폐기하는 것이다. 구약성서가 거짓말을 막기 위해 요구한 맹세는 거짓말 자체에 사로잡히게 되었으며, 거짓말을 위해 이용되었다. 거짓말은 맹세를 통해 더욱 확고해졌고, 자신의 권리를 얻을 수 있었다. 따라서 거짓말은 자신이 도피하려던 곳, 곧 맹세 안에서 예수에게 사로잡히고 만다. 맹세는 거짓말의 보호막이 되었기 때문에 폐기되어야 한다.

맹세를 무력화하려는 거짓말의 시도는 두 가지 방식으로 일어날 수 있다. 거짓말은 맹세(거짓 맹세) 아래 자신을 주장하거나, 맹세 자체의 형식 안으로 숨어든다. 이런 경우에 거짓말은 맹세 속에서 살아 계신 하나님을 끌어오기보다는 그 어떤 세상적인 세력이나 신적인 세력을 끌어올 필요가 있었다. 만약 거짓말이 이처럼 맹세 속으로 깊이 파고 든다면, 완전한 진실성은 오직 맹세 금지를 통해서만 보장될 수 있다.

"너희는 '예' 할 때에는 '예'라는 말만 하고, '아니오'

나를 따르라 •

할 때에는 '아니오'라는 말만 하라." 이로 말미암아 제자들의 말이 모든 것을 알고 계시는 하나님 앞에서 책임에서 벗어나게 되는 것은 아니다. 오직 하나님의 이름을 분명히 끌어들이지 않을 때에만 제자들의 모든 말은 모든 것을 알고 계시는 하나님의 자명한 현존 아래 놓이게 된다. 하나님 앞에서 하지 않는 말은 결코 없기 때문에 예수의 제자는 맹세하지 말아야 한다. 제자들의 모든 말은 오직 진실해야 하기 때문에 그 어떤 말도 맹세를 통해 증명될 필요가 없다. 맹세는 참으로 제자들의 모든 말을 의심의 그림자 속으로 던져 넣는다. 그러므로 그것은 "악에서 나온 것"이다. 그러나 제자들은 그들의 모든 말과 함께 빛이어야 한다.

이로써 맹세가 거부되었다면, 이와 동시에 분명해진 것은 오직 진실만을 추구해야 한다는 사실이다. 예수의 계명이 그 어떤 법정 앞에서도 예외를 허용하지 않는다는 것은 자명하다. 그렇지만 맹세 자체를 거부하는 것이 다시금 진리 은폐를 위해 이용되어서는 안 된다는 사실도 언급되어야 한다. 언제 이런 일이 일어나는지, 다시 말하면, 언제 진실을 위해 맹세를 해야 하는지는 일반적으로 결정할 수 없고, 개인에 의해 결정되어야 한다. 종교개혁자들을 따르는 교회는 세상의 관리가 요구하는 모든 맹세가 바로 이런 경우를 만든다고 생각한다. 그러나 이런 일반적인 결정이 가능한지는 분명하지 않다.

그러나 이런 경우가 일어난 것처럼 보일 때, 다음과 같은 상황에서는 분명히 맹세가 가능하다. 첫째로, 맹세에 무슨 내용이 포함되었는지를 완전히 분명히 알 수 있는 상황에서는 맹세가 가능하다. 둘째로, 우리가 알고 있는 과거나 현재의 상황과 관련된 맹세는 서약의 성격을 띠고 있는 맹세와 구분되어야 한다. 그리스도인은 과거에 관한 지식에서 결코 오류가 없지 않다. 그렇기 때문에 모든 것을 알고 계시는 하나님을 끌어오는 것은 오류에 빠진 주장을 입증하기보다는 자신의 지식과 양심의 순수성을 입증하기 위한 것이다. 그러나 그리스도인은 자신의 미래도 주관할 수 없기 때문에 맹세와 같은 서약, 예컨대 충성 서약은 처음부터 매우 위험한 것이다. 왜냐하면 그리스도인은 자기 자신의 미래만이 아니라 충성 서약을 한 사람의 미래도 장악할 수 없기 때문이다.

그리스도인은 진실해야 하고 예수를 따르기 때문에 맹세를 하나님의 뜻의 유보 아래 두지 않고 맹세하는 것은 불가능하다. 그리스도인에게 세상의 절대적인 속박은 없다. 그리스도인을 절대적으로 속박하려는 일종의 충성 서약은 그에게 거짓말이 되며, "악에서 나온 것"이다. 이러한 맹세 속에서 하나님의 이름을 끌어오는 것은 결코 서약의 진실성을 입증하지 못한다. 이것은 예수를 따르는 우리가 오직 하나님의 뜻에만 매어 있다는 사실을 입증하며, 다른 모든 속박은 예수 때문에 이러한 유보 아래 있다는 사실을 입증한다. 만약 의심이 갈 경우에 이러한 유보를 말하거나 인식하지 않는다면, 맹세는 불가능

나를 따르라 •

하다. 왜냐하면 내가 바로 이 맹세와 함께 나의 맹세를 받아들이는 자를 잘못 인도하기 때문이다. "예"라고 할 때에는 "예"라고 하고, "아니오"라고 할 때에는 "아니오"라고 해야 한다.

완전한 진실성의 계명은 단지 뒤따름의 전체성을 다르게 표현하는 말씀이다. 오직 예수를 따르고 예수에게 매어 있는 자만이 완전히 진실할 수 있다. 그는 주 앞에서 아무것도 숨길 수 없다. 그는 주 앞에서 발가벗은 몸으로 살아간다. 그는 예수에게 발견되었고, 진리 안에 놓여졌다. 그는 예수 앞에서 죄인으로 드러난다. 그가 자신을 예수 앞에 드러낸 것이 아니다. 예수가 그를 부르고 그에게 자신을 드러냈을 때, 비로소 그의 예수에 의해 죄인으로 분명히 드러났다. 완전한 진실성은 오직 예수의 용서를 받은 그의 죄가 폭로됨으로써만 존재할 수 있다. 언제 진리를 말해야 하든, 오직 예수 앞에서 자신의 죄를 고백하며 진실하게 사는 자만이 진리를 부끄러워하지 않는다. 예수가 제자들에게 요구한 진실성은 죄를 감추지 않는 자기부정에 있다. 모든 것은 분명하고, 명쾌하다.

진실성은 처음부터 끝까지 하나님 앞에 서 있는 인간의 전체적 존재와 그의 악을 폭로한다. 그러므로 진실성은 죄인의 저항을 일으키고, 그러므로 진실성은 박해를 받고 십자가에 못 박히게 된다. 제자의 진실성은 오직 예수를 따르는 행위에 근거한다. 예수는 자신을 따르는 우리의 죄를 십자가에서 폭로한다. 오직 십자가만이 우리에 관한 하나님의 진리로서 우리를 진실하게 한다. 십자가를 아는 자는 다른 진리를 더는 두려워하지 않는다. 십자가 아래 살아가는 자는 진실성을 증명하기 위한 율법으로서 맹세가 필요하지 않다. 왜냐하면 그는 하나님의 완전한 진리 안에 있기 때문이다.

인간을 향한 진리가 없이는 예수를 향한 진리도 없다. 거짓말은 공동체를 파괴한다. 그러나 진리는 잘못된 공동체를 해체하고, 참된 형제 관계를 만들어낸다. 만약 하나님 앞과 인간 앞에서 밝은 진리 안에서 살아가지 않는다면, 우리는 결코 예수를 따를 수 없다.

7. 보복

> 또 눈은 눈으로, 이는 이로 갚으라 하였다는 것을 너희가 들었으나, 나는 너희에게 이르노니, 악한 자를 대적하지 마라. 누구든지 네 오른편 뺨을 치거든 왼편도 돌려 대며, 또 너를 고발하여 속옷을 가지고자 하는 자에게 겉옷까지도 가지게 하며, 또 누구든지 너로 억지로 오 리를 가게 하거든 그 사람과 십 리를 동행하고, 네게 구하는 자에게 주며 네게 꾸고자 하는 자에게 거절하지 마라. (마 5:38-42)

예수는 여기서 "눈은 눈으로, 이는 이로"라는 구절을 앞에서 언급한 구약성서의 계명과 조화시키며, 십계명에 나오는 살인금지와도 조화시킨다. 예수는 후자와 마찬가지로 전자도 하나님의 분명한 계명으로 인정한다. 후자와 마찬가지로 전자는 폐기될 것이 아니라, 마지막까지 성취되어야 한다. 십계명을 위해 구약성서의 계명을 서열화하는 것을 예수는 인정하지 않는다. 예수는 구약성서의 계명을 하나로 보며, 그래서 제자들에게 계명을 성취할 것을 가르친다.

예수를 따르는 자들은 예수를 위해 자신의 권리를 포기한다. 예수는 그들을 온유한 자로 축복한다. 만약 그들이 예수의 공동체를 위해 모든 것을 버린 다음에 유일한 이 소유물에 집착한다면, 그들은 예수를 따르기를 포기한 셈이 된다. 따라서 여기서 예수가 한 일은 오직 축복선언을 설명한 것이다.

구약성서의 율법은 정의를 하나님의 보복의 보호 아래 둔다. 그 어떤 악도 보복을 당하지 않으면 안 된다. 참으로 중요한 것은 올바른 공동체를 형성하는 것이고, 악을 극복하고 확인하는 것이며, 하나님의 백성 공동체에서 악을 제거하는 것이다. 항상 보복을 통해 힘을 발휘하는 정의는 바로 이런 일에 봉사한다.

예수는 하나님의 이런 뜻을 받아들이고, 악을 확인하고 극복하며, 제자들의 공동체를 참된 이스라엘의 공동체로 입증하는 보복의 힘을 인정한다. 올바른 보복을 통해 불의는 제거되어야 하며, 제자가 예수를 계속 따른다는 사실도 확증되어야 한다. 예수의 말씀에 따르면 이러한 참된 보복은 오직 악에게 저항하지 않을 때에만 가능하다.

이런 말씀으로써 예수는 자신의 공동체를 정치적·법적인

질서와 분리하고, 이스라엘 백성의 민족적인 형태와 분리하며, 자신의 공동체를 진정한 공동체로 만든다. 다시 말하면, 예수는 자신의 공동체를 정치적으로, 민족적으로 얽매이지 않는 신앙인의 공동체로 만든다. 하나님의 선택을 받았지만 동시에 정치적인 형태도 지니는 이스라엘 백성에게 보복이란 하나님의 뜻에 따라서 공격을 공격으로 보응하는 것이라면, 민족적으로나 법적으로나 아무런 주장도 할 수 없는 제자들의 공동체에게 보복이란 공격을 감수함으로써 악을 악으로 갚지 않는 것이다. 오직 이렇게 함으로써만 공동체는 세워지고, 유지된다.

여기서 다음과 같은 점이 분명해진다. 불의를 당한 예수의 제자들은 어떤 상황 아래서도 자신의 권리를 자신이 방어해야 하는 하나의 소유물로 여기지 않는다. 오히려 그들은 모든 소유물로부터 완전히 자유로운 상태에서 오직 예수 그리스도에만 매이며, 바로 이러한 사실을 증언함으로써 공동체의 유일한 기초를 세우고, 죄인을 예수의 손에 맡긴다.

타인의 극복은 이제 다음과 같이 일어난다. 타인의 악은 스스로 소멸한다. 타인의 악은 자신이 추구하는 것, 곧 저항을 발견하지 못하며, 이로써 점점 더 많은 저항을 야기할 수 있는 새로운 악을 발견하지 못한다. 악은 대상을 발견하지 못하고, 저항을 발견하지 못하며, 기꺼이 용납되고 감수된다. 이런 방식으로 악은 무력해진다. 여기서 악은 자신이 당해낼 수 없는 적수를 만난다. 물론 이런 일은 오직 저항의 마지막 잔재까지

나를 따르라 •

포기된 곳에서만, 오직 악을 악으로 갚으려는 시도가 남김없이 포기되는 곳에서만 일어난다. 여기서 악은 악을 만들려는 자신의 목표를 달성할 수 없으며, 홀로 남게 된다.

고난이 감수될 때, 고난은 지나가 버린다. 우리가 악행을 순순히 감수할 때, 악행은 종말을 맞이한다. 제자들이 모욕과 멸시에 맞서 똑같이 반응하지 않고 이를 순순히 감수할 때, 모욕과 멸시는 죄로 드러나게 된다. 폭력은 대응 폭력을 불러들이지 않는다는 점에서 심판을 받는다. 나의 속옷을 요구하는 불법적 행위는 겉옷까지 벗어주는 행위를 통해 폭로된다. 노동의 착취는 내가 여기에 한계선을 설정하지 않음으로써 그 자체로서 드러난다. 상대방이 요구하는 모든 것을 주려는 자세는 오직 예수 그리스도만으로 만족하고 오직 예수 그리스도만을 따르려는 자세다. 자발적으로 방어를 포기할 때, 제자가 무조건 예수에게 매어 있고 자신으로부터 자유롭다는 사실이 입증되고, 알려진다. 바로 이러한 절대적인 결속을 통해서만 악은 극복될 수 있다.

여기서 단지 악(惡)만이 아니라 악인도 문제가 된다. 예수는 악인을 악하다고 말한다. 나를 폭행하고 억압하는 자를 용서하고 정당화하는 것은 내가 취할 자세가 아니다. 내가 고통을 감수함으로써 마치 내가 악의 정당성을 이해한다는 사실을 드러내려고 해서는 안 된다. 이와 같은 감상적인 생각은 예수와 전혀 무관하다. 모욕적인 공격, 폭행, 착취는 항상 악하다.

제자는 이를 알아야 하며, 예수처럼 이를 증언해야 한다. 왜냐하면 다른 방법으로는 악을 폭로하고 극복할 수 없기 때문이다. 그러나 제자에게 다가오는 악은 결코 정당화될 수 없는 악이기 때문에 제자는 저항하기보다는 고난 속에서 악에 종지부를 찍어야 하며, 그래서 악을 극복해야 한다. 자발적인 고난은 악보다 강하다. 그것은 악의 죽음이다.

악이 워낙 크고 강하기 때문에 이제 그리스도인은 다른 태도를 취할 필요가 있다고 생각해서도 안 된다. 악이 끔찍하면 끔찍할수록 제자는 더욱더 큰 고난을 당할 자세를 가져야 한다. 악은 반드시 예수의 손에 떨어진다. 내가 아니라 예수가 악과 담판할 것이다.

종교개혁자들의 해석은 여기서 결정적인 새로운 사상을 끌어들였다. 그들은 개인적으로 당하는 고난과 직무 때문에 당하는 고난, 다시 말하면, 하나님이 나에게 부여하신 책임 때문에 당하는 고난을 구분한다. 첫 번째 경우에는 예수가 명령한 대로 행동해야 한다면, 두 번째 경우에는 그런 의무로부터 벗어났다. 진정한 사랑을 위해 나는 정반대로 행동해야 한다. 다시 말하면, 악의 공격에 저항하기 위해 폭력에는 폭력으로 대응해야 한다. 여기서 악을 막기 위한 공적이고 법적인 모든 수단의 사용과 전쟁에 대한 종교개혁자들의 입장은 이로부터 정당화된다.

그러나 예수는 사적인 나와 직무 담당자인 나의 구분을

나를 따르라 •

나의 행동의 척도로 보지 않는다. 예수는 이에 관해 우리에게 아무 말도 하지 않는다. 예수는 자신을 따르기 위해 모든 것을 버린 제자들에게 말한다. "사적인 것"과 "직무적인 것"은 전적으로, 그리고 철저히 예수의 계명에 종속되어야 한다. 예수의 말씀은 제자들의 전체를 요구했다. 예수는 전적인 순종을 요구했다.

앞에서 언급한 구분은 실제로 해결하기 힘든 어려움에 빠진다. 현실적인 생활에서 나는 어디서 오직 사적인 인간일 따름이고, 어디서 오직 직무 담당자일 따름인가? 공격을 당할 때마다 나는 동시에 내 자녀들의 아버지요, 내 교회의 설교자요, 내 민족의 정치가가 아닌가? 바로 이런 근거로 나는 바로 내 직무에 대한 책임 때문에 모든 공격을 방어해야 하지 않는가? 직무를 수행할 경우에도 나는 다시금 항상 오직 예수만을 바라보는 내 자신이 아닌가? 예수를 따르는 자는 항상 완전히 홀로 있는 자요, 궁극적으로는 오직 자신만을 위해서도 행동하고 결단할 수 있는 개인이라는 사실이 이러한 구분으로 말미암아 망각되지 않았는가? 그리고 내게 명령하는 자에 대한 가장 진지한 책임은 바로 **이러한** 행동에 달려 있다는 사실도 망각되지 않았는가?

그러나 악이 바로 약한 자에게 공격하기 시작하고 바로 가장 무력한 자에게 거침없이 활동하고 있는 현실을 경험할 때, 예수의 명제는 어떻게 정당화될 수 있는가? 예수의 명제는 단지 현실, 곧 세상의 죄를 전혀 고려하지 않는 하나의 이념이 아닌가? 이 명제는 아마도 교회 안에서는 옳다고 할 수 있을 것이다. 세상을 향해서는 이 명제가 광신도들처럼 죄를 간과하는 듯이 보인다. 우리는 세상 안에서 살아가고 있고, 세상은 악하다. 바로 그렇기 때문에 이 명제는 옳지 못하다.

그러나 예수는 다음과 같이 말한다. 너희는 세상 안에서 살아가고 있고 세상은 악하기 때문에 다음의 명제가 옳다. 너희는 악에 대항하지 마라. 생애의 초기부터 악마와 싸웠던 예수가 악의 세력을 알지 못했다고 예수를 비난하기는 어려울 것이다. 예수는 악을 악하다고 말했고, 바로 그렇기 때문에 제자들에게도 그렇게 말했다. 어떻게 이런 일이 가능한가?

만약 우리가 이 명제를 보편적인 윤리적 프로그램으로 이해해야 한다면, 만약 악은 오직 선을 통해서만 극복된다는 명제를 보편적인 세상지혜와 생활지혜로 이해해야 한다면, 예수가 자신의 제자들에게 한 모든 말씀은 실제로 완전한 광신(狂信)일 것이다. 예수의 말씀은 실제로 세상이 전혀 따르지 않는 율법에 관한 무책임한 환상일 것이다. 무저항을 세상적인 삶의 원리로 만드는 것은 하나님이 은혜롭게 보존하시는 세상의 질서를 파괴하는 불신앙적인 행동이다.

그러나 여기서 말하는 자는 참으로 하나의 프로그램을 만든 자가 아니다. 여기서 말하는 자는 고난을 감수함으로써 악을 극복한 자요, 십자가에서 몸소 악에게 패배를 당했지만 이러한 패배로부터 승리한 자로 드러난 자다. 예수의 십자가가 아닌 것은 예수의 이러한 계명을 정당화할 수 없다. 오직 예수의 십자가 안에서 일어난 악의 극복을 믿는 자만이 그의 계명에 순종할 수 있다. 그리고 오직 이러한 순종만이 약속을 받을 수 있다. 어떤 약속을 받는가? 예수의 십자가의 공동체와 그의 승리의 공동체에 대한 약속이다.

예수의 고난은 하나님의 사랑을 통한 악의 극복으로서 제자들이 순종해야 할 유일한 근거다. 예수는 자신의 계명을 통해 자신을 따르는 자를 자신의 고난의 공동체로 부른다. 만약 예수의 제자들이 이러한 고난을 회피한다면, 만약 그들이 자신들의 몸으로 고난 받기를 부끄러워한다면, 예수 그리스도의 고난에 관한 설교도 세상에 어떻게 드러나겠고, 신뢰를 얻을 수 있겠는가? 예수는 자신의 십자가에서 자신이 주는 율법을 스스로 성취한다.[7] 이와 동시에 예수는 자신의 계명을 통해 자신의 십자가의 공동체 안에서 자신을 따르는 자들을 은혜롭게 보존한다. 악에게 보복하고 악을 극복하는 비결이 고난을 당하는 사랑에 있다는 사실은 오직 십자가 안에서만 참된 진리로 드러난다. 그러나 제자들은 "나를 따르라"는 부름을 통해

---

7) 요 18:23에 근거하여 예수 자신은 그의 계명을 문자적으로 지키지 않았으며, 따라서 그 자신은 계명에 순종하지 않았다고 말하는 것은 악의적인 경솔함이다. 예수는 악한 것을 악하다고 했다. 그러나 예수는 십자가에 죽기까지 반항하지 않고 고난을 당한다.

십자가의 공동체를 선물로 받았다. 보이는 이 공동체 안에서 그들은 축복을 받았다.

8. 원수 - 탁월성

> 또 네 이웃을 사랑하고 네 원수를 미워하라 하였다는 것을 너희가 들었으나, 나는 너희에게 이르노니, 너희 원수를 사랑하며 너희를 박해하는 자를 위하여 기도하라. 이같이 한즉 하늘에 계신 너희 아버지의 아들이 되리니, 이는 하나님이 그 해를 악인과 선인에게 비추시며 비를 의로운 자와 불의한 자에게 내려주심이라. 너희가 너희를 사랑하는 자를 사랑하면 무슨 상이 있으리요? 세리도 이같이 아니하느냐? 또 너희가 너희 형제에게만 문안하면 남보다 더하는 것이 무엇이냐? 이방인들도 이같이 아니하느냐? 그러므로 하늘에 계신 너희 아버지의 온전하심과 같이 너희도 온전하라. (마 5:43-48)

산상설교 중에서 앞에서 언급된 모든 내용을 요약하는 말씀이 여기에 처음으로 나온다. 그것은 곧 사랑이다. 그것은 또한 원수 사랑이라고 분명히 정의될 수 있다. 형제에 대한 사랑은 잘못 이해될 수 있는 계명일 수도 있지만, 원수에 대한 사랑은 예수가 무엇을 원하는지를 분명하게 설명한다.

원수는 제자들에게 결코 공허한 개념이 아니었다. 그들은 원수를 잘 알고 있었다. 그들은 원수를 매일 만났다. 제자들을 향해 믿음을 파괴하고 율법을 위반하는 자라고 비난하는 사람들이 있었다. 예수를 위해 모든 것을 버리고 그의 공동체를 위

나를 따르라 •

해 모든 것을 경시한다고 제자들을 미워한 사람들이 있었다. 연약하고 겸손하다고 제자들을 모욕하고 조롱한 사람들이 있었다. 제자들의 무리 안에서 움트는 혁명의 위험을 예감하고 그들을 제거하려는 박해자들이 있었다.

어떤 원수는 예수의 절대적인 요구를 감당할 수 없었던 민족 종교의 대변자들 편에 가담했다. 그는 권력과 명예로 무장해 있었다. 모든 유대인이 생각할 수밖에 없었던 다른 원수는 로마의 정치적인 원수였다. 사람들은 이 원수도 강력한 억압자로 느꼈다. 이 두 가지 적대적인 집단 외에도 다수의 사람들이 가는 길을 함께 가지 않는 자들에게 날마다 멸시와 모독과 위협을 가하는 인간적인 원수들도 있었다.

물론 구약성서에서 원수 증오를 명령하는 구절은 하나도 없다. 오히려 원수 사랑의 계명이 존재한다.(출 23:45; 잠 25:21 이하; 창 45:1 이하; 삼상 24:7; 왕하 6:22 등) 그러나 예수가 여기서 말하는 것은 자연스러운 적대감이 아니라 세상에 대한 하나님의 백성의 적대감이다. 이스라엘의 전쟁은 이 세상에 존재했던 유일한 "거룩한" 전쟁이었다. 이 전쟁은 우상의 세상에 맞선 하나님의 전쟁이었다.

예수는 이와 같은 적대감을 비난하지 않았다. 만일 그렇게 했다면, 예수는 참으로 하나님이 자신의 백성과 함께하신 모든 역사(歷史)를 비난했을 것이다. 오히려 예수는 옛 계약을 인정했다. 예수도 오직 원수의 극복, 하나님의 공동체의 승리만을 기대했다. 그러나 예수는 자신의 계명과 더불어 다시금 자신의 제자 공동체를 이스라엘 민족의 정치적인 형태로부터 떼어놓았다. 이로써 신앙의 전쟁도 더는 존재할 수 없게 되었고, 이로써 하나님은 원수에 대한 승리의 약속을 원수 사랑으로 바꾸어 놓으셨다.

원수 사랑은 자연적인 인간에게는 감당할 수 없는 충격이 될 뿐만 아니라, 인간의 능력을 넘어선다. 그리고 원수 사랑은 선과 악에 대한 자신의 개념과 모순된다. 더 중요한 점은 원수 사랑이 율법 아래 있는 사람들에게도 하나님의 율법을 어기는 죄처럼 보인다는 사실이다. 율법은 원수와 갈라서고 원수를 비난할 것을 요구한다. 그러나 예수는 하나님의 율법을 자신의 손안에 넣고, 이를 해석한다. 원수 사랑을 통해 원수를 극복하는 것은 율법 안에서 드러난 하나님의 뜻이다.

신약성서에서 원수란 항상 나를 원수로 생각하는 사람을 뜻한다. 예수는 제자들이 원수로 생각할 수 있는 사람을 전혀 고려하지 않는다. 그러나 예수를 따르는 자들은 형제를 사랑하듯이 원수도 사랑해야 한다. 제자의 행동은 인간의 행동을 통해 결정될 것이 아니라, 그에 대한 예수의 행동을 통해 결정되어야 한다. 그러므로 오직 하나의 이유만이 존재한다. 그것은 예수의 뜻이다.

예수가 말하는 원수란 나의 사랑에는 전혀 아랑곳하지 않고 항상 원수가 되는 사람이다. 내가 그의 모든 것을 용서할 때, 그는 나를 전혀 용서하지 않는다. 내가 그를 사랑할 때, 그는 나를 미워한다. 내가 그를 진지하게 섬기면 섬길수록, 그는 나를 더욱더 모독한다. "나는 사랑하나 저희는 도리어 대적하니 기도할 뿐이다."(시 109:4) 그러나 사랑은 보답을 구해서는 안 된다. 오히려 사랑은 자신이 필요한 사람을 추구한다. 아무런 사랑도 받지 못하고 증오하며 살아가는 자보다 더 갈급하게 사랑을 추구하는 자는 누구인가? 사랑을 받을 만한 가치를 나의 원수보다 더 많이 가진 자가 누구인가? 원수들 한가운데보다 더 장엄하게 사랑을 찬양할 수 있는 곳이 어디인가?

이런 사랑은 원수의 종류를 다양하게 구분하지 않는다. 원수가 나를 미워하면 미워할수록 나의 사랑은 더 많이 필요하다. 정치적 원수든 종교적 원수든, 원수는 예수의 제자들에게 오직 온전한 사랑을 기대할 따름이다. 이런 사랑은 내 자신 안에서도 사적인 인간과 직무를 담당하는 인간을 구분하지 않는다. 나는 이 둘 안에서 오직 한 인간일 수밖에 없다. 만약 그렇지 않다면, 나는 하나의 인간, 곧 예수 그리스도를 따르는 자가 아니다. 이런 사랑이 어떻게 가능한지를 사람들이 내게 질문하는가? 예수는 말한다. 아무런 조건도 없이, 외모를 보지 말고 누구든지 축복하고, 선을 행하고, 기도하라.

"너희 원수를 사랑하라." 앞의 계명에서 예수가 악을 순순히 감수하라고 말했다면, 여기서 예수는 조금 더 넘어간다. 단지 악과 악인을 인내로 감수할 뿐만 아니라, 단지 폭력에는 폭력으로 보복하지 말아야 할 뿐만 아니라, 우리의 원수를 진심으로 사랑해야 한다. 우리는 모든 일에 꾸밈이 없이, 그리고 순수하게 우리의 원수를 섬기고 도와야 한다. 사랑하는 자가 사랑을 받는 자에게 바치는 희생이라면, 아무리 크고 귀중한 희생도 우리의 원수에게는 결코 충분하지 않다. 우리가 형제 사랑을 위해 우리의 재물과 명예와 생명도 바쳐야 한다면, 우리의 원수를 위해서도 그렇게 해야 한다. 이로써 우리는 그의 악에 가담하게 되는가? 아니다. 약함이 아니라 강함에서 태어난, 두려움이 아니라 진리에서 태어난 사랑이 어찌 남을 미워할 수 있겠는가? 그리고 만약 숨이 막힐 정도로 미워하는 마음을 가진 사람에게 이런 사랑을 선사하지 않는다면, 누구에게 이런 사랑을 선사해야 하겠는가?

"너희는 핍박하는 자를 축복하라." 만약 원수가 우리의 존재를 참을 수 없기 때문에 우리를 저주한다면, 우리는 손을 들어 그를 축복해야 한다. "당신들, 우리의 원수들, 하나님의 축복을 받은 당신들, 당신들의 저주는 우리를 해칠 수 없습니다. 당신들의 가난함이 하나님의 부요함으로 채워지고, 당신들이 헛되이 저주하는 우리의 축복으로 채워지기를 바랍니다. 만약 당신들이 오직 축복만을 받아들인다면, 우리는 당신들의 저주도 잘 감수하겠습니다."

"너희를 미워하는 자들을 선대하라." 원수 사랑이 단지 말과 생각에만 머물러 있어서는 안 된다. 선대는 일상생활의

나를 따르라 •

모든 일에서 일어난다. "네 원수가 주리거든 먹이고, 목마르거든 마시게 하라."(롬 12:20) 한 형제가 어려움에 빠진 다른 형제를 도와주고 그의 상처를 싸매주고 그의 고통을 덜어주듯이, 우리의 원수도 그렇게 사랑해야 한다. 이 세상에서 우리의 원수보다 더 큰 고난과 상처와 고통을 당하고 있는 자가 누구인가? 우리의 원수보다 선대를 더 크게 갈망하고 더 큰 복으로 여기는 자가 누구인가? "주는 것이 받는 것보다 복이 있다."

"너희를 욕하고 핍박하는 자들을 위해서 기도하라." 이것은 최고의 원수 사랑이다. 기도 속에서 우리는 원수에게 다가가고, 그의 편에 다가간다. 기도 속에서 우리는 원수와 함께, 원수 곁에서, 원수를 위해 하나님 앞에 선다. 예수는 우리가 사랑하고 축복하고 선대하는 원수가 우리를 모욕하고 박해하지 않을 것이라고 약속하지 않는다. 원수는 우리를 모욕하고 박해할 것이다. 그러나 만약 우리가 중보기도 속에서 원수에게 끝까지 다가간다면, 모욕과 박해 중에도 원수는 우리를 해치거나 공격하지 않을 수 있다. 이제 우리는 원수의 고통과 가난과 잘못과 절망을 짊어지며, 하나님 앞에서 그를 위해 변호한다. 우리는 원수를 대리하여 그가 행할 수 없는 것을 행한다. 원수의 모든 모욕은 오직 우리를 하나님과 우리의 원수와 더 가까이 묶어줄 것이다. 모든 박해는 오직 원수가 하나님과 더 가까이 화해할 수 있도록 도와줄 것이며, 사랑이 꺾이지 않도록 도와줄 것이다.

어떻게 사랑은 꺾이지 않게 되는가? 사랑은 원수가 자신에게 무슨 해를 입히는지를 묻지 않고, 오직 예수가 무슨 일을 했는지를 묻는다. 원수 사랑은 제자를 십자가의 길로 인도하며, 십자가에 못 박힌 자의 공동체 안으로 인도한다. 그러나 제자가 이 길로 더 확실히 인도될수록, 그의 사랑은 점점 더 견고해지고 원수의 증오를 점점 더 분명히 극복한다. 왜냐하면 그의 사랑은 참으로 자기 자신의 사랑이 아니기 때문이다. 그의 사랑은 오직 원수를 위해 십자가를 지고 십자가에서 원수를 위해 기도한 예수 그리스도의 사랑일 따름이다.

그러나 예수 그리스도의 십자가의 길 앞에서 제자들도 예수의 사랑에 의해 극복된 예수의 원수들 가운데 있었다는 사실을 깨닫게 된다. 이 사랑으로 말미암아 제자는 원수를 형제로 인식하고 원수를 형제처럼 대하게 되었다는 사실을 알게된다. 왜 그러한가? 제자는 오직 자신을 형제처럼 대하는 자의 사랑으로 살아가기 때문이다. 그는 자신의 원수를 받아들였고, 원수를 자신의 형제들처럼 자신의 사귐 안으로 인도했다. 그래서 그를 따르는 자들은 사랑으로 말미암아 원수도 하나님의 사랑 안에 포함되어 있다는 사실을 알게 되었고, 원수를 그리스도의 십자가 아래서 보게 되었다. 하나님은 나에게 어떤 선과 악이 존재하는지를 묻지 아니하신다. 왜냐하면 나의 선도 하나님 앞에서는 불신앙적인 것이었기 때문이다.

하나님의 사랑은 이 사랑을 갈구하는 원수를 찾는다. 하나님은 원수가 자신의 사랑을 받을 가치가 있다고 여기신다. 하나님은 원수의 편에서 자신의 사랑을 찬양하신다. 예수를 따르는 자는 바로 이 사실을 안다. 그는 예수를 통해 이 사랑에 참여했다. 왜냐하면 하나님은 의인과 악인에게 두루 해를 비춰 주시고, 비를 내려 주시기 때문이다. 그러나 하나님의 사랑은 단지 세상의 해와 세상의 비만이 아니다. 그것은 또한 "의의 해"요, 예수 그리스도 자신이요, 죄인에게 하늘 아버지의 은혜를 계시하는 하나님의 말씀의 비다. 온전하고 완전한 사랑은 아버지의 행위다. 그것은 유일한 아들의 행위였듯이, 하늘 아버지의 아들들의 행위이기도 하다.

"우리가 직면해 있고 이미 몇 해 전부터 부분적으로는 우리도 가담하고 있는 하나님의 투쟁 안에서 이웃 사랑과 원수 사랑의 기도는 특히 분명히 드러난다. 한 편에서는 증오가 투쟁하고, 다른 편에서는 사랑이 투쟁한다. 모든 그리스도인의 영혼은 이러한 투쟁을 매우 진지하게 감당해야 한다. **살아 계시는** 하나님을 신앙하는 모든 사람은 **이러한 신앙 때문에** 증오와 진노의 대상이 될 뿐만 아니라 - 이미 지금 우리는 그러한 대우를 상당히 받고 있다. - 단지 이러한 신앙 이유 때문에 '인간 사회'에서 추방되고 이리저리 쫓겨 다니고 신체적 폭행과 학대를 당하고 경우에 따라서는 죽임을 당하는 시대가 되었다. **그리스도인들에 대한 전반적인 박해가 임박해 있다.** 이것은 참으로 우리 시대의 모든 운동과 투쟁의 진정한 의미다. 교회와 그리스도인의 신앙을 파괴하려는 자들은 우리와 함께 살 수 없다. 왜냐하면 우리의 모든 말과 행동이 결코 그들을 겨냥한 것이 아님에도 불구하고 그들은 우리가 그들의 말과 행동을 비난하고 있다고 - 전혀 부당하지는 않지만 - 생각하기 때문이다. 그들은 우리가 그들의 비난을 전혀 궁금하게 생각하지 않는다고 느낀다. 왜냐하면 그들은 이런 비난이 완전히 무력하고 전혀 무익하다고 말하기 때문이다. 비록 그들에게는 전적으로 옳을지는 몰라도, 그들은 우리가 상호 간의 비난과 투쟁에 가담하지 않는다고 말한다. 우리가 어떻게 싸울 수 있는가? 우리가 개인이나 개별자가 아니라 공동체로서, 교회로서 **함께** 손을 들고 기도할 때가 다가왔다. 비록 비교적 작은 무리이지만, 우리는 타락한 수많은 사람들 가운데서 무리를 이루어 십자가에서 못 박히고 부활한 주와 그의 재림을 높이 고백하고 찬양할 때가 되었다. 이것은 무슨 기도, 무슨 고백, 무슨 찬양인가? 이것은 바로 우리를 둘러싸고 있고 미움의 눈망울을 굴리며 우리를 바라보며 심지어는 우리를 죽이려고 손을 높이 들고 **방황하는 바로 이런 자들을 위한 진심어린 사랑**의 기도다. 이것은 길을 잃고 망가지고 동요하고 황폐해진 영혼들을 위한 평화의 기도요, 우리가 즐거워하는 바로 그런 사랑과 평화를 위한 기도요, 그들의 영혼 속으로 깊이 파고들고 그들의 마음을 사로잡는 기도다. 우리의 기도는 원수들이 극도의 미움으로 우리를 사로잡을 수 있는 힘보다 더 강하게 그들을 사로잡는다. 그렇다. 참으로 주를 기다리며 참으로 마지막 심판의 징조가 나타날 때를 기다리는 교회는 영혼의 모든 힘으로, 거룩한 생명의 모든 힘으로 사랑의 이런 기도를 위해 힘써야 한다."(A. F. C. Vilmar 1880)

온전한 사랑이란 무엇인가? 우리에게 사랑으로 보답하는 자들을 공평하게 사랑하는 것이다. 우리를 사랑하는 자들, 우리의 형제들, 우리의 민족, 우리의 친구들, 우리의 교회를 사랑하는 우리는 이방인들과 세리들과 똑같다. 이런 사랑은 당연하고 정상적이고 자연스러운 사랑이지만, 그리스도인의 사랑은 결코 아니다. 그렇다. 이방인들과 그리스도인들이 행하는

나를 따르라 •

사랑은 참으로 "똑같은 사랑"이다. 혈연, 역사나 우정으로 뭉쳐진 자들에 대한 사랑은 이방인들과 그리스도인들에게 똑같은 사랑이다. 예수는 이러한 사랑에 관해 별로 말하지 않았다.

오직 인간만이 이런 사랑이 무엇인지를 안다. 인간은 이런 사랑을 일으키고 강조하고 끄집어낼 필요가 없다. 이방인들과 그리스도인들에게 자연스러운 본능은 이런 사랑을 인정할 것을 강요한다. 인간이 자신의 형제와 자신의 동족과 자신의 친구를 사랑해야 한다는 사실을 예수는 말할 필요가 없다. 이것은 자명한 사실이다. 예수는 이 사실을 단지 확인할 따름이며, 이에 관해 더는 말할 필요가 없다. 그러므로 예수는 모든 사람들에게 오직 원수를 사랑할 것을 명령한다. 이로써 예수는 사랑이란 무엇이며, 이런 사랑으로부터 무엇을 할 수 있는지를 말한다.

제자와 이방인의 차이는 어디에 있는가? "그리스도인다운 것"의 본질은 무엇인가? 마태복음 5장 전체가 말하는 내용을 이제 앞에서 언급된 내용 안에서 요약한다면, 그리스도인다운 것은 **특별한 것**, 탁월한 것, 비정상적인 것, 자명하지 않은 것이다. 그것은 "더 나은 의"에서 바리새인들을 "능가하는" 것, 그들을 뛰어넘는 것, 더 많은 것, 그들을 넘어서는 것이다. 자연스러운 것은 이방인들과 그리스도인들에게 똑같은 것이다.

그리스도인다운 것은 "탁월한 것"으로부터 출발하고, 바로 이제 여기로부터 자연스러운 것은 비로소 진정한 빛을 발한다. 특별하지 않은 것, 탁월하지 않은 것이 존재하지 않는 곳에서는 그리스도인다운 것도 존재하지 않는다. 그리스도인다운 것은 자연스러운 본능 안에서 일어나는 것이 아니라, 이를 넘어선다. 탁월한 것은 똑같은 것과 결코 같지 않다. 그리스도의 사랑을 조국 사랑, 친구 사랑이나 직업 사랑과 완전히 똑같은 것으로 보고, 더 나은 의를 "시민적 의"와 똑같은 것으로 보는 것은 잘못된 개신교 윤리의 큰 오류다. 예수는 그렇게 말하지 않는다. 그리스도인다운 것은 "탁월성"에 달려 있다. 그리스도인은 "탁월성"에 유념해야 하기 때문에 세상과 똑같을 수 없다.

"탁월성"의 본질은 무엇인가? 그것은 축복선언을 받은 자들, 예수를 따르는 자들의 실존이다. 그것은 빛을 발하는 등불이요, 산 위에 있는 마을이다. 그것은 자기부정, 완전한 사랑, 완전한 순결, 완전한 진실, 완전한 비폭력의 길이다. 여기서 그것은 원수에 대한 온전한 사랑이요, 아무도 사랑하지 않고 아무에게도 사랑을 받지 못하는 자에 대한 사랑이다. 그것은 종교적·정치적·개인적인 원수에 대한 사랑이다. 그것은 한마디로 예수 그리스도의 십자가에서 성취된 길이다.

"탁월성"이란 무엇인가? 그것은 고난과 순종 가운데서 십자가로 나아가는 예수 그리스도 자신의 사랑이다. 그것은 십자가다. 그리스도인의 특별함은 그로 하여금 세상을 넘어서게 하고, 바로 그래서 세상을 이기게 하는 십자가다. 십자가에 못 박힌 자의 사랑 안에 있는 고난, 이것이야말로 그리스도인의 "탁월성"이다.

탁월성은 분명히 보이는 것이다. 이로 말미암아 하늘 아 버지는 찬양을 받게 되신다. 탁월성은 숨겨질 수 없다. 사람들 은 탁월성을 반드시 보게 된다. 예수를 따르는 자들의 공동체, 더 나은 의의 공동체는 보이는 공동체요, 세상의 질서들과 구 분되는 공동체다. 이 공동체는 그리스도의 십자가를 얻기 위 해 모든 것을 버렸다.

그리스도인의 특별함은 무슨 일을 **하는가**? 탁월한 것은 - 이것은 가장 큰 걸림돌이다. - 예수를 따르는 자들의 **행동**이 다. 그것은 - 더 나은 의처럼 - 실행되어야 하고, 보여야 한다! 그리스도인의 행동이 윤리적으로 엄격하다는 뜻이 아니며, 그 리스도인의 생활양식이 중심을 벗어난다는 뜻도 아니다. 그리 스도인은 예수의 뜻에 단순하게 순종한다는 뜻이다. 이런 행 동이 "특별한 것"으로 입증되는 것은 그리스도의 고난으로 인 도될 때다. 이런 행동 자체가 계속적인 고난이다. 이런 행동 안에서 그리스도는 자신의 제자들에 의해 고난을 받는다. 만 약 그렇지 않다면, 이것은 예수가 생각하는 **이러한** 행위가 아 니다. 따라서 탁월성은 율법을 성취하는 것이요, 계명을 지키 는 것이다. 십자가에 못 박힌 그리스도 안에서, 그리고 그의 공 동체 안에서 "탁월성"은 사건이 된다.

하늘 아버지처럼 온전한 사랑 안에서 완전한 자들이 여기에 있다. 만약 그들의 사랑이 우리를 위해 자신의 아들을 십자가에 내어주신 아버지의 온전하고 완전한 사랑이었다면, 이런 십자가 공동체의 고난은 예수를 따르는 자들의 완전성이다. 완전한 자들은 바로 축복을 받은 자들이다.

마태복음 6장 그리스도인의 삶의 은밀성에 관해

1. 은밀한 의

> 사람에게 보이려고 그들 앞에서 너희 의를 행하지 않도록 주의하라. 그리하지 아니하면 하늘에 계신 너희 아버지께 상을 받지 못하느니라. 그러므로 구제할 때에 외식하는 자가 사람에게서 영광을 받으려고 회당과 거리에서 하는 것 같이 너희 앞에 나팔을 불지 마라. 진실로 너희에게 이르노니, 그들은 자기 상을 이미 받았느니라. 너는 구제할 때에 오른손이 하는 것을 왼손이 모르게 하여 네 구제함을 은밀하게 하라. 은밀한 중에 보시는 너의 아버지께서 갚으시리라. (마 6:1-4)

마태복음 5장은 제자들의 공동체의 가시성에 관해 말했고, 그들의 "탁월한 삶"에서 절정에 도달하였다. 제자들의 삶은 세상을 뛰어넘는 것, 세상을 능가하는 것, 탁월한 것으로 이해되어야 한다는 것이다. 이제 마태복음 6장은 탁월성을 바로 이어가며, 탁월성의 이중적 성격을 설명한다. 만약 제자들이 그리스도인다운 것, 제자의 길에 합당한 것, 탁월성을 강요하기 위해 세상의 질서를 무시하고 파괴하면서 이 땅에 하늘나라를 세우려고 한다면, 만약 제자들이 광신도들처럼 이 시대에 무관심한 채 새로운 세계의 탁월성만 실현하고 보여주려고 한다면, 만약 제자들이 온갖 급진주의와 비타협주의와 함께 세상과 분리되려고 한다면, 그들의 완전한 오해의 위험은 너무나 크다.

그러나 제자들은 - 물론 자유롭고, 새롭고, 감격적이지만 - 이 세상에서 경건한 생활 형태와 실천 방안을 다시금 설교해야 한다고 착각하기 매우 쉬웠다. 그리고 단지 믿을 뿐만 아니라 자신의 눈으로 그 어떤 것을 보고 싶은 마음의 갈망을 마침내 채울 수만 있다면, 경건한 육신은 탁월한 것과 가난과 진실성과 고난을 얼마나 기꺼이 감수하려고 하겠는가! 여기서 제자들은 경건한 생활 형태와 말씀에 대한 순종을 매우 밀접하게 연결하고, 이 둘을 더는 분리하지 않음으로써 경계선을 조금 옮겨 보려는 준비도 분명히 했을 것이다. 이런 시도는 참으로 탁월한 것을 마침내 실현하려는 한 가지 목적을 위해 일어났다.

　　거꾸로 탁월성에 관한 예수의 말씀을 단지 기다리기만 하다가 결국에는 예수를 점점 더 거칠게 비난하는 사람들도 곧바로 등장했다. 세상을 근본적으로 개혁하기를 원하고, 제자들에게 세상을 버리고 새로운 세상을 세울 것을 요구한 광신자들과 혁명적인 열광주의자들은 바로 여기서 자신의 모습을 드러냈다. 그러나 이것은 구약성서의 말씀에 대한 순종인가? 이것은 그들이 이 세상에서 세우려는, 스스로 선택하고 완성한 자신의 의(義)가 아닌가? 예수는 자신이 준 모든 계명을 반드시 좌절시키는 세상의 죄를 전혀 모르는가? 예수는 죄를 추방하기 위해 주어진 하나님의 분명한 계명을 전혀 모르는가? 그가 요구한 탁월한 삶은 모든 열광주의의 시작이었던 영적인 교만을 증명하지 않는가?

아니다. 바로 탁월한 것이 아니라 완전히 일상적인 것, 정상적인 것, 숨겨진 것이야말로 진정한 순종과 진정한 겸손의 표지다. 만약 예수가 제자들에게 백성 안으로, 자신의 직업 안으로, 자신의 책임 안으로, 서기관들이 백성에게 해석해 준 율법에 대한 순종 안으로 들어가라고 가르쳤다면, 예수는 경건한 자, 참으로 겸손한 자, 순종하는 자로 보였을 것이다. 예수는 더 진지한 경건 활동과 더 엄격한 순종을 위한 하나의 강력한 자극을 주었을 것이다. 예수는 서기관들도 알고 있는 것을 가르쳤을 것이다. 물론 예수는 진정한 경건과 의는 단지 외적인 행위만이 아니라 마음의 생각에도 있고, 단지 마음의 생각만이 아니라 바로 행위에도 있다는 사실을 즐거이 강조했을 것이다. 그것은 참으로 백성이 요구했고 그 누구도 벗어날 수 없었던 "더 나은 의"였을 것이다.

그러나 이제는 모든 것이 무너졌다. 사람들은 예수를 겸손한 율법 선생으로 보지 않고, 교만한 광신자로 보았다. 물론 모든 시대에 광신자들의 설교는 인간의 마음, 곧 인간의 고상한 마음을 감동시키는 법을 알고 있었다. 그러나 율법 선생들은 선하고 고귀한 모든 사람의 마음 안에서도 육신의 소리가 나온다는 사실을 몰랐는가? 그들은 경건한 육신이 인간에게 가하는 이런 폭력을 스스로 몰랐는가?

예수는 괴물 키메라를 사로잡기 위한 투쟁에서 땅의 가장

선한 아들들과 신실하게 믿는 자들을 무익하게 희생했다. 탁
월성, 그것은 참으로 경건한 사람의 마음에서 우러나오는, 완
전히 자발적인 행위였다. 그것은 하나님의 계명을 단순하게
순종하기를 거부하는 인간의 자유의 승리였다. 그것은 율법이
결코 허락하지 않는, 인간의 금지된 자기 정당화였다. 그것은
율법이 비난할 수밖에 없는 무절제한 자기 성화였다. 그것은
부자유한 순종을 거부하는 자유로운 행위였다. 그것은 하나님
의 교회의 파괴요, 신앙의 부정이었다. 그것은 율법 모독이었
고, 하나님 모독이었다. 예수가 가르친 탁월성은 율법 앞에서
죽음의 형벌을 받을 만한 것이었다.

　이 모든 것에 대해 예수는 무엇을 말하는가? "사람에게
보이려고 그들 앞에서 너희 의를 행하지 않도록 주의하라." 탁
월성을 향한 부름은 뒤따름의 크고 피할 수 없는 위험이다. 그
러므로 이러한 탁월성에 주의해야 하며, 뒤따름을 이렇게 보
여주는 것에 주의해야 한다. 예수는 성급하게, 집요하게, 일방
적으로 뒤따름을 즐거워하는 것을 중지시킨다. 예수는 탁월성
에 하나의 가시를 찔러 주었다. 예수는 반성을 요구한다.

　제자들은 오직 반성 속에서만 이러한 탁월성을 지녀야 한
다. 제자들은 탁월성에 주의해야 한다. 다시 말하면, 사람에게
보이려고 탁월한 일을 해서는 안 된다. 탁월한 일을 위해 탁월
한 일을 해서는 안 된다. 사람에게 보이려고 보이는 일을 해서
는 안 된다. 제자들의 더 나은 의가 그 자체로서 목적이 되어서

는 안 된다. 물론 탁월한 일은 보여야 하고, 탁월한 일은 일어나야 한다. 그러나 사람에게 보이기 **위해** 탁월한 일이 일어나서는 안 된다.

뒤따름이 보일 수밖에 없는 하나의 이유가 있다. 그것은 곧 예수의 부름이다. 그러나 그 자체가 목표는 아니다. 만약 그렇게 된다면, 뒤따름은 다시금 눈앞에서 사라져 버리고, 한순간에 멈추어 버리며, 중단되어 버릴 것이다. 우리의 발길은 우리가 멈추고 싶었던 자리에서 앞으로 나아가지 못하고, 같은 순간에 출발지로 되돌아가고 말 것이다. 우리는 더는 예수를 따르는 자가 아니라는 사실을 알아야 한다. 뒤따름은 보이기 마련이다. 그러나 역설적으로 말한다면, 사람들에게 보이지 않도록 주의해야 한다. "너희 빛을 사람들 앞에 비추라."(5:16) 그러나 은밀하도록 주의하라!

여기서 마태복음 5장과 6장은 강하게 충돌한다. 보이는 것은 동시에 숨겨져 있어야 한다. 보이는 것은 동시에 보이지 않아야 한다. 반성의 목적은 바로 우리의 탁월성에 대해 반성하지 않는 것이어야 한다. 우리의 의에 대한 조심은 바로 우리의 의에 대해 조심하지 않도록 도와준다. 만약 그렇지 않다면, 탁월성은 더는 뒤따름의 탁월성이 아니라, 자신의 의지와 욕망의 탁월성이다.

이러한 모순은 어떻게 이해되어야 하는가? **첫째로,** 우리는 뒤따름의 보임이 누구에게 숨겨져야 하는지를 묻게 된다.

뒤따름은 남들에게 숨겨져서는 안 된다. 오히려 남들은 예수의 제자들이 비추는 빛을 보아야 한다. 그러나 보이는 일을 하는 사람에게 그것은 숨겨져야 한다. 제자는 항상 예수를 따라다녀야 하며, 앞서 가는 예수를 보아야 한다. 그러나 제자는 자기 자신을, 그리고 자신이 행한 것을 바라보아서는 안 된다. 예수를 따르는 자는 자신의 의로움 안에서 자기 자신에게 숨겨져 있다. 제자들은 당연히 탁월한 것도 본다. 바로 그런 점에서 그는 자기 자신에게 숨겨져 있다. 제자들은 오직 예수를 봄으로써만 그것을 본다. 바로 여기서도 제자는 그것을 더는 탁월한 것으로 여기지 않고 당연한 것으로, 정상적인 것으로 여긴다. 그러므로 그에게 보이는 것은 실제로 숨겨져 있다. 다시 말하면, 그것은 예수의 말씀에 대한 **순종** 안에 숨겨져 있다.

만약 제자가 탁월한 것을 탁월한 것으로 중요하게 생각한다면, 그는 자신의 힘으로부터, 자신의 육신으로부터 열광적으로 행동한 셈이다. 그러나 예수의 제자는 주를 단순히 섬기는 가운데서 행동한다. 그렇기 때문에 그는 탁월한 것을 오직 순종의 당연한 행위로 여긴다. 예수의 말씀에 따르면, 예수의 제자는 참으로 세상의 빛을 비추는 등불이 아닐 수 없다. 이를 위해 그가 하는 일은 전혀 없다. 오직 주를 보면서 주를 따를 때에만 그는 빛이다. 따라서 그리스도인이 된다는 것은 **필연적으로**, 다시 말하면, **존재론적으로** 탁월한 것이다. 그렇기 때문에 그것은 동시에 정상적인 일이요, **숨겨진** 일이기도 하다.

나를 따르라 •

만약 그렇지 않다면, 그것은 그리스도인다운 것이 아니며, 예수 그리스도의 뜻에 순종하는 것이 아니다.

둘째로, 우리는 다음과 같이 묻게 된다. 그렇다면 이제 예수를 따르는 행동의 내용에서 보이는 것과 숨겨진 것의 일치는 본질적으로 무엇인가? 어떻게 똑같은 것이 보이면서 동시에 숨겨질 수 있는가? 이러한 질문에 대답하기 위해서는 마태복음 5장의 결론을 되돌아보는 것으로 충분하다. 탁월한 것, 보이는 것은 그리스도의 십자가다. 제자들은 그리스도의 십자가 아래 있다. 십자가는 필연적이고 숨겨진 것인 동시에 보이고 탁월한 것이기도 하다.

셋째로, 우리는 다음과 같이 묻게 된다. 마태복음 5장과 6장 사이에 존재하는 모순은 어떻게 해결될 수 있는가? 뒤따름의 개념 자체가 이 문제를 해결한다. 뒤따름은 오직 예수 그리스도에게만 매이는 것이다. 따라서 예수를 따르는 자는 항상 오직 주만을 보며, 오직 주만을 따른다. 만약 그가 탁월한 것 자체를 본다면, 그는 더는 예수를 따르지 않는 셈이다. 예수를 따르는 자는 단순한 순종 가운데서 주의 탁월한 뜻을 행하며, 모든 일에서 오직 당연한 일을 행할 수밖에 없다는 사실을 안다.

예수를 따르는 자가 해야 할 유일한 반성은 전혀 알지 못한 채, 전혀 반성하지 않은 채, 순종하고 따르고 사랑하는 것을 지향한다. 너희가 선을 행할 때, 오른손이 한 것을 왼손이 모르게 하라. 너는 네 자신의 선행을 기억해서는 안 된다. 만약 그렇지 않는다면, 그것은 그리스도의 선행이 아니라 참으로 **너의** 선행이 된다. 그리스도의 선, 뒤따름 속의 선은 알지 못하는 중에 일어난다. 사랑의 참된 행위는 항상 내게 숨겨져 있는 행위다. 너희는 이를 알지 못하도록 조심하라! 하나님의 선은 오직 그러할 따름이다. 만약 내가 나의 선과 나의 사랑을 알기를 원한다면, 그것은 이미 더는 사랑이 아니다. 원수에 대한 탁월한 사랑도 예수를 따르는 자에게는 숨겨져 있다. 만약 원수를 사랑한다면, 그는 참으로 원수를 더는 원수로 생각하지 않는다. 이러한 맹목성, 아니 그리스도의 빛을 받는 제자의 눈길은 그리스도의 확신이다. 자기 자신 앞에 감춰져 있는 제자의 생명은 그리스도의 약속이다.

숨겨짐은 드러남과 상응한다. 드러나지 않는 것은 숨겨져 있지 않다. 이것은 하나님으로부터 일어나는 일이다. 하나님 앞에서 숨겨져 있는 모든 것은 이미 드러나 있다. 하나님은 우리에게 숨겨진 것을 가리키고 보여주기를 원하신다. 드러남은 하나님이 마련하신 숨겨짐의 보상이다. 다만 어디서, 그리고 누구로부터 사람이 이러한 드러남의 보상을 받는지가 문제다. 만약 그가 사람들 앞에서 이처럼 드러나기를 갈망한다면, 그는 이미 자신의 보상을 받은 셈이다. 여기서 그가 남들 앞에서 드러나는 투박한 형태의 보상을 추구하든, 자기 자신 앞에서 드러나는 정교한 형태의 보상을 추구하든, 둘 사이에는 아

나를 따르라 •

무런 차이가 없다. 오른손이 하는 일을 왼손이 알 때, 내가 나의 숨겨진 선을 내 자신 앞에서 드러낼 때, 내가 내 자신의 선행을 알리고 할 때, 나는 하나님이 내게 주기를 원하시는 공개적인 보상을 이미 받은 셈이다. 나는 내 자신의 숨겨진 모습을 드러내는 자다. 나는 하나님이 내게 친히 보여주실 때까지 기다리지 않는다. 그러므로 나는 이미 보상을 받은 셈이다.

그러나 자기 자신 앞에서 끝까지 숨겨져 있는 자는 하나님이 드러내시는 보상을 받을 것이다. 누가 이렇게 탁월한 것을 은밀하게 행하며 살아갈 수 있는가? 누가 왼손이 하는 일을 오른손이 알지 못하게 살아갈 수 있는가? 마지막 날까지 자기 자신을 알지 못하고 자기 자신 앞에서 숨겨져 있는 사랑은 어떤 사랑인가? 다음과 같은 사실은 분명하다. 이 사랑은 숨겨져 있는 사랑이기 때문에 일종의 보이는 미덕, 인간의 한 가지 태도일 수 없다. 참된 사랑을 사랑할 만한 가치를 지니는 미덕과 혼동하지 않도록, 인간의 "자질"과 혼동하지 않도록 조심하라!

참된 사랑은 말의 참된 의미 그대로 자신을 망각한 사랑이다. 그러나 자신을 망각한 이 사랑 안에서 옛 사람은 그의 모든 미덕과 자질과 함께 죽어야 한다. 자신을 망각한, 오직 그리스도에게만 매어 있는 제자들의 사랑 안에서 옛 아담은 죽는다. "오른손이 하는 것을 왼손이 모르게 하라."는 구절은 옛 사람의 죽음을 선포한다. 다시 말하면, 누가 마태복음 5장과 6장을 일치시키며 살아갈 수 있는가? 그리스도로 말미암아 옛 사람이 죽고 뒤따름의 공동체 안에서 새로운 생명을 발견한 자만이 그렇게 살 수 있다. 단순한 순종의 행위인 사랑은 그리스도의 의(義) 안에서, 그리고 형제 안에서 자신을 다시 발견한 옛 인간에게 일어나는 죽음이다. 이제부터는 그가 사는 것이 아니라, 그 안에서 그리스도가 산다. 예수를 따르는 자 안에 살아 있는 것은 십자가에서 옛 사람을 죽음에 넘겨주는 그리스도의 사랑이다. 이제 그는 오직 그리스도 안에서만, 그리고 오직 형제 안에서만 자신을 발견한다.

2. 기도의 은밀성

또 너희는 기도할 때에 외식하는 자와 같이 하지 마라. 그들은 사람에게 보이려고 회당과 큰 거리 어귀에 서서 기도하기를 좋아하느니라. 내가 진실로 너희에게 이르노니, 그들은 자기 상을 이미 받았느니라. 너는 기도할 때에 네 골방에 들어가 문을 닫고 은밀한 중에 계신 네 아버지께 기도하라. 은밀한 중에 보시는 네 아버지께서 갚으시리라. 또 기도할 때에 이방인과 같이 중언부언하지 마라. 그들은 말을 많이 하여야 들으실 줄 생각하느니라. 그러므로 그들을 본받지 마라. 구하기 전에 너희에게 있어야 할 것을 하나님 너희 아버지께서 아시느니라. (마 6:5-8)

예수는 자신의 제자들에게 기도하는 법을 가르친다. 이것은 무엇을 의미하는가? 우리가 기도할 수 있다는 것은 당연한 사실이 아니다. 물론 기도는 인간의 마음의 하나의 자연스러운 욕구다. 그러나 바로 그런 점에서 기도는 하나님 앞에서 정

나를 따르라 •

당성을 갖지 못한다. 엄격한 훈련과 연습 속에서 이루어지는 곳에서도 기도는 아무런 열매를 맺지 못할 수도 있고, 아무런 약속을 받지 못할 수도 있다.

　제자들이 기도할 수 있는 까닭은 아버지를 알고 있는 예수가 그들에게 기도를 말하기 때문이다. 예수는 하나님이 기도를 들어주신다고 제자들에게 약속한다. 제자들이 기도할 수 있는 까닭은 오직 그들이 예수의 공동체 안에 있고, 예수를 따르기 때문이다. 예수에게 매어 있고 예수를 따르는 자는 예수를 통해 아버지에게 나아갈 수 있다. 그러므로 모든 올바른 기도는 중재된 기도다. 중재되지 않은 기도는 존재하지 않는다. 기도 속에서도 우리는 아버지에게 직접 나아갈 수 없다. 오직 예수 그리스도를 통해서만 우리는 기도 속에서 아버지를 만날 수 있다. 기도의 전제는 믿음이요, 그리스도에 매어 있음이다. 그리스도는 우리의 기도의 유일한 중보자다. 우리는 그의 말씀을 의지하고 기도한다. 따라서 우리의 기도는 항상 그의 말씀에 매어 있는 기도다.

　우리는 그리스도를 통해 우리가 믿는 하나님에게 기도한다. 따라서 우리의 기도는 결코 하나님을 부르는 주문(呪文)일 수 없으며, 우리는 하나님 앞에서 더는 우리를 소개할 필요가 없다. 우리가 기도하기 전에 하나님이 우리에게 무엇이 필요한지를 미리 알고 계시다는 사실을 알아도 좋다. 그래서 우리는 강한 신뢰와 즐거운 확신 속에서 기도할 수 있다. 오래전부터 우리를 알고 계시는 하나님 아버지의 마음을 사로잡는 것은 기도의 형식과 많은 말이 아니라 믿음이다.

올바른 기도는 하나의 공로, 하나의 훈련, 하나의 경건한 자세가 아니다. 그것은 아버지의 마음을 향한 어린아이의 호소다. 그러므로 기도는 하나님 앞에서, 자기 자신 앞에서, 남들 앞에서 전혀 과시하지 않는다. 만약 하나님이 내게 무엇이 필요한지를 알지 못하신다면, **어떻게** 하나님에게 말해야 하고, **무엇을** 하나님에게 말해야 하며, 하나님에게 그것을 말해야 하는지 **여부**를 깊이 생각해야 할 것이다. 따라서 나의 기도의 출발점인 믿음은 모든 성찰과 모든 과시를 배제한다.

기도는 완전히 은밀한 것이다. 기도는 어떤 방식으로든 공개되어서는 안 된다. 기도하는 자는 더는 자기 자신을 알지 못하며, 오직 자신을 부르시는 하나님만을 안다. 기도는 세상 안으로 영향을 미치는 것이 아니라 오직 하나님만을 지향하기 때문에 과시와 완전히 무관한 행동이다.

물론 여기서도 기도가 은밀한 것을 드러내는 과시 행위로 변질될 가능성이 존재한다. 이런 변질은 단지 수다로 바뀌는 공개적인 기도를 통해서만 일어나는 것이 아니다. 오늘날 이런 일은 아주 드물게 일어난다. 나는 내 자신을 내 기도의 관찰자로 만들 수 있다. 나는 내 자신 앞에서 기도할 수 있다. 이런 경우에 나는 만족한 관찰자로서 이런 상황을 즐길 수 있고, 이런 상황을 어색하게 여기거나 부끄럽게 여길 수 있다. 이런 기

나를 따르라 •

도는 아무런 차이가 없으며, 참으로 훨씬 더 부패한 기도다. 길거리 위의 공개적인 기도는 단지 내가 자신을 위해 준비한 공개적인 기도의 한 가지 순진한 형태일 따름이다. 나는 내 골방 안에서도 과시하는 태도를 보일 수 있다. 이런 정도까지 우리는 예수의 말씀을 왜곡할 수 있다.

그렇다면 내가 추구하는 공개적인 기도의 본질은 바로 내가 기도하는 사람임과 동시에 기도를 듣는 사람이 된다는 사실에 있다. 내가 내 자신에게 귀를 기울인다. 내가 내 자신에게 응답한다. 하나님의 응답을 기다리고 싶지 않기 때문에, 장차 일어날 하나님의 응답을 보고 싶지 않기 때문에 내가 나에게 스스로 응답한다. 나는 내가 경건하게 기도했다고 스스로 확신한다. 그리고 이런 확신 속에서 나는 나의 기도가 응답되었다고 만족한다. 나의 기도는 응답되었다. 나는 이미 내 보상을 받았다. 내가 스스로 기도에 응답했기 때문에 하나님은 나의 기도에 응답해 주시지 않을 것이다. 내가 공개적인 기도에 스스로 보상했기 때문에 하나님은 나를 위해 더는 보상하시지 않을 것이다.

만약 내가 내 자신 앞에서 확신하지 못한다면, 예수가 말한 골방이란 무엇인가? 나를 쳐다보는 자가 기도의 은밀성을 깨뜨리지 못하도록, 그리고 그가 은밀한 기도의 보상을 빼앗아가지 못하도록 어떻게 내가 나의 골방을 든든히 잠글 수 있는가? 내가 어떻게 내 앞에서, 나의 생각 앞에서 내 자신을 지킬 수 있는가? 내가 어떻게 나의 생각을 통해 나의 생각을 죽일 수 있는가? 말씀은 떨어졌다. 나의 기도로써 그 어떤 방식으로 나 자신을 주장하려는 나 자신의 의지는 죽어야 하고, 죽임을 당해야 한다. 예수의 공동체 안에서, 예수를 따르는 가운데서 오직 예수의 의지만이 나를 지배하고 나의 모든 의지가 예수의 의지에 굴복할 때, 나의 의지는 죽는다.

그래야 비로소 나는 내가 기도하기 전에 내게 무엇이 필요한지를 미리 알고 계시는 하나님의 뜻이 일어나기를 기도할 수 있다. 오직 나의 기도가 예수의 뜻으로부터 나올 때에만 나의 기도는 확신에 넘치고, 강하고, 순수하다. 그래야 비로소 기도는 참으로 **간구**가 된다. 어린아이는 자신을 잘 알고 있는 **아버지**에게 간구한다. 일반적인 경배가 아니라 간구야말로 그리스도인의 기도의 본질이다. 그리스도인은 하나님에게 손을 벌려 기도한다. 그는 하나님이 아버지의 마음을 품고 계신다는 사실을 안다. 이것이야말로 하나님 앞에서 인간이 취할 태도다.

비록 올바른 기도도 하나의 은밀한 기도이지만, 이로써 기도의 공동체가 배제된 것은 분명히 아니다. 비록 그 위험성이 매우 분명히 드러났지만 말이다. 교회의 예식서에 따라서 기도하든, 무엇을 위해 기도해야 할지를 몰라서 탄식하며 기도하든, 중요한 것은 거리에서 기도해야 하는가, 아니면 골방에서 기도해야 하는가가 아니다. 기도의 길고 짧음도 중요하

나를 따르라 •

지 않다. 홀로 기도해야 하는가, 아니면 공동체 안에서 기도해야 하는가도 중요하지 않다. 중요한 것은 다음과 같은 인식이다. "너희 아버지는 너희에게 있어야 할 것을 아신다." 기도하는 자는 오직 하나님만을 바라본다. 그러므로 예수의 제자는 잘못된 공로 신앙을 벗어버린다.

그러므로 너희는 이렇게 기도하라. 하늘에 계신 우리 아버지여, 이름이 거룩히 여김을 받으시오며, 나라가 임하시오며 뜻이 하늘에서 이루어진 것 같이 땅에서도 이루어지이다. 오늘 우리에게 일용할 양식을 주시옵고, 우리가 우리에게 죄 지은 자를 사하여 준 것 같이 우리 죄를 사하여 주시옵고, 우리를 시험에 들게 하지 마시옵고, 다만 악에서 구하시옵소서. 나라와 권세와 영광이 아버지께 영원히 있사옵나이다. 너희가 사람의 잘못을 용서하면 너희 하늘 아버지께서도 너희 잘못을 용서하시려니와, 너희가 사람의 잘못을 용서하지 아니하면 너희 아버지께서도 너희 잘못을 용서하지 아니하시리라. (마 6:9-15)

예수는 제자들이 **어떻게** 기도해야 할지를 말했을 뿐만 아니라, **무엇을** 기도해야 할지도 말했다. 주기도문은 제자들의 기도를 위한 하나의 실례가 아니다. 제자들은 예수가 가르친 대로 **기도해야** 한다. 이렇게 기도하는 그들에게 하나님은 분명히 응답하신다. 주기도문은 완전한 기도다. 제자들의 모든 기도의 본질과 한계는 주기도문에 있다. 여기서도 예수는 제자들을 무지 속에 버려두지 않는다. 예수는 주기도문으로써 그들에게 기도의 본질을 완전하게 밝혀준다.

"하늘에 계신 우리 아버지여" - 예수를 따르는 자들은 사랑하는 자녀들에게 무엇이 필요한지를 이미 다 알고 계시는 하늘 아버지를 한 목소리로 부른다. 그들은 자신들을 묶어 주는 예수의 부름으로 말미암아 형제가 되었다. 그들은 예수 안에서 하나님의 우정을 인식했다. 그들은 하나님의 아들의 이름으로 하나님을 아버지라고 부를 수 있게 되었다. 그들은 땅에 있고, 그들의 하나님은 하늘에 계신다. 하나님은 그들을 내려다보시지만, 그들은 하나님을 올려다본다.

"이름이 거룩히 여김을 받으시오며" - 예수 그리스도 안에서 제자들에게 계시된 하나님 아버지의 이름은 제자들 가운데서 거룩히 여김을 받아야 한다. 왜냐하면 이 이름 안에 모든 복음이 포함되어 있기 때문이다. 거짓된 교리와 불결한 생활로 말미암아 하나님의 거룩한 복음이 흐려지고 더럽혀지지 않게 하소서. 예수 그리스도 안에서 하나님의 거룩한 이름이 제자들에게 계속 드러나게 하소서. 모든 설교자가 구원의 복음을 더 큰 소리로 선포하도록 인도하소서. 유혹하는 자들을 막아주시고, 하나님의 이름을 모독하는 원수들을 돌이켜 주소서.

"나라가 임하시오며" - 예수 그리스도 안에서 제자들은 하나님의 나라가 이 땅으로 돌입하는 것을 경험했다. 예수 그리스도 안에서 사탄은 정복되었고, 세상과 죄와 죽음의 세력은 무너졌다. 그렇지만 하나님의 나라는 아직도 고난과 투쟁 가운데 있다. 부름을 받은 자들의 작은 공동체는 고난과 투쟁

나를 따르라 •

에 참여한다. 그들은 새로운 의(義) 안에서 하나님의 왕적인 통치 아래 있지만, 박해 가운데 있다. 이 땅에 예수 그리스도의 나라가 그의 공동체 안에서 성장하게 하시고, 이 세상의 나라를 속히 끝장내시며, 예수 그리스도의 나라가 권세와 영광 가운데서 오게 하소서.

"뜻이 하늘에서 이루어진 것 같이 땅에서도 이루어지이다." - 예수 그리스도의 공동체 안에서 제자들은 그들의 뜻을 하나님에 뜻에 완전히 내어맡겼다. 그들은 하나님의 뜻이 온 땅에 이루어지기를 기도한다. 그 어떤 피조물도 하나님의 뜻을 거역하지 않기를 기도한다. 그러나 제자들 가운데도 예수의 공동체로부터 벗어나려는 악한 의지가 여전히 살아 있다. 그러므로 그들은 하나님의 뜻이 그들 안에서 날마다 더욱더 지배하고 모든 저항을 무너뜨리기를 기도한다. 마지막으로 그들은 온 세상이 하나님의 뜻에 굴복하고, 기쁘거나 슬프거나 감사하며 하나님의 뜻을 따르기를 기도한다. 하늘과 땅이 하나님에게 순종하기를 기도한다.

예수의 제자들은 특히 하나님의 이름, 하나님의 나라, 하나님의 뜻을 위해 기도해야 한다. 하나님에게 이런 기도가 필요한 것은 아니다. 그러나 이런 기도를 통해 제자들은 그들이 간구하는 하늘의 보물을 받게 될 것이다. 또한 그들은 이런 기도를 통해 종말이 더 빨리 오도록 도울 수 있다.

"오늘날 우리에게 일용할 양식을 주시옵고." - 이 땅에 발을 붙이고 살아가는 한, 제자들은 하늘 아버지에게 육신적 생명의 보물을 간구하기를 부끄러워해서는 안 된다. 인간들을 땅 위에 창조하신 하나님은 그들의 몸이 유지되고 보호되기를 원하신다. 하나님은 자신의 피조물이 업신여김을 받는 것을 원하시지 않는다. 제자들이 간구하는 것은 공동의 양식이다. 그 어떤 사람도 양식을 독점해서는 안 된다. 제자들은 또한 하나님이 온 땅에 있는 그의 모든 자녀들에게 일용할 양식을 주시기를 기도한다. 왜냐하면 그들은 그들의 육신의 형제들이기 때문이다. 제자들은 땅에서 자라나는 양식이 위로부터 내려오며, 그것이 오직 하나님의 선물이라는 것을 알고 있다. 그러므로 그들은 양식을 움켜쥐지 않고, 양식을 위해 간구한다. 양식은 하나님으로부터 오는 것이다. 그러므로 양식은 매일 새롭게 온다. 제자들은 양식의 저장을 위해 기도하지 않고, 하나님의 일용할 선물을 위해 기도한다. 이로 말미암아 제자들은 예수의 공동체 안에서 생명을 연장할 수 있으며, 생명을 연장해 주시는 하나님의 자비로운 은혜를 찬양한다. 이런 기도 속에서 제자들의 믿음은 시험대 위에 놓여진다. 그들은 하나님이 그들에게 가장 좋은 것을 주시려고 살아서 활동하신다는 사실을 믿는가!

"우리가 우리에게 죄 지은 자를 사해 준 것 같이 우리의 죄를 사하여 주시옵고." - 제자들은 자신들의 죄를 인식하기 때문에 날마다 탄식한다. 예수의 공동체 안에서 죄를 짓지 않

나를 따르라 •

아야 할 자들이 온갖 불신앙과 기도의 태만, 육체적인 방탕 때문에, 온갖 자만과 시기와 미움과 야심 때문에 매일 죄를 짓는다. 그러므로 그들은 매일 하나님의 용서를 구해야 한다. 그러나 하나님은 그들도 서로 간에 그들의 죄를 형제처럼, 그리고 기꺼이 용서해 줄 때에만 그들의 기도를 들어주기를 원하신다. 따라서 그들은 하나님 앞에서 그들의 죄를 함께 지며, 은혜를 함께 간구한다. 하나님, 나의 죄만이 아니라 우리의 죄를 용서하소서.

"우리를 시험에 들게 하지 마시옵고" - 제자들의 시험은 다양하다. 사탄은 그들을 모든 방향에서 공격하며, 그들을 넘어뜨리기를 원한다. 잘못된 확신과 불신앙적인 의심은 그들을 격렬하게 사로잡는다. 자신들의 연약성을 알고 있는 제자들은 믿음의 힘을 입증하려고 시험을 유발하지 않는다. 그들은 하나님이 그들의 연약한 믿음을 시험하시지 않기를 기도하며, 시련의 시간에 그들을 지켜 주시기를 기도한다.

"다만 악에서 구하시옵소서." - 마지막으로 제자들은 악한 이 세상으로부터 장차 구원받기를, 그리고 하늘나라를 물려받기를 기도해야 한다. 이것은 종말의 구원을 위한, 그리고 마지막 시대에 교회가 구원받기를 위한 기도다.

"권세와 영광이 아버지께 영원히 있사옵나이다." - 제자들은 **예수 그리스도**와의 사귐으로부터 이러한 확신을 매일 새롭게 얻는다. **그들의 모든 기도의 성취는 예수 그리스도 안에**

놓여 있다. 예수 그리스도 안에서 하나님의 이름은 거룩히 여김을 받는다. 예수 그리스도 안에서 하나님 나라는 온다. 예수 그리스도 안에서 하나님의 뜻은 이루어진다. 예수 그리스도 때문에 제자들의 육체적 생명이 보존된다. 예수 그리스도 때문에 그들은 사죄를 받는다. 예수 그리스도의 능력 안에서 그들은 영생의 구원을 받는다. 아버지의 사귐 안에서 나라와 권세와 영광은 영원히 예수 그리스도에게 속해 있다. 이것을 제자들은 확신한다.

마치 기도를 요약하려는 듯이, 예수는 다시금 모든 것이 제자들의 용서에 달려 있고, 이러한 용서는 오직 죄인들의 공동체인 그들에게만 주어진다는 사실을 말한다.

3. 경건 훈련의 은밀성

> 금식할 때에 너희는 외식하는 자들과 같이 슬픈 기색을 보이지 마라. 그들은 금식하는 것을 사람에게 보이려고 얼굴을 흉하게 하느니라. 내가 진실로 너희에게 이르노니, 그들은 자기 상을 이미 받았느니라. 너는 금식할 때에 머리에 기름을 바르고 얼굴을 씻으라. 이는 금식하는 자로 사람에게 보이지 않고 오직 은밀한 중에 계신 네 아버지께 보이게 하려 함이라. 은밀한 중에 보시는 네 아버지께서 갚으시리라. (마 6:16-18)

예수는 제자들이 금식의 경건 훈련을 하는 것을 당연한 일로 전제한다. 제자들의 삶은 절제 속에서 엄격하게 훈련되어야 한다. 이러한 훈련의 유일한 목적은 제자들로 하여금 자신들이 가야 할 길과 자신들이 행해야 할 일을 기꺼이, 그리고 기쁘게 받아들이도록 하는 것이다. 섬기려고 하지 않는 이기적이고 게으른 의지는 징계를 받으며, 육체는 굴욕과 형벌을 받는다. 절제 훈련 속에서 세상은 그리스도인의 삶이 세상과는 동떨어져 있는 것임을 분명히 느끼게 된다. 금욕의 훈련을 전혀 하지 않고, 시민적 의(justitia civilis)에 따라서 "허용되는 한" 육체의 모든 욕망을 허용하는 삶은 그리스도의 봉사를 어렵게 할 것이다. 배부른 육체는 기도하기를 좋아하지 않으며, 금욕적인 봉사를 감수하지 않는다.

따라서 제자들의 삶은 엄격한 외적인 훈련이 필요하다. 이를 통해 육체의 의지가 비로소 꺾일 수 있다는 뜻이 아니며, 예수에 대한 믿음이 아닌 다른 그 어떤 것을 통해 옛 사람이 매일 죽을 수 있다는 뜻도 아니다. 그러나 믿는 자, 자신의 의지를 꺾고 따르는 자, 예수 그리스도 때문에 옛 인간의 죽음을 경험하는 자는 자신의 육체의 반항과 나날의 오만을 알고 있다. 그는 자신의 태만과 방종을 알고 있으며, 이것이 깨어져야 할 교만의 뿌리임을 알고 있다.

이것은 나날의 탁월한 훈련을 통해 일어난다. "마음은 원하지만 육체가 약하다."는 사실을 제자들도 경험한다. 그러므로 "깨어서 기도해야" 한다. 영혼은 제자들의 길을 알며, 이 길을 가기를 원한다. 그러나 육체는 너무 두렵고, 제자의 길은 너무 어렵고, 너무 불안정하며, 너무 힘들다. 따라서 영혼은 침묵하고 만다. 영혼은 "원수를 무조건 사랑하라!"는 예수의 계명을 인정하지만, 육체와 피는 너무 강해서 행동하지 못한다. 따라서 육체는 날마다, 그리고 탁월하게 훈련하고 길들임으로써 자신에게는 아무런 권리도 없다는 사실을 경험해야 한다. 매일 규칙적으로 기도하고 하나님의 말씀을 매일 읽는 것이 도움이 된다. 육체적인 훈련과 절제를 모두 실천하는 것이 도움이 된다.

날마다 겸손해지기를 거부하는 육체의 저항은 처음에는 전면에서 일어나지만, 나중에는 영의 말씀 뒤에, 다시 말하면, 복음적인 자유라는 이름 안에 숨어 버린다. 율법적인 강요와 자기 학대와 고행을 거부하는 복음적인 자유를 위해 정당하고 복음적인 훈련과 절제를 원칙적으로 배제할 때, 그리스도인의 자유라는 이름으로 기도와 말씀 읽기와 육체적인 삶의 방종과 무질서를 정당화할 때, 바로 그때 예수의 말씀에 대한 저항은 분명히 드러난다. 바로 그때 사람들은 제자들의 일상적인 삶이 세상과는 동떨어져 있다는 사실을 더는 알지 못하며, 올바른 훈련을 통해 경험하는 제자들의 삶의 기쁨과 참된 자유도 알지 못한다.

그러나 봉사하기를 거부한다는 사실을 깨달을 때, 자신의 마음이 마비되어 있다는 사실을 깨달을 때, 생소한 삶을 살았고 생소한 잘못을 범했다는 사실을 깨달을 때, 하나님에 대한 기쁨이 줄어든다는 사실을 깨달을 때, 기도할 힘이 완전히 사라졌다는 사실을 깨달을 때, 그리스도인은 훈련과 금식과 기도(눅 2:37, 4:2; 막 9:29; 고전 7:5)를 통해 더 잘 봉사하기 위해 자신의 육체를 공격하기 시작한다. "그리스도인은 금욕하기보다는 믿음과 말씀을 의지해야 한다."는 항의는 완전히 공허한 이론이다. 이런 항의는 무자비하며, 도와줄 힘도 없다. 믿음 안에서 살아간다는 것이 육체에 맞선 영혼의 끝없는 전면적인 투쟁이 아니라면, 그것은 도대체 무엇이란 말인가? 기도를 게을리하고 성서의 말씀이 귀찮아지고 수면과 음식과 성욕 때문에 하나님에 대한 기쁨을 계속 잃어가는 자가 어떻게 믿음 안에서 살아가려고 하겠는가?

금욕은 스스로 선택한 고난이다. 그것은 능동적 고난이지, 수동적 고난이 아니다. 바로 그런 점에서 금욕은 매우 위험하다. 금욕은 고난을 통해 예수 그리스도와 똑같아지고 싶은 불신앙적인 경건한 소원을 늘 숨기고 있다. 또한 금욕은 그리스도의 고난을 대신 지고 그리스도의 고난의 활동을 스스로 완성해야 한다는 요구, 곧 옛 사람을 죽여야 한다는 요구를 항상 품고 있다. 여기서 금욕은 그리스도의 구원 활동의 강렬하고 궁극적인 진지함을 사칭한다. 여기서 금욕은 자신을 엄청난 힘으로 과시한다. 오직 그리스도의 고난 때문에 더 잘 섬기고 더욱더 겸손해지려는 자발적인 고난은 여기서 주의 고난 자체를 무섭게 왜곡하기에 이른다. 이제 금욕은 보이기를 원한다. 이제 금욕은 동료들에게 무자비하고 생생한 비난거리가 된다. 왜냐하면 금욕은 구원의 길이 되었기 때문이다. 인간이 보상을 추구할 때, 이러한 "공개성" 속에서 그는 이미 보상을 받았다.

"머리에 기름을 바르고 얼굴을 씻으라."는 말씀도 참으로 세련된 향락이나 자기 자랑의 기회가 될 수 있다. 그렇다면 말씀은 위장물로서 곡해된 셈이다. 그러나 예수는 제자들에게 자발적인 금욕 중에도 완전히 겸손하라고 말하고, 금욕을 비난이나 율법처럼 무겁게 지지 말고 금욕을 도리어 감사히 여기고 즐거워하라고 말하며, 항상 주를 섬기라고 말한다. 이것은 제자들의 즐거운 얼굴이 그리스도인의 전형적인 모습이 되어야 한다는 뜻이 아니라, 그리스도인의 행위가 참으로 은밀해야 한다는 뜻이다. 눈이 자기 자신을 보지 못하고 오직 남만을 보듯이, 자기 자신도 알지 못할 만큼 겸손해야 한다는 뜻이다. 이처럼 은밀한 행위는 언젠가 드러날 것이지만, 자기 자신을 통해서가 아니라 오직 하나님을 통해서만 드러날 것이다.

4. 근심 없는 삶의 단순함

너희를 위하여 보물을 땅에 쌓아 두지 마라. 거기는 좀과 동록이 해하며 도둑이 구멍을 뚫고 도둑질하느니라. 오직 너희를 위하여 보물을 하늘에 쌓아 두라. 거기는 좀이나 동록이 해하지 못하며 도둑이 구멍을 뚫지도 못하고 도둑질도 못하느니라. 네 보물이 있는 그곳에는 네 마음도 있

나를 따르라 •

느니라. 눈은 몸의 등불이니, 그러므로 네 눈이 성하면 온 몸이 밝을 것이요, 눈이 나쁘면 온 몸이 어두울 것이니, 그러므로 네게 있는 빛이 어두우면 그 어둠이 얼마나 더하겠느냐? 한 사람이 두 주인을 섬기지 못할 것이니, 혹 이를 미워하고 저를 사랑하거나 혹 이를 중히 여기고 저를 경히 여김이라. 너희가 하나님과 재물을 겸하여 섬기지 못하느니라. (마 6:19-24)

제자의 삶은 그리스도와 자신 사이에 그 어떤 것도 끼어들지 않는다는 사실에서 입증된다. 율법도, 자신의 경건도, 세상도 끼어들지 못한다. 제자는 항상 오직 그리스도만을 바라본다. 제자는 그리스도와 **함께** 율법을, 그리스도와 **함께** 경건을, 그리스도와 **함께** 세상을 바라보지 않는다. 제자는 이러한 생각을 전혀 하지 않고, 모든 일에서 오직 그리스도만을 따른다. 따라서 제자의 눈은 단순하다. 왜냐하면 그는 그리스도로부터 나오는, 그리고 어둡지 않고 모호하지 않은 빛을 전적으로 바라보기 때문이다.

몸이 밝으려면 눈이 단순하고 맑고 깨끗해야 하듯이, 손과 발이 오직 눈으로부터만 빛을 받아들이듯이, 눈이 흐려지면 발이 헛딛고 손이 헛짚듯이, 눈이 침침하면 온 몸이 어둠 속에 있듯이, 오직 그리스도만을 바라보고 이것저것을 바라보지 않는 한에서만 눈은 밝다. 따라서 제자의 마음은 오직 그리스도만을 바라보아야 한다. 만약 눈이 현실적인 것이 아닌 다른 것을 바라본다면, 온 몸은 속임을 당한다. 만약 마음이 세상의 겉모습에 매달리고 창조주보다는 피조물에 매달린다면, 제자는 구원을 잃어버린다.

제자의 마음을 다른 곳으로 돌리려고 하는 것은 세상의 재물이다. 제자의 마음은 어디를 바라보는가? 이것이 문제다. 그의 마음이 세상의 재물을 바라보는가? 아니면 그리스도와 **함께** 재물도 바라보는가? 아니면 오직 그리스도만을 바라보는가? 몸의 빛은 눈이며, 제자의 빛은 마음이다. 만약 눈이 어두우면, 몸도 그처럼 반드시 어둡다. 만약 마음이 어두우면, 제자의 마음도 그처럼 반드시 어둡다. 만약 마음이 세상의 재물에 매달리면, 마음은 어두워진다. 아무리 강력한 예수의 부름도 되돌아오며, 사람의 마음 안으로 들어가지 못한다. 왜냐하면 마음이 닫혀 있고, 다른 것을 바라보기 때문이다. 눈이 나쁘면 빛이 몸 안으로 들어가지 못하듯이, 제자의 마음이 닫혀 있으면 예수의 말씀이 그의 마음 안으로 들어가지 못한다. "근심과 재물과 세상의 욕망 아래" 뿌려진 말씀은 가시덤불 아래 뿌려진 씨앗처럼 질식하고 만다.(눅 8:40)

눈과 마음의 단순함은 그리스도의 말씀과 부름 외에는 알지 못하는, 그리고 그리스도와 온전한 사귐을 나누는 경건 훈련의 은밀함과 상응한다. 제자는 어떻게 세상의 재물을 단순하게 취급하는가?

예수는 제자들에게 재물 사용을 금지하지 않았다. 예수는 사람이었고, 자신의 제자들처럼 먹고 마셨다. 이를 통해 예수는 세상의 재물을 깨끗하게 사용하게 했다. 제자들은 손이 사용하는 물건과 육체가 매일 먹어야 하는 음식을 감사하게 사용해야 한다.

> 나그네처럼
> 자유롭게, 알몸으로,
> 참으로 빈손으로 살아야 한다.
> 많이 모으고 움켜쥐고 거래하는 것은
> 우리의 발걸음을 단지 무겁게 한다.
> 욕망하는 자는 재물에 깔려 죽으리라.
> 우리는 작은 것에 만족하며,
> 호젓하게 여행하리라.
> 꼭 필요한 것만을 사용하리라.
> (테르스테겐)

재물은 사용하기 위해 주어진 것이며, 모으기 위해 주어진 것이 아니다. 이스라엘이 광야에서 하나님으로부터 만나를 매일 받았고, 먹을 것과 마실 것을 염려할 필요가 없었듯이, 다음 날을 위해 보관된 만나는 곧바로 썩어 버렸듯이, 예수의 제자는 하나님으로부터 필요한 것을 매일 받아야 한다. 만약 재물을 오래 소유하기 위해 쌓아둔다면, 그는 재물과 자기 자신을 부패시킨다. 마음은 모아놓은 재물에 매달린다. 쌓아올린 재물은 나와 하나님 사이에 끼어든다. 나의 재물이 있는 곳에 나의 믿음과 나의 확신과 나의 위로와 나의 하나님이 존재한

다. 재물은 우상숭배다.[8]

그러나 내가 사용해야 할 재물과 내가 소유해서는 안 될 재물 사이의 경계선은 어디에 그어져 있는가? 다시금 명제로 되돌아가서 말하자면, 너의 마음이 걸려 있는 그것이 너의 재물이다. 그렇다면 대답은 이미 주어진 셈이다. 그것은 아주 하찮은 재물일 수 있다. 중요한 것은 크기가 아니라 오직 마음, 오직 너다. 그렇지만 나는 계속 묻게 된다. 나의 마음이 어디에 걸려 있는지를 내가 어떻게 알 수 있는가? 여기서도 대답은 단순하고 분명하다. 모든 것보다 하나님을 더 사랑하지 못하게 너를 방해하는 모든 것, 너와 예수에 대한 순종 사이에 끼어드는 모든 것이 바로 너의 마음이 걸려 있는 재물이다.

인간의 마음은 재물에 걸려 있다. 예수도 인간이 재물을 가져야 한다고 말한다.[9] 그러나 재물이 무너지는 이 세상에서가 아니라 재물이 항상 존재하는 하늘에서 재물을 가져야 한다. 예수가 말하는 하늘의 "재물"이란 분명히 하나의 재물, 곧 예수 자신이 아니라 참으로 예수를 따르는 자들이 모은 재물이다. 여기서 하나의 위대한 약속이 주어졌다. 예수를 따르는 제자는 사라지지 않는 하늘의 재물을 얻는다. 이 재물은 그를

---

8) 바울의 악덕목록에 매음과 탐욕이 언제나 나란히 등장하고, 이 둘이 우상 숭배로 간주되는 것은 우연이 아니다.
9) 예수가 인간의 마음에서 그것이 필요로 하는 것, 곧 보물, 존경, 명예를 빼앗지 않는다는 사실에 주목해야 한다. 그러나 예수는 인간에게 다른 것들, 곧 하나님의 칭찬(요 5:44), 십자가의 명예(갈 6:14), 하늘의 보물을 준다.

기다리고 있고, 그는 하늘의 보물과 일치될 것이다. 이 보물은 제자의 탁월하고 은밀한 삶이 아닐 수 있겠는가? 이 보물은 제자들이 삶 속에서 지고 가는 그리스도의 고난의 열매가 아닐 수 있겠는가?

만약 제자가 자신의 마음을 오직 하나님에게만 걸고 있다면, 결코 두 주인을 섬길 **수 없다**는 사실은 그에게 분명하다. 그럴 수 없다. 예수를 따르는 자에게 그것은 불가능하다. 두 주인, 곧 맘몬과 하나님을 섬기고 두 주인에게 제한된 권리를 부여함으로써 자신의 지혜와 경험을 증명할 수 있다고 생각하는 그리스도인들이 존재할 수 있다. 우리가 바로 하나님의 자녀로서 좋은 선물을 즐기고 재물을 하나님의 축복으로 받아들이는 이 세상의 즐거운 자녀가 되어서는 안 될 이유가 무엇인가? 하나님과 세상, 하나님과 재물은 서로 대립한다. 왜냐하면 세상과 재물은 마음을 사로잡기 때문이고, 우리의 마음을 얻음으로써 비로소 자신의 정체를 드러내기 때문이다. 우리의 마음이 없이는 재물과 세상은 아무것도 아니다. 이것은 우리의 마음을 먹고 살아간다. 그래서 이것들은 하나님에게 저항한다. 우리는 오직 하나에게만 우리의 마음을 온전한 사랑 안에서 줄 수 있으며, 오직 하나의 주만을 전적으로 의지할 수 있다.

이런 사랑을 거부하는 것은 미움에 떨어진다. 예수의 말씀에 따르면, 우리는 하나님을 사랑하거나 미워할 수밖에 없다. 만약 우리가 하나님을 사랑하지 않는다면, 하나님을 미워하는 셈이다. 중립 지역은 없다. 하나님이 하나님이신 까닭은 하나님이 오직 사랑을 받거나 오직 미움을 받을 수 있기 때문이다. 여기서는 오직 양자택일만이 존재한다. 너는 하나님을 사랑하거나, 세상의 재물을 사랑한다. 만약 네가 세상을 사랑한다면, 너는 하나님을 미워한다. 만약 네가 하나님을 사랑한다면, 너는 세상을 미워한다.

네가 그렇게 되기를 원하는지, 네가 의식적으로 그렇게 하는지는 전혀 중요하지 않다. 분명히 너는 그렇게 하기를 원하지 않을 것이다. 그리고 너는 네가 무엇을 하는지를 알지도 못할 것이다. 아니 너는 그렇게 하기를 **원하지** 않고, 참으로 두 주인을 섬기기를 **원한다**. 너는 하나님과 재물을 사랑하기를 원한다. 따라서 네가 하나님을 미워한다는 사실을 너는 항상 하나의 거짓으로 여길 것이다. 네가 생각하듯이, 너는 참으로 하나님을 사랑한다. 그러나 만약 우리가 하나님을 사랑하고 세상의 재물도 사랑한다면, 하나님에 대한 사랑은 미움이고, 우리의 눈은 더는 단순하지 않으며, 우리의 마음은 더는 예수의 공동체 안에 있지 않다. 우리가 원하든 원하지 아니하든, 상황은 달라질 수 없다. 너희, 곧 예수를 따르는 자들은 결코 두 주인을 섬길 수 없다.

그러므로 내가 너희에게 이르노니, 목숨을 위하여 무엇을 먹을까 무엇을 마실까 몸을 위하여 무엇을 입을까 염려하지 마라. 목숨이 음식보다

중하지 아니하며, 몸이 의복보다 중하지 아니하냐? 공중의 새를 보라. 심지도 않고 거두지도 않고 창고에 모아들이지도 아니하되 너희 하늘 아버지께서 기르시나니, 너희는 이것들보다 귀하지 아니하냐? 너희 중에 누가 염려함으로 그 키를 한 자라도 더할 수 있겠느냐? 또 너희가 어찌 의복을 위하여 염려하느냐? 들의 백합화가 어떻게 자라는가 생각하여 보라. 수고도 아니하고 길쌈도 아니하느니라. 그러나 내가 너희에게 말하노니, 솔로몬의 모든 영광으로도 입은 것이 이 꽃 하나만 같지 못하였느니라. 오늘 있다가 내일 아궁이에 던져지는 들풀도 하나님이 이렇게 입히시거든, 하물며 너희일까 보냐. 믿음이 작은 자들아, 그러므로 염려하여 이르기를 무엇을 먹을까 무엇을 마실까 무엇을 입을까 하지 마라. 이는 다 이방인들이 구하는 것이라. 너희 하늘 아버지께서 이 모든 것이 너희에게 있어야 할 줄을 아시느니라. 그런즉 너희는 먼저 그의 나라와 그의 의를 구하라. 그리하면 이 모든 것을 너희에게 더하시리라. 그러므로 내일 일을 위하여 염려하지 마라. 내일 일은 내일이 염려할 것이요, 한 날의 괴로움은 그 날로 족하니라. (마 6:25-34)

염려하지 마라! 재물은 안전과 평안을 줄 것처럼 인간의 마음을 속인다. 그러나 실제로 재물은 바로 염려의 원인이 된다. 재물에 매달리는 마음은 재물과 함께 숨이 막히는 염려의 짐도 받는다. 염려가 재물을 만들지만, 재물은 다시금 염려를 만든다. 우리는 재물을 통해 우리의 삶을 안전하게 만들기를 원한다. 우리는 염려를 통해 염려 없이 살기를 원한다. 그러나 실제로는 정반대의 결과가 나온다. 우리를 재물에 얽어매고 재물을 꽉 붙잡고 있는 사슬은 바로 염려 자체다.

재물의 오용은 본질적으로 재물을 내일을 위한 안전장치로 사용한다는 사실에 있다. 염려는 항상 내일을 향해 있다.

그러나 재물은 엄격한 의미에서 오직 오늘만을 위해 주어진 것이다. 바로 내일을 위한 안전장치가 나를 오늘 매우 불안하게 한다. 한 날의 괴로움은 그 날로 족하다. 내일을 하나님의 손에 전적으로 맡기고, 생존에 필요한 것을 오늘 전적으로 받는 자만이 참으로 안전하다. 날마다 재물을 받게 되면, 나는 내일로부터 자유롭게 된다. 내일을 생각하게 되면, 나는 끝없는 염려에 빠지게 된다.

"내일을 위해 염려하지 마라!" 이 말씀은 가난한 자들과 비참한 자들을, - 인간적으로 말하면 - 오늘 염려하지 않으면 내일 굶주리게 되는 자들을 조롱하는 말씀이 될 수도 있고, 사람들이 반감을 품고 배척하는 참을 수 없는 율법이 될 수도 있다. 그러나 이 말씀은 사랑하는 아들을 주신 하늘 아버지를 모시고 있는 하나님의 자녀들의 자유에 관한 특별한 선포다. 하늘 아버지가 어찌 자신의 아들과 함께 모든 것을 우리에게 주시지 않겠는가?

"내일을 위해 염려하지 마라." 이 말씀은 생활의 지혜로, 율법으로 이해되어서는 안 된다. 이것은 오직 예수 그리스도에 관한 복음으로 이해되어야 한다. 오직 예수를 인식한 그의 제자들만이 이 말씀에서 예수 그리스도의 아버지의 사랑의 확언을 들으며, 모든 것으로부터 벗어나는 자유를 얻는다. 제자를 염려 없이 살게 하는 것은 염려가 아니라, 그리스도에 대한 믿음이다. 우리가 전혀 염려**할 수** 없다는 사실을 그는 이제 안

나를 따르라 •

다.(27절) 우리는 다음 날, 다음 시간을 전혀 소유하지 못한다. 마치 우리가 완전히 염려할 수 있는 듯이 그렇게 행동하는 것은 무의미하다. 우리는 참으로 세상의 상태를 전혀 바꿀 수 없다. 하나님이 세상을 다스리기 때문에 오직 하나님만이 염려하실 수 있다. 우리는 염려할 수 없다. 우리는 완전히 무력하다. 그러므로 우리는 염려해서는 **안 된다.** 우리의 염려는 하나님의 통치를 사칭하는 것이다.

또한 예수를 따르는 자는 단지 염려할 수 없고 염려해서는 안 된다는 사실만이 아니라 염려할 필요가 없다는 사실도 알고 있다. 일용할 양식을 마련해 주는 것은 염려와 노동이 아니라, 오직 하나님 아버지다. 새와 백합은 노동하지 않으며, 길쌈하지도 않는다. 그래도 그들은 먹이를 얻고, 옷을 입는다. 그들은 염려하지 않아도 매일 필요한 것을 얻는다. 그들은 오직 매일의 생명을 위해서만 세상의 재물이 필요하다. 그들은 세상의 재물을 쌓아올리지 않는다. 바로 그래서 그들은 하나님을 찬양한다. 그들은 열심과 노동과 염려를 통해 살아가는 것이 아니라, 하나님이 주시는 선물을 매일, 단순히 받음으로써 살아간다. 따라서 새와 백합은 제자들에게 모범이 된다. 예수는 불신앙 속에서 고안된 노동과 양식의 필연적인 고리를 끊어버린다. 예수는 일용할 양식을 노동의 대가로 찬양하지 않는다. 오히려 예수는 자신의 길을 함께 가며 모든 것을 하나님으로부터 받는 자의 염려 없는 단순성에 관해 말한다.

"이제 어떤 동물도 자신의 양식을 위해 일하지 않는다. 모든 동물마다 자신의 일이 있고, 자신의 일을 찾으며, 자신의 먹이를 얻는다. 새는 날고, 노래하고, 둥지를 만들며, 새끼를 낳는다. 이것은 새가 하는 일이다. 그러나 새가 이런 일을 하기 때문에 먹이를 얻는 것은 아니다. 소는 밭을 갈고, 말은 짐을 운반하고 싸우며, 양은 털과 우유와 치즈를 준다. 이것은 그들이 하는 일이다. 그러나 그들이 이런 일을 하기 때문에 먹이를 얻는 것은 아니다. 땅은 풀을 내고, 하나님의 축복으로 말미암아 자란다. 인간도 일해야 하고, 뭔가를 해야 한다. 그렇지만 인간은 자신을 먹여 살리시는 다른 분이 계시다는 사실도 알아야 한다. 왜냐하면 인간의 일은 하나님의 풍성한 축복이기 때문이다. 물론 하나님이 일하지 않는 인간에게는 아무것도 주시지 않기 때문에 마치 인간이 자신의 일 때문에 살아가는 것처럼 보인다. 물론 새는 심지도 않고, 거두지도 않는다. 그러나 만약 새가 먹이를 위해 날지 않고 먹이를 구하지 않는다면, 새는 굶어 죽을 수밖에 없다. 그러나 새가 먹이를 발견하는 것은 그의 노동 때문이 아니라 하나님의 자비 때문이다. 그렇지 않다면, 새가 먹이를 발견하도록 누가 먹이를 놓아두었다는 말인가? 만약 하나님이 놓아두시지 않았다면, 그 누구도 그 어떤 것을 발견하지 못할 것이고, 온 세상은 죽도록 일하고 먹이를 구해야 할 것이다." (루터)

새와 백합화도 창조주의 보살핌을 받는데, 하물며 아버지가 날마다 간구하는 자신의 자녀들을 먹이시지 않겠으며, 생활에 필요한 것을 날마다 주시지 않겠는가? 이 땅의 모든 재물은 아버지의 것이며, 아버지는 자신의 자녀들에게 자신의 뜻대로 모든 재물을 나눠주신다. "하나님, 이제 생활에 필요한 것을 날마다 내게 주소서. 하나님은 지붕에 앉아 있는 새들에게도 필요한 것을 주시는데, 어찌 나에게는 필요한 것을 주시

지 않겠는가?"(클라우디우스)

염려는 하나님을 의지하지 않고 자신의 능력과 노동을 의지하는, 믿지 않는 이방인들이 하는 일이다. 이방인들은 염려하는 자들이다. 왜냐하면 그들은 아버지가 우리에게 필요한 것을 알고 계신다는 사실을 알지 못하기 때문이다. 그러므로 그들은 하나님에게 기대할 수 없는 일을 스스로 하려고 한다. 그러나 예수를 따르는 자들은 "먼저 하나님의 나라와 그의 의를 구해야 한다. 그리하면 모든 것은 그들에게 따라올 것이다." 이로써 다음과 같은 사실이 분명해졌다. 음식과 의복을 위한 염려는 하나님의 나라를 위한 염려가 아니다. 마치 우리의 가족과 우리를 위해 노동하는 것과 음식과 집을 위해 염려하는 것이 하나님의 나라를 구하는 일인 듯이, 마치 하나님의 나라가 이러한 염려 안에서만 이루어지는 듯이, 우리는 그렇게 이해하기를 즐겨한다.

그러나 하나님 나라와 하나님의 의는 세상이 우리에게 주는 것과는 전혀 다르다. 그것은 바로 마태복음 5장과 6장이 말하는 의(義), 곧 그리스도의 십자가의 의요, 십자가를 지고 그리스도를 따르는 자의 의다. 예수의 공동체와 그의 계명에 대한 순종이 **먼저** 오고, 다른 모든 것은 그다음에 따라온다. 이둘은 서로 맞물리는 관계가 아니라, 앞서고 뒤서는 관계다. 우리의 생명을 위해, 음식과 의복을 위해, 직업과 가족을 위해 염려하기 **전에** 그리스도의 의를 구해야 한다. 이것은 앞에서 이미 언급한 내용을 최대한 요약한 말에 지나지 않는다.

예수의 이 말씀도 가난하고 비참한 자들에게는 감당하기 어려운 짐이 될 수 있고, 인간의 실존을 파괴하는 이상한 말씀이 될 수 있다. 그러나 이 말씀은 그들을 완전히 기쁘게 하고 철저히 자유롭게 하는 복음 자체다. 예수는 인간이 해야 하지만 할 수 없는 것에 관해 말하는 것이 아니라, 하나님이 우리에게 선사하셨고 아직도 약속하시는 것에 관해 말한다. 만약 그리스도가 우리에게 선물로 주어졌다면, 우리는 그리스도를 따르도록 부름을 받은 셈이다. 그렇다면 그리스도와 함께 모든 것이, 참으로 모든 것이 우리에게 선사되었다.

다른 모든 것은 우리에게 따라올 것이다. 예수를 따르면서 오직 예수의 의(義)만을 바라보는 자는 예수 그리스도와 그의 아버지의 보호를 받는다. 따라서 아버지의 공동체 안에 있는 자에게는 어떤 일도 일어날 수 없다. 아버지가 자신의 자녀들을 잘 먹이실 것이고 굶기시지 않을 것이라는 사실을 그는 더는 의심할 수 없다. 하나님은 적당한 시간에 도와주실 것이다. 아버지는 우리에게 무엇이 필요한지를 아신다.

예수를 오랫동안 따라다닌 제자들은 "너희에게 부족한 것이 있었느냐?"라는 주의 질문에 "주여, 전혀 없었습니다!"라고 대답할 것이다. 굶주림과 헐벗음 속에서도, 박해와 위험 속에서도 예수 그리스도의 공동체를 확신하는 자에게 어찌 부족한 것이 있겠는가?

나를 따르라 •

마태복음 7장 제자 공동체의 선별

1. 제자들과 불신자들

비판을 받지 아니하려거든 비판하지 마라. 너희가 비판하는 그 비판으로 너희가 비판을 받을 것이요, 너희가 헤아리는 그 헤아림으로 너희가 헤아림을 받을 것이니라. 어찌하여 형제의 눈 속에 있는 티는 보고 네 눈 속에 있는 들보는 깨닫지 못하느냐? 보라, 네 눈 속에 들보가 있는데, 어찌하여 형제에게 말하기를 나로 네 눈 속에 있는 티를 빼게 하라 하겠느냐? 외식하는 자여, 먼저 네 눈 속에서 들보를 빼어라. 그 후에야 밝히 보고 형제의 눈 속에서 티를 빼리라. 거룩한 것을 개에게 주지 말며, 너희 진주를 돼지 앞에 던지지 마라. 그들이 그것을 발로 밟고 돌이켜 너희를 찢어 상하게 할까 염려하라. 구하라, 그리하면 너희에게 주실 것이요, 찾으라, 그리하면 찾아낼 것이요, 문을 두드리라, 그리하면 너희에게 열릴 것이니, 구하는 이마다 받을 것이요, 찾는 이는 찾아낼 것이요, 두드리는 이에게는 열릴 것이니라. 너희 중에 누가 아들이 떡을 달라 하는데 돌을 주며, 생선을 달라 하는데 뱀을 줄 사람이 있겠느냐? 너희가 악한 자라도 좋은 것으로 자식에게 줄 줄 알거든, 하물며 하늘에 계신 너희 아버지께서 구하는 자에게 좋은 것으로 주시지 않겠느냐? 그러므로 무엇이든지 남에게 대접을 받고자 하는 대로 너희도 남을 대접하라. 이것이 율법이요, 선지자니라. (마 7:1-12)

5장과 6장의 필연적 관계는 이 구절로 인도하며, 그다음에는 산상설교의 위대한 결론으로 인도한다. 5장은 뒤따름의 탁월성에 관해 말하고, 6장은 제자의 은밀하고 단순한 의(義)에 관해 말한다. 이 두 가지를 통해 예수의 제자들은 지금까지 속해 있던 공동체와 분리되었고, 오직 예수와만 결합되었다. 경계선은 분명하게 드러났다. 그러므로 우리는 제자들이 그들 주위 사람들과 어떤 관계를 맺었는지를 묻게 된다.

제자들은 자신들에게 부여된 남다른 특징을 통해 하나의 특별하고 독자적인 권리를 얻게 되었는가? 그들은 다른 사람 앞에서 일종의 특별한 권위를 요구할 수 있는 능력과 잣대와 은사를 소유하게 되었는가? 만약 예수의 제자들이 예리하고 남다른 판단을 통해 자신들의 주변 인물들과 스스로 단절하였다면, 그럴 가능성은 높다고 할 수 있다. 그렇다. 제자들이 다른 사람들을 매일 만나면서 분리하고 비판하는 이런 판단을 내리는 것을 예수의 뜻으로 생각했을 수도 있다.

그러므로 이런 오해를 통해 제자의 삶이 심각하게 위험해질 수 있다는 사실을 예수는 분명하게 알려야 한다. 제자들은 비판해서는 안 된다. 비판하는 제자들은 스스로 하나님의 심판에 떨어진다. 형제를 찌르는 제자들의 칼날은 바로 그 자신들에게 떨어진다. 의로운 자들이 자신들을 의롭지 못한 자들과 분리하는 것처럼 제자들이 자신들을 남들과 분리하는 칼날은 그 자신들을 예수와 분리한다.

왜 그러한가? 제자는 오직, 그리고 전적으로 예수 그리스도와 결속되어 살아간다. 제자는 오직 이러한 결속을 통해서만 자신의 의를 소유할 수 있으며, 이러한 결속을 떠나서는 결코 자신의 의를 소유하지 못한다. 이러한 결속은 그가 마음대

나를 따르라 •

로 소유하고 사용할 수 있는 잣대가 될 수 없다. 그를 제자로 만드는 것은 그의 삶의 새로운 잣대가 아니라 오직 예수 그리스도, 곧 중보자와 하나님 아들 자신이다. 따라서 그 자신의 의는 예수와의 사귐 안에 숨겨져 있다. 제자는 이제 자신을 보고 관찰하고 판단할 수 없다. 그는 오직 주만 본다. 그는 오직 예수의 시선과 판단과 은혜를 받는다. 따라서 제자와 남들 사이에도 올바른 삶의 잣대가 존재하지 않는다. 둘 사이에는 오직 예수 그리스도 자신만이 존재한다.

제자는 다른 사람을 항상 오직 예수가 다가서는 자로 본다. 제자가 다른 사람을 만나는 까닭은 오직 그가 예수와 함께 그들에게 다가서기 때문이다. 예수는 제자보다 먼저 다른 사람에게 다가서며, 제자는 예수를 따른다. 따라서 제자와 다른 사람의 만남은 서로에게 자신의 견해와 잣대와 판단을 직접 말할 수 있는 사람의 자유로운 만남이 결코 아니다. 제자는 다른 사람을 오직 예수가 다가서는 사람으로서만 만날 수 있다. 여기서 다른 사람을 위한 싸움, 그의 부름, 그의 사랑, 그의 은혜, 그의 심판은 오직 이러한 만남 안에서만 인정된다. 따라서 제자는 다른 사람을 공격할 하나의 입장을 차지하고 있지 않다. 그는 예수의 진실한 사랑성 안에서 다른 사람에게 무조건적인 사귐을 제공한다.

남을 비판할 때, 우리는 거리를 유지하며 그를 관찰한다. 그러나 사랑은 이러한 공간과 시간을 허락하지 않는다. 사랑하는 자에게 남은 결코 바라보는 자의 관찰 대상이 될 수 없다. 그는 항상 나의 사랑과 나의 봉사를 요구한다. 그러나 바로 그를 위해, 그에 대한 사랑 때문에 그의 악(惡)은 나로 하여금 불가피하게 비판하게 만들지 않는가?

우리는 여기서 경계선이 얼마나 날카롭게 그어져 있는지를 인식한다. 죄인에 대한 오해된 사랑은 죄에 대한 사랑과 상당히 가깝다. 그러나 죄인에 대한 그리스도의 사랑은 참으로 죄에 대한 심판이다. 그것은 죄에 대한 미움의 가장 날카로운 표현이다. 예수의 제자가 실천해야 할 무조건적인 사랑은 분열된 사랑으로는, 그리고 자신의 잣대와 자신의 조건에 따라 베푼 사랑으로는 전혀 만들어낼 수 없는 것을 만들어낸다. 그것은 악에 대한 철저한 심판이다.

만약 제자가 비판한다면, 그는 선과 악의 잣대를 세운 셈이다. 그러나 예수 그리스도는 내가 남에게 적용할 수 있는 잣대가 아니다. 그는 내 자신을 심판하는 자요, 나의 선을 악이라고 철저히 폭로하는 자다. 따라서 나는 내게 적용할 수 없는 잣대를 남에게 사용해서는 안 된다. 그렇다. 선과 악에 따라 비판함으로써 나는 바로 악 속에 있는 남을 인정한다. 왜냐하면 남도 선과 악에 따라 비판하기 때문이다.

그러나 그는 자신의 선의 악함을 알지 못하며, 그래서 자신을 정당화한다. 만약 내가 그의 악을 비판한다면, 그는 자신의 선을 증명할 것이다. 그렇지만 그의 선은 결코 그리스도의

나를 따르라 •

선이 아니다. 따라서 그는 그리스도의 심판에서 벗어나서, 인간의 비판 아래 서게 된다. 그러나 나는 하나님의 심판을 스스로 끌어들인다. 왜냐하면 나는 더는 그리스도의 은혜로부터 살지 않고 선과 악에 관한 지식으로부터 살기 때문이고, 내가 붙잡고 있는 비판의 잣대에 떨어지기 때문이다. 각 사람에게 하나님이란 그가 믿는 하나님이다.

비판은 남에 대한 허락되지 않는 반성이다. 비판은 단순한 사랑을 파괴한다. 물론 사랑은 남에 대한 나의 생각과 그의 죄에 대한 인식을 금하지는 않는다. 그러나 나의 생각과 인식은 예수가 내게 보여주는 용서와 무조건적인 사랑을 실천할 수 있는 계기가 됨으로써 반성에서 벗어나게 된다. 남에 대한 나의 비판을 억제한다고 해서, "모든 것을 이해하는 것은 모든 것을 용서하는 것"(tout comprendre c'est tiot pardonner)이라는 주장이 힘을 얻는 것은 아니며, 남에게 다시금 비판의 권리가 주어지는 것도 아니다. 여기서 비판할 권리를 얻는 자는 나도 아니고, 남도 아니다. 오직 하나님에게만 비판의 권리가 주어지며, 하나님은 자신의 은혜와 심판을 선포하신다.

비판은 눈을 멀게 하지만, 사랑은 보게 한다. 비판함으로써 나는 내 자신의 악을 보지 못하며, 남에게 주어진 은혜를 보지 못한다. 그러나 제자는 그리스도의 사랑 안에서 모든 종류의 허물과 죄를 알게 된다. 왜냐하면 제자는 예수 그리스도의 고난을 알고 있고, 이와 동시에 사랑은 다른 사람을 십자가 아래서 용서를 받은 자로 인식하기 때문이다. 사랑은 남을 십자가 아래서 보며, 바로 그래서 사랑은 진리 안에서 본다.

만약 내가 비판을 통해 참으로 악을 제거하기를 원한다면, 나는 나를 진정으로 위협하는 곳에서, 곧 내 자신에게서 악을 찾을 것이다. 그러나 만약 내가 악을 남에게서 찾는다면, 바로 다음과 같은 점이 분명해진다. 남을 비판하는 가운데서도 나는 내 자신의 권리를 찾고 있다. 나는 남을 비판하기 때문에 나의 악은 처벌을 받지 않기를 원한다. 따라서 하나님의 말씀이 나에게는 이웃과 다르게 적용되는 모든 비판의 전제는 가장 위험한 자기기만이다. 나는 용서를 받아야 하지만 남은 비판을 받아야 한다고 말함으로써 나는 하나의 특권을 주장한다. 그러나 제자들은 예수로부터 남에게 내세울 수 있는 자신의 권리를 받지 않는다. 제자들은 오직 예수의 사귐만을 받는다. 그러므로 비판은 이웃에 대한 잘못된 권리를 주장하는 오만한 행위로서 완전히, 그리고 철저히 금지되었다.

그러나 단지 비판의 언어만이 제자에게 금지된 것은 아니다. 남에게 용서를 선포하는 구원의 말도 한계성을 갖고 있다. 제자는 모든 사람에게 언제나 용서의 말을 강요할 능력과 권리를 가지고 있지 않다. 압박하고 따라다니고 끈질기게 개종시키는 것, 자신의 힘으로 남에게 뭔가를 실행하려는 모든 시도는 헛되고 위험하다. 이런 시도가 헛된 까닭은 돼지가 사람들이 던져주는 진주를 알지 못하기 때문이다. 그리고 이런 시

나를 따르라 •

도가 위험한 까닭은 단지 용서의 말이 속된 말로 취급되고, 내가 섬기려는 남이 거룩한 것을 범하는 죄인이 될 뿐만 아니라, 용서를 설교하는 제자가 완고하고 무지한 자들의 맹목적 분노에 의해 상처를 입을 위험에 빠지기 때문이다. 값싼 은혜를 마구 던져주는 것은 세상을 지겹게 만든다. 그래서 세상은 자신이 갈망하지 않는 것을 강요하려는 자들에게 마침내 폭력을 쓰게 된다.

이것은 제자의 활동이 심각하게 제한된다는 것을 의미한다. 이것은 평화의 인사말을 듣지 않으려는 사람들에게 신발의 먼지를 털어버리라고 말하는 마태복음 10장의 가르침과 일치한다. 활동의 한계선을 무시하려는 제자들의 소란, 저항을 고려하지 않는 열정은 복음의 언어를 일종의 승리 이념과 혼동한다. 이념은 저항을 알지 못하고 저항을 고려하지 않는 광신자들을 지원한다. 이념은 강하다. 그러나 하나님의 말씀은 매우 약하기 때문에 사람들의 멸시와 배척을 야기한다. 말씀은 완악한 마음과 닫힌 문을 만난다. 하나님의 말씀은 저항에 직면하고, 저항의 고통을 당한다. 이것은 냉철한 인식이다. 이념에게는 불가능한 것이 없지만, 복음에게는 불가능한 것이 있다. 말씀은 이념보다 약하다. 따라서 말씀을 증언하는 자들도 이념을 선전하는 자들보다 약하다.

그러나 증인은 이처럼 약한 가운데서도 광신주의자들의 병적인 소란으로부터 자유로우며, 참으로 말씀과 함께 고난을 당한다. 만약 제자가 말씀과 함께 도피하고 도망간다면, 만약 제자의 약함이 말씀 자체의 약함이라면, 만약 제자가 도망갈 때에 말씀을 내동댕이치지 않는다면, 그는 도피하고 도망갈 수 있다. 그는 오직 말씀의 종과 도구일 따름이며, 말씀이 약해지려고 할 때에 스스로 강하게 되려고 하지 않는다. 만약 제자가 모든 상황에서, 세상의 모든 수단으로 말씀을 강요하려고 한다면, 그는 하나님의 살아 있는 말씀을 하나의 이념으로 만든 셈이다. 그리고 세상은 자신을 전혀 도울 수 없는 하나의 이념에 정당하게 저항할 것이다.

그러나 제자는 바로 약한 증인으로서 도피하지 않고 머물러 있는 자다. 물론 제자는 오직 하나님의 말씀이 있는 곳에만 머무른다. 말씀이 이처럼 약하다는 것을 전혀 알지 못하는 제자는 하나님의 비하(卑下)의 신비를 깨닫지 못한 자일 것이다. 오직 죄인의 저항을 감수하는 약한 이 말씀만이 참으로 죄인을 철저히 돌이키는 강하고 자비로운 말씀이다. 말씀의 능력은 약함 속에 숨겨져 있다. 말씀의 능력이 드러나는 날은 심판의 날이 될 것이다. 자신의 임무의 한계성을 인식하는 것은 제자에게 부과된 하나의 위대한 임무다. 그러나 잘못 사용된 말씀은 제자에게 상처를 입힐 것이다.

남의 마음이 닫혀 있을 때, 남에게 다가설 수 없을 때, 제자는 어떻게 해야 하는가? 제자는 다음과 같은 사실을 알아야 한다. 그는 남을 지배할 권리나 능력을 가지고 있지 않다. 또

나를 따르라 •

한 그는 남에게 직접 다가설 수 없다. 따라서 남과 마찬가지로 자신을 지배하는 자에게 다가서는 길만이 존재한다. 다음의 내용은 바로 이 점을 말한다.

제자는 기도로 인도된다. 이웃에게 다가서는 길은 오직 하나님을 향한 기도밖에 없다는 사실을 그는 듣게 된다. 심판과 용서는 항상 하나님의 손에 있다. 하나님은 여시고, 닫으신다. 그러나 제자는 구하고, 찾고, 두드려야 한다. 그리하면 하나님은 응답하실 것이다. 남을 위한 불안과 염려는 반드시 기도하게 만든다는 사실을 제자는 알아야 한다. 그의 기도를 위해 주어진 약속은 그가 가진 가장 큰 힘이다.

제자는 자신이 무엇을 구하는지를 안다. 바로 이 점에서 제자의 기도는 이방인의 기도와 다르다. 오직 하나님을 이미 알고 있는 자만이 하나님에게 구할 수 있다. 그가 알지 못하는 것을 어떻게 구할 수 있겠는가? 자신이 무엇을 구하는지를 알지 못하면서 어떻게 구할 수 있겠는가? 따라서 제자는 그리스도가 자신에게 준 약속을 통해서 이미 알게 된 하나님에게 기도한다.

요약하면, 여기서 다음과 같은 사실이 분명해졌다. 남들과 관계를 맺을 때, 제자는 자신의 권리와 자신의 능력을 전혀 가지고 있지 않다. 제자는 전적으로, 그리고 철저히 예수 그리스도의 사귐의 힘으로 살아간다. 예수는 제자에게 하나의 간단한 규범을 제공한다. 이 규범을 통해 가장 단순한 사람은 자신이 남과 올바른 관계를 맺는지, 아니면 불의한 관계를 맺는지를 시험해 볼 수 있다. 그에게 필요한 것은 오직 나와 너의 관계를 바꾸어 보는 것이다. 그에게는 단지 남의 입장에 서 보고 남을 자신의 입장에 서 보는 것만이 필요하다.

"무엇이든지 남에게 대접을 받고자 하는 대로 너희도 남을 대접하라." 바로 이 순간에 제자는 남 앞에서 모든 특권을 잃게 되며, 남에게 던졌던 비난에 대해 변명할 수 없게 된다. 이제 그는 남의 악에 대해 엄격했듯이, 자신 속에 있는 악에 대해서도 매우 엄격하다. 그리고 그가 자기 자신에게 관대하듯이, 남의 악에 대해서도 관대하다. 왜냐하면 우리의 악은 바로 남의 악과 조금도 다르지 않기 때문이다. 심판도 **하나**고, 율법도 **하나**고, 은혜도 **하나**다. 따라서 제자는 남을 만날 때마다 그가 용서를 받았고 그가 이제부터 오직 하나님의 사랑으로 살아간다는 사실을 발견한다. "이것이 율법이요, 선지자나라." 왜냐하면 "네 하나님을 가장 사랑하고, 이웃을 네 자신과 같이 사랑하라."는 계명은 바로 최고의 계명이기 때문이다.

2. 거대한 분리

좁은 문으로 들어가라. 멸망으로 인도하는 문은 크고 그 길이 넓어 그리로 들어가는 자가 많고, 생명으로 인도하는 문은 좁고 길이 협착하여 찾는 자가 적음이라. 거짓 선지자들을 삼가라 양의 옷을 입고 너희에게 나아오나 속에는 노략질하는 이리라. 그들의 열매로 그들을 알지니, 가시

나무에서 포도를, 또는 엉겅퀴에서 무화과를 따겠느냐? 이와 같이 좋은 나무마다 아름다운 열매를 맺고, 못된 나무가 나쁜 열매를 맺나니, 좋은 나무가 나쁜 열매를 맺을 수 없고, 못된 나무가 아름다운 열매를 맺을 수 없느니라. 아름다운 열매를 맺지 아니하는 나무마다 찍혀 불에 던져지느니라. 이러므로 그들의 열매로 그들을 알리라. 나더러 주여, 주여, 하는 자마다 다 천국에 들어갈 것이 아니요, 다만 하늘에 계신 내 아버지의 뜻대로 행하는 자라야 들어가리라. 그날에 많은 사람이 나더러 이르되, 주여, 주여, 우리가 주의 이름으로 선지자 노릇 하며, 주의 이름으로 귀신을 쫓아내며, 주의 이름으로 많은 권능을 행하지 아니하였나이까 하리니, 그때에 내가 그들에게 밝히 말하되, 내가 너희를 도무지 알지 못하니, 불법을 행하는 자들아 내게서 떠나가라 하리라. (마 7:13-23)

예수의 공동체는 예수의 부름을 듣지 않은 자들과는 마음대로 분리될 수 없다. 이 공동체는 약속과 계명을 통해 주로부터 "나를 따르라"는 부름을 받았다. 이 공동체는 이런 부름으로 족하다. 이 공동체는 모든 심판과 모든 분리를 자신의 목적에 따라 선택한 자에게 맡겼다. 그는 행위의 공로로부터가 아니라 그의 은혜로부터 이 공동체를 선택했다. 교회는 분리를 실행할 수 없다. 그러나 부르는 말씀 안에서 분리는 반드시 일어난다.

따라서 하나의 작은 무리, 곧 예수의 제자들은 수많은 사람들과 분리된다. 제자들은 소수이며, 점점 더 소수가 될 것이다. 예수의 말씀은 그들의 활동 결과에 대한 모든 잘못된 희망을 꺾어 버린다. 예수의 제자들은 수(數)를 전혀 신뢰하지 않았다. "좁은 문으로 들어가는 자는 적지만", 다른 사람들은 많고, 점점 더 많아질 것이다. 그러나 그들은 멸망으로 나아간다. 만약 제자들에게 생명, 곧 예수의 영원한 공동체가 약속되지 않았다면, 이러한 상황에서 무엇이 그들을 위로할 수 있겠는가?

제자의 길은 좁다. 비록 이 길에 이미 들어섰더라도, 사람들은 이 길을 지나치기 쉽고, 벗어나기 쉬우며, 잃어버리기 쉽다. 이 길은 찾기 매우 어렵다. 이 길은 참으로 좁고, 양쪽으로 넘어질 위험이 있다. 제자는 이 길을 가야 한다는 탁월한 부름을 받았지만, 그는 이 길을 간다는 사실을 보지 못하고, 알지 못한다. 이것이 좁은 길이다. 예수의 진리를 증언하고 고백하지만, 이 진리의 원수, 예수와 우리의 원수를 예수의 무조건적인 사랑으로 사랑하는 것, 이것이 좁은 길이다. 땅을 차지하게 될 것이라는 예수의 약속을 믿지만, 원수를 알몸으로 만나는 것, 불의를 행하기보다는 차라리 불의를 감수하는 것, 이것이 좁은 길이다. 남의 약점과 불의를 보지만, 그를 전혀 비판하지 않는 것, 그에게는 복음을 전해야 하지만, 돼지에게는 진주를 던지지 않는 것, 이것이 좁은 길이다. 이것은 감당하기 어려운 길이다. 매 순간 추락할 위험이 있다. 이 길을 내게 명령된 길로 인식하고 내 자신을 두려워하면서 이 길을 가는 한, 이 길은 실제로 불가능한 길이다.

그러나 만약 내가 걸음을 뗄 때마다 앞서 가는 예수를 본다면, 만약 오직 예수만을 보고 오직 예수만을 따른다면, 나

나를 따르라 •

는 이 길을 안전하게 걸어갈 것이다. 만약 나의 행위의 위험성을 본다면, 만약 앞서 가는 예수를 보지 않고 길을 본다면, 나의 발은 이미 미끄러진 셈이다. 예수가 곧 길이다. 예수는 좁은 길과 좁은 문이다. 우리는 오직 예수만을 찾아야 한다. 만약 우리가 이 사실을 안다면, 좁은 길에서 예수 그리스도의 십자가의 좁은 문을 거쳐 생명에 이를 것이며, 바로 좁은 이 길이 우리에게 안전한 길이 될 것이다. 두 세상의 시민으로서 세상과 하늘나라의 경계선을 걸어가야 하는 우리에게 하나님의 자녀의 길이 이 세상에서 어찌 넓은 길이 될 수도 있겠는가? 옳은 길은 반드시 좁은 길이다.

19-20절: 교회와 세상의 분리는 이미 일어났다. 그러나 예수의 말씀은 이제 심판하고 분리하면서 교회 안으로 스스로 들어온다. 예수의 제자들 가운데서 분리는 항상 거듭 일어날 수밖에 없다. 제자들은 세상을 단숨에 도피할 수 있다고 생각해서는 안 되며, 작은 무리 안에서 이제는 안전하게 좁은 길에 머물 수 있다고 생각해서는 안 된다. 그들 가운데서 거짓 예언자들이 출현할 것이며, 혼란과 함께 고립도 더 커질 것이다. 겉으로 교회의 한 지체로 보이는 사람이 내 곁에 있다. 예언자와 설교자가 내 곁에 있다. 외모와 말과 행동으로 볼 때에 그는 그리스도인이지만, 속으로는 엉큼한 동기를 가지고 우리에게 다가온다. 속으로 그는 울부짖는 늑대다. 그의 말은 거짓이고, 그의 행동은 속임수다. 그는 자신의 비밀을 잘 감추지만, 은밀

한 가운데서는 어두운 활동을 전개한다.

그가 우리 가운데 있는 것은 예수 그리스도에 대한 믿음이 그를 우리에게 인도했기 때문이 아니라, 마귀가 그를 교회 안으로 끌고 왔기 때문이다. 그는 자신의 생각과 예언을 통해 아마도 권력과 영향력, 돈과 명성을 추구할 것이다. 그는 세상을 추구하며, 그리스도를 추구하지 않는다. 그는 그리스도인이라는 옷 속에 자신의 시커먼 의도를 숨기며, 그리스도인들이 남을 쉽게 믿는 사람들이라는 사실을 알고 있다. 그는 자신의 깨끗한 옷이 자신을 드러내지 않을 것이라고 계산한다. 그는 그리스도인에게는 비판이 금지되어 있고 적당한 시간에 그가 이 사실을 기억한다는 사실도 알고 있다! 아무도 남의 마음을 꿰뚫어 보지 못한다. 따라서 그는 많은 사람을 올바른 길을 떠나도록 유혹한다. 아마도 그는 이 모든 것을 스스로 알지는 못할 것이다. 아마도 그를 부리는 마귀가 자기 자신의 정체를 숨길 것이다.

이제 예수의 이런 경고는 제자들을 큰 불안 속으로 몰아넣었을 것이다. 누가 남을 아는가? 그리스도인이라는 가면 뒤에 거짓이 숨어 있고 유혹이 도사리고 있지 않은지를 누가 아는가? 깊은 불신과 음흉한 관찰과 소심한 심판의 영(靈)이 교회 안으로 들어올 수 있을 것이다. 예수의 이 말씀을 믿고 죄에 빠진 형제를 가혹하게 비판할 수 있을 것이다. 그러나 예수는 교회를 분열시킬 수 있는 이런 불신에서 제자들을 해방한다. 나

나를 따르라 •

뿐 나무는 나쁜 열매를 맺는다고 예수는 말한다. 나쁜 나무는 언젠가 반드시 자신의 정체를 드러낸다. 우리는 남의 마음을 들여다볼 필요가 없다. 나무가 열매를 맺을 때까지 우리는 기다려야 한다. 열매로 나무를 구분할 수 있다. 열매는 오래 가지 못한다. 이 말은 거짓 예언자들의 말과 행동이 다르다는 뜻이 아니라, 껍데기와 알맹이가 다르다는 뜻이다.

인간은 오랫동안 가면을 쓰고 살아갈 수 없다고 예수는 말한다. 열매를 맺을 때가 오고, 나무를 구분할 때가 온다. 조만간 나무의 정체는 드러날 것이다. 나무가 열매를 맺고 싶지 않더라도, 아무 소용이 없다. 열매는 저절로 열린다. 그러므로 한 나무를 다른 나무와 구분할 순간, 곧 수확 시기가 다가오면, 모든 것은 드러날 것이다. 세상과 교회를 구분하는 결단의 때가 온다. 단지 큰 결단만이 아니라 아주 작은 매일의 결단 안에서도 이런 구분은 일어난다. 그때에 나쁜 나무와 좋은 나무는 드러날 것이다. 여기서는 오직 본질만이 살아남고, 껍데기는 사라진다.

이러한 순간에 예수는 껍데기와 알맹이를 분명히 구분하고 자신과 거짓 그리스도인들을 구분할 것을 제자들에게 요구한다. 호기심으로 남을 살펴보아서는 안 되지만, 하나님의 결단을 진실하고 단호하게 인정해야 한다. 매 순간 우리 가운데서 거짓 그리스도인들이 우리와 갈라질 수 있고, 우리가 거짓 그리스도인으로 폭로될 수도 있다. 그러므로 제자들은 예수와 더 견고한 사귐을 나누어야 하며, 예수를 더 신실하게 따라야 한다. 나쁜 나무는 찍혀지고, 불 속으로 던져질 것이다. 화려한 나무도 아무 소용이 없다.

21절: 나를 따르라는 예수의 부름을 통해 분리는 점점 더 깊어진다. 세상과 교회, 거짓 그리스도인과 진정한 그리스도인 사이를 벌려놓은 분리는 이제 믿음을 고백하는 제자들의 무리 속으로 파고든다. "성령으로 아니하고는 아무도 예수를 주시라고 할 수 없느니라."고 바울은 말한다.(고전 12:3) 자신의 이성과 능력과 결단으로는 그 누구도 자신의 생명을 예수에게 맡길 수 없으며, 예수를 주라고 부를 수 없다. 그러나 여기서 바울은 성령이 없어도, 다시 말하면, 예수의 부름이 없어도 예수를 주라고 부를 수 있는 이런 가능성 자체에 주목한다. 그 당시에 예수를 자신의 주라고 부르는 것은 세상적인 이득을 주기는커녕 극도의 위험에 빠뜨리는 고백이었기 때문에 이런 가능성은 이해하기 훨씬 더 어렵다.

"주여, 주여, 하는 자마다 다 하늘나라에 들어가는 것이 아니다." "주여, 주여"는 교회의 신앙고백이다. 이런 신앙을 고백하는 사람이 모두 하늘나라에 들어가는 것은 아니다. 신앙을 고백하는 교회 한가운데서 분리가 일어날 것이다. 신앙고백은 예수에 대한 권리를 주장하지 못한다. 그 누구도 자신의 신앙고백을 증거로 끌어올 수 없다. 우리가 올바른 신앙을 고백하는 교회의 지체라는 사실은 하나님 앞에서 아무런 권리가 되지 못한다. 이런 고백 때문에 우리가 구원을 얻는 것은 아니다. 만약 우리가 그렇게 생각한다면, 부르심의 은혜를 하나님 앞에서 하나의 권리로 만든 이스라엘의 범죄를 짓는 셈이다. 이것은 우리를 부르시는 하나님의 은혜에 맞서 죄를 짓는 일이다.

언젠가 하나님은 우리가 복음적인 사람이었는지를 질문하시지 않고, 우리가 그의 뜻을 행했는지를 질문하실 것이다. 하나님은 모든 사람에게, 그리고 우리에게도 그렇게 질문하실 것이다. 교회의 경계선은 하나의 특권의 경계선이 아니라, 하나님의 은혜로운 선택과 부르심의 경계선이다. "말하는 것"과 "행하는 것", 이것은 여기서 간단히 말과 행위의 관계를 말하는 것이 아니라, 하나님 앞에 있는 인간의 서로 다른 두 가지 태도를 말한다. "주여, 주여, 하는 자"는 여기서 자신의 긍정을 근거로 삼아 하나의 권리를 내세우는 사람이고, "행하는 자"는 여기서 겸손하게 순종하는 사람이다. 전자는 자신의 신앙고백을 통해 자기 자신을 의롭게 만드는 사람이고, 후자는 행하는 자, 하나님의 은혜 위에 집을 세우는 순종하는 사람이다.

여기서 인간의 말은 그 자신의 의(義)와 상관되는 개념이지만, 행위는 은혜와 상관되는 개념이다. 은혜 앞에서 인간은 겸손하게 순종하고 섬기지 않을 수 없다. "주여, 주여, 하는 자"는 성령의 감동이 없이 스스로 예수를 따라나섰거나, 예수의 부름을 자신의 권리로 만들었다. 하나님의 뜻을 행하는 자는 예수의 부름을 받았고, 은혜를 입었다. 그는 순종하고, 따른다. 그는 자신의 부름을 권리로 이해하지 않고, 심판과 은혜로, 하나님의 뜻으로 이해한다. 그는 오직 하나님의 뜻만을 행하기를 원한다. 예수의 은혜는 행하는 자를 요구한다. 따라서 행위는 진정한 겸손이 되고, 진정한 믿음과 진정한 고백은 부르는 자의 은혜가 된다.

22절: 고백하는 자와 행하는 자는 서로 분리되었다. 이제 분리는 마지막에 이르기까지 추진된다. 이제는 지금까지 잘 견디어 왔던 사람들이 마지막으로 말한다. 그들은 행하는 자들이다. 그러나 이제 그들은 자신의 신앙고백을 내세우는 것이 아니라, 자신들의 행위를 내세운다. 그들은 예수의 이름으로 행동했다. 그들은 신앙고백이 의롭게 하지 않는다는 사실을 안다. 그러므로 그들은 떠나갔고, 행위를 통해 사람들 가운데서 예수의 이름을 크게 드러냈다. 이제 그들은 예수 앞에 나오며, 자신들의 행위를 보여준다.

여기서 예수는 자신을 내세우고 자신의 진정한 제자들과 비슷하게 놀라운 일을 행하는 일종의 악마적 신앙의 가능성을 제자들에게 드러낸다. 이런 신앙은 사랑과 기적을 행하고 심지어는 스스로 질병도 낫게 하지만, 예수를 부인하고 예수를 따르기를 거부한다. 이것은 바로 바울이 고린도전서 13장에서 말한 것과 전혀 다르지 않다. 사랑이 없어도, 다시 말하면, 그리스도가 없고 성령이 없어도 설교할 수 있고, 예언할 수 있고,

나를 따르라 •

모든 지식을 소유할 수 있고, 산을 옮길 만한 믿음을 가질 수 있다고 바울은 말한다.

한 걸음 더 나아가 바울은 심지어 사랑이 없어도, 그리스도가 없어도, 성령이 없어도 그리스도교적인 사랑의 활동을 하고 재물을 버리고 순교까지 할 수 있는 가능성에 주목한다. 사랑이 없다는 것은 바로 이 모든 행위 안에서 부르는 자, 곧 예수 그리스도를 따르는 행위가 일어나지 않는다는 뜻이다. 이것은 교회 안에서 존재할 수 있는 가장 깊고 가장 이해하기 어려운 악마적 가능성이다. 이것은 마지막 날에 비로소 일어날 최종적인 분리이지만, 궁극적인 분리가 될 것이다.

그러나 예수를 따르는 자들은 질문하지 않을 수 없다. 그렇다면 이제 예수에게 영접을 받을 사람들과 영접을 받지 못할 사람을 판단할 최종적인 잣대는 어디에 있는가? 누가 영접을 받고, 누가 버림을 받는가? 예수는 최종적으로 버림을 받을 자들에게 다음과 같이 대답한다. "나는 너희를 결코 알지 못한다." 이것은 산상설교의 처음부터 마지막까지 간직되어 온 비밀이다. 유일한 질문은 다음과 같다. 예수가 우리를 알아보는가, 알아보지 못하는가?

만약 예수의 말씀이 최후의 날까지 교회와 세상을 분리하고 그다음에는 교회 안에서도 분리한다는 사실을 우리가 들었다면, 만약 우리의 신앙고백과 우리의 순종이 더는 남아 있지 않다면, 우리는 무엇을 붙잡아야 하는가? 그렇다면 오직 그의 말씀만이 남아 있다. "나는 너를 알고 있다." 이것은 그의 영원한 말씀이요, 그의 영원한 부름이다. 여기서 산상설교의 마지막은 그 첫 번째 말씀과 연결된다. 마지막 심판에서 들려오는 그의 말씀, 이것은 나를 따르라는 그의 부름 안에서 우리에게 들려오는 말씀이다. 오직 그의 말씀, 그의 부름만이 처음부터 끝까지 남아 있다. 이 말씀은 예수를 따르면서 오직 이 말씀만을 붙잡고 의지하는 자를, 다른 모든 것을 버리는 자를 마지막 심판을 통과하도록 지켜줄 것이다. 그의 말씀은 그의 은혜다.

3. 결론

> 그러므로 누구든지 나의 이 말을 듣고 행하는 자는 그 집을 반석 위에 지은 지혜로운 사람 같으니, 비가 내리고 창수가 나고 바람이 불어 그 집에 부딪치되 무너지지 아니하나니, 이는 주추를 반석 위에 놓은 까닭이요, 나의 이 말을 듣고 행하지 아니하는 자는 그 집을 모래 위에 지은 어리석은 사람 같으리니, 비가 내리고 창수가 나고 바람이 불어 그 집에 부딪치매, 무너져 그 무너짐이 심하니라. 예수께서 이 말씀을 마치시매 무리들이 그의 가르치심에 놀라니, 이는 그 가르치시는 것이 권위 있는 자와 같고 그들의 서기관들과 같지 아니함일러라. (마 7:24-29)

우리는 산상설교를 들었고, 아마도 산상설교를 이해했을 것이다. 그러나 누가 산상설교를 올바르게 들었는가? 이 질문에 예수는 마지막으로 대답한다. 예수는 청중이 자신의 말씀을 이제는 그들의 마음에 드는 말씀으로 만들고, 그들의 생활

나를 따르라 •

에 유익해 보이는 것을 추구하고, 이런 가르침이 "현실"과 어떤 관계를 맺는지를 검증하도록 무조건 버려두지 않는다. 예수는 청중이 자신의 말씀을 구멍가게 주인처럼 남용하도록 방치하지 않는다. 예수가 그들에게 말씀을 준 것은 오직 말씀만이 그들을 지배하기 위해서다. 인간적으로 볼 때, 산상설교를 이해하고 해석할 가능성은 무한히 많다. 예수는 오직 한 가지 가능성만을 알고 있다. 곧바로 돌아가서, 순종하라. 해석하고 적용하지 말고, 행하고 순종하라. 오직 이렇게 예수의 말씀은 던져졌다. 다시 말하면, 하나의 이상적인 가능성인 행동에 관해 말하지 말고, 실제로 행동하기를 시작하라.

내가 인정해야 하는 이 말씀, "나는 너를 안다."고 말하는 이 말씀, 나를 즉각 행동하게 만들고 순종하게 만드는 이 말씀은 내가 집을 세울 수 있는 반석이다. 예수의 영원한 말씀에 상응하는 것은 오직 단순한 행동이다. 예수는 말했다. 그의 임무는 말하는 것이고, 우리의 임무는 순종하는 것이다. 오직 행동 안에서만 예수의 말씀은 우리 가운데서 자신의 명예와 자신의 능력과 자신의 권세를 얻는다. 이제 폭풍이 집을 덮칠 수 있다. 예수의 말씀을 통해 만들어진 예수와의 일치를 폭풍은 찢어놓을 수 없다.

행하는 것과 나란히 존재하는 것은 오직 행하지 않는 것이다. 그러나 행동하기를 원하면서 행동하지 않을 도리는 없다. 행함이 아닌 다른 방법으로 예수의 말씀을 대하는 자는 예수를 부인하고, 산상설교를 거부하며, 그의 말씀을 행하지 않는다. 질문과 논쟁과 해석에만 온통 매달리는 것은 행하지 않는 것이다. 누가복음 10장에 나오는 부자 청년과 서기관은 바로 그렇게 한 사람들이다.

내가 이 말씀 앞에서 나의 믿음과 나의 원칙적인 인정을 아무리 높이 주장하더라도, 예수는 나를 행동하지 않는 자라고 말한다. 그러나 내가 행하기를 원하지 않는 말씀은 내가 집을 지을 수 있는 반석이 아니다. 이런 방식으로는 예수와 일치할 수 없다. 예수는 나를 아직도 알지 못한다. 그러므로 이제 폭풍이 온다면, 말씀은 내게서 재빨리 사라질 것이다. 그렇다면 나는 내가 진정으로 전혀 믿지 않았다는 사실을 알게 될 것이다. 나는 말씀에 관해 깊이 생각은 했지만, 말씀을 행하지는 않았다. 그러므로 내가 가진 것은 그리스도의 말씀이 아니라, 그에게서 빼앗아서 내 자신의 것으로 만든 말씀이다. 이제 나의 집은 그리스도의 말씀 위에 세워지지 않았기 때문에 한꺼번에 와장창 무너질 것이다.

"무리들이 놀라니…" 무슨 일이 일어났는가? 하나님의 아들이 말했다. 그는 세계를 심판할 권한을 자신의 손에 넣었다. 그리고 그의 제자들은 그의 곁에 서 있었다.

마태복음 9:35-10:42 사도들

1. 수확

예수께서 모든 도시와 마을에 두루 다니사, 그들의 회당에서 가르치시며 천국 복음을 전파하시며 모든 병과 모든 약한 것을 고치시니라. 무리를 보시고 불쌍히 여기시니, 이는 그들이 목자 없는 양과 같이 고생하며 기진함이라. 이에 제자들에게 이르시되, 추수할 것은 많되 일꾼이 적으니, 그러므로 추수하는 주인에게 청하여 추수할 일꾼들을 보내 주소서 하라 하시니라. (마 9:35-38)

구세주는 자신의 백성, 하나님의 백성을 자비로운 눈으로 바라본다. 그는 소수의 사람들이 자신의 부름을 듣고 자신을 따랐다는 사실에 만족할 수 없었다. 그는 자신의 제자들과 함께 귀족처럼 분리되고, 위대한 종교 창설자들의 방식대로 민중과 분리된 채 더 높은 지식과 더 완전한 생활방식에 관한 가르침을 전달하는 것을 생각할 수 없었다. 예수는 자신의 모든 민중을 위해 왔고, 일했고, 고난을 받았다. 그리고 예수를 독차지하기를 원했고 사람들이 데려온 어린이들과 거리의 많은 걸인들이 예수를 귀찮게 하는 것을 막으려고 했던(마 10:48) 제자들은 예수의 섬김이 제자들로 말미암아 제한되는 것을 원하지 않는다는 사실을 깨달아야 한다. 그의 하나님의 나라 복음과 그의 구원 능력은 그의 백성 가운데서 발견된 가난한 사람들과 병든 자들의 것이었다.

제자들의 반감과 분노와 경멸을 일으켰을 민중의 눈길은 예수의 마음을 깊은 동정과 아픔으로 채웠다. 예수는 민중을 꾸짖지 않았고, 나무라지 않았다! 하나님의 사랑스런 민중이 학대를 받고 바닥에 누워 있었다. 이에 대한 책임은 그들에게 하나님의 섬김을 베풀어야 할 사람들에게 있었다. 로마인들이 그렇게 한 것이 아니라, 하나님의 말씀을 섬기도록 부름을 받은 자들이 말씀을 오용했기 때문에 이런 일이 빚어진 것이다. 목자가 전혀 없었다! 양떼는 시원한 물가로 가지 못했고, 양들의 목마름은 해갈되지 않았다. 양들은 늑대 앞에서 목자의 보호를 받지 못했다. 양들은 목자들의 가혹한 막대기 아래 학대와 상처를 받았고, 공포와 불안에 떨었고, 바닥에 쓰러져 있었다. 예수가 보았던 하나님의 백성은 바로 이러했다. 질문을 던져도, 대답하는 자는 없었다. 고난이 와도, 도와주는 자가 없었다. 양심의 불안을 느껴도, 해방을 주는 자가 없었다. 눈물을 흘려도, 위로하는 자가 없었다. 죄를 지어도, 용서하는 자가 없었다.

이런 민중에게 필요한 선한 목자는 어디에 있었는가? 이런 상황에서 민중을 학교 안으로 강제로 몰아넣는 서기관들이 무슨 도움을 주겠으며, 죄인들을 도와주기는커녕 그들을 가혹하게 비난하는 율법사들이 무슨 도움을 주겠는가! 멸시와 학대를 당하는 하나님의 백성에 대한 완전한 동정과 완전한 아

나를 따르라 •

품이 없다면, 하나님의 말씀을 올바르게 믿고 설교하며 해석하는 자가 무슨 도움을 줄 수 있겠는가? 무리를 인도할 목자가 없다면, 서기관과 율법학자와 설교자가 무슨 소용이 있는가? 양떼에게는 선한 목자가 필요하다.

"내 어린 양들을 먹여라." 이것은 예수가 베드로에게 준 마지막 임무였다. 선한 목자는 양을 위해 늑대에 맞서 싸운다. 선한 목자는 도망가지 않고, 양을 위해 자신의 생명을 준다. 선한 목자는 모든 양의 이름을 알고, 양을 사랑한다. 그는 양의 고통과 약함을 안다. 그는 상처를 입은 양을 고쳐주고, 목마른 양에게 물을 먹이며, 쓰러지는 양을 일으켜 세운다. 그는 양떼를 친절하게 돌보며, 가혹하게 다루지 않는다. 그는 양떼를 올바른 길로 이끈다. 그는 잃은 양을 찾아 무리에게로 데려온다. 그러나 악한 목자들은 폭력으로 다스리고, 자신의 양떼를 잊어버리며, 자신의 이익을 추구한다. 예수는 선한 목자를 찾았다. 그러나 보라, 어디에도 선한 목자를 찾을 수 없다.

이 사실이 예수의 마음을 파고든다. 그의 신적인 자비는 버림을 받은 양떼, 자신의 주위에 있는 민중의 무리를 감싸 안는다. 인간적으로 볼 때, 이것은 하나의 절망적인 모습이다. 그러나 예수에게는 그렇지가 않다. 하나님의 백성이 자신 앞에서 멸시를 당하고 불쌍하고 비참하게 살고 있는 바로 여기서 예수는 추수할 때가 된 하나님의 들판을 본다. "추수할 곡식이 많다!" 곡식이 익었기 때문에 곡간 안에 거두어들일 것이다. 가난하고 불쌍한 이 사람들을 하나님의 나라로 데려갈 때가 다가왔다. 예수는 민중 너머로 하나님의 약속이 실현되기 시작하는 것을 바라본다. 서기관들과 율법주의자들은 여기서 단지 짓밟히고 불타고 무너진 들판만을 보았다. 예수는 하나님의 나라를 위해 무르익은 들판을 본다. 추수할 것이 많다! 오직 그의 자비만이 이를 본다!

이제는 허비할 시간이 없다. 추수할 일을 미룰 수 없다. "그러나 일꾼들은 적다." 참으로 단지 소수의 사람들만이 예수의 자비로운 이런 눈길을 가지고 있다는 사실은 하나의 기적인가? 예수의 마음을 품고 예수를 통해 보는 눈을 가지게 된 자들이 아니라면, 누가 이런 일에 뛰어들 수 있겠는가?

예수는 도움을 구한다. 그는 홀로 일할 수 없다. 그를 도와 함께 일할 사람들은 누구인가? 오직 하나님만이 그들을 아시며, 자신의 아들에게 그들을 주신다. 누가 예수를 돕는 자가 되겠다고 스스로 나설 수 있겠는가? 제자들도 그렇게 할 수 없다. 그들은 적절한 시간에 일꾼들을 보내 달라고 주에게 간청해야 한다. 왜냐하면 때가 찼기 때문이다.

2. 사도들

예수께서 그의 열두 제자를 부르사 더러운 귀신을 쫓아내며, 모든 병과 모든 악한 것을 고치는 권능을 주시니라. 열두 사도의 이름은 이러하니,

나를 따르라 ●

베드로라 하는 시몬을 비롯하여, 그의 형제 안드레와 세베대의 아들 야고보와 그의 형제 요한, 빌립과 바돌로매, 도마와 세리 마태, 알패오의 아들 야고보와 다대오, 가나안인 시몬 및 가룟 유다, 곧 예수를 판 자라. (마 10:1-4)

기도는 응답되었다. 아버지가 아들에게 자신의 뜻을 계시해 주셨다. 예수는 열두 제자를 부르고, 들판으로 보낸다. 예수는 그들을 "사도"로, 자신의 전령(傳令)과 동역자로 만든다. "예수께서 … 권능을 주시니라." 이러한 권능은 중요한 것이다. 사도들은 단지 말씀과 가르침만이 아니라 힘센 권능도 받았다. 만약 이러한 권능이 없다면, 사도들이 일을 어떻게 수행할 수 있겠는가? 이것은 분명히 땅을 지배하는 자, 곧 악마의 권능보다 더 큰 권능이다. 비록 자신의 권능을 부인하고 전혀 존재하지 않는다고 인간을 속이는 것이 바로 악마의 간계이지만, 제자들은 악마도 권능을 가지고 있다는 사실을 알고 있다. 바로 이처럼 자신의 권능을 매우 위태롭게 사용하는 악마를 공격해야 한다. 악마의 정체를 폭로해야 하며, 그리스도의 권능으로 악마를 정복해야 한다.

이로써 사도들은 예수 그리스도 자신과 나란히 서게 된다. 그들의 활동은 예수 그리스도의 활동을 도와야 한다. 따라서 예수는 그들이 이런 임무를 수행하도록 최고의 은사, 곧 더러운 영들과 인간을 사로잡고 있는 악마를 정복할 수 있는 은사를 기꺼이 준다. 이런 임무 안에서 사도들은 그리스도와 같은 존재가 되었다. 그들은 그리스도의 일을 수행한다.

이 첫 번째 전령들의 이름은 마지막 날까지 기억될 것이다. 열두 지파는 하나님의 백성을 지칭한다. 열두 명의 전령들은 하나님의 백성에게 그리스도의 일을 수행해야 하는 자들이다. 하나님의 나라에는 이스라엘의 심판자들인 그들을 위해 열두 보좌가 준비되어 있다.(마 19:28) 하늘의 예루살렘은 열두 대문을 가지고 있다. 거룩한 백성은 그 문으로 들어갈 것이며, 문설주에는 지파들의 이름이 기록될 것이다. 성벽은 열두 개의 주춧돌을 가지고 있고, 거기에는 사도들의 이름이 새겨질 것이다.(계 21:12, 14)

열두 명의 사도들을 하나로 묶어주는 것은 오직 그들을 선택하는 예수의 부름이다. 그들은 반석이라는 시몬, 세리 마태, 이방인의 억압에 맞서 정의와 율법을 열렬히 수호한 열심당원 시몬, 예수의 사랑을 받고 예수의 품에 안겼던 요한, 이름으로만 알려져 있는 다른 제자들, 그리고 마지막으로 예수를 팔아 넘겼던 가룟 유다였다. 오직 예수의 부름만이 이 세상에서 그들을 하나의 일을 수행하도록 묶을 수 있었다. 여기서 예전의 모든 불화는 극복되었고, 예수 안에서 새롭고 견고한 공동체가 설립되었다. 유다도 그리스도의 일을 수행하려고 따라왔다는 사실은 여전히 하나의 어두운 수수께끼와 하나의 무서운 경고다.

3. 활동

> 예수께서 이 열둘을 내보내시며 명하여 이르시되, 이방인의 길로도 가지 말고, 사마리아인의 고을에도 들어가지 말고, 오히려 이스라엘 집의 잃어버린 양에게로 가라. (마 10:5-6)

제자들은 예수를 돕는 자들로서 주의 분명한 명령 아래 일한다. 자신들의 일을 어떻게 시작하고 이해해야 할지는 그들의 결정에 달려 있지 않다. 그들이 수행해야 할 그리스도의 일은 그들을 예수의 뜻에 완전히 순종하게 만들었다. 자신의 직무를 위해 이런 명령을 받고 자신의 생각과 계산에서 벗어난 자들은 복이 있다!

예수의 첫 번째 말씀은 곧바로 사도들의 활동을 제한한다. 이런 제한은 그들에게 분명히 어색하고 힘든 것이었다. 그들은 활동 영역을 스스로 선택해서는 안 된다. 결정적인 것은 그들의 마음이 끌리는 방향이 아니라, 그들이 보냄을 받은 방향이다. 이로써 매우 분명해진 것은 그들이 자기 자신의 일을 수행하는 것이 아니라, 하나님의 일을 수행한다는 사실이다. 이방인들과 사마리아 사람들이 복음을 특히 갈망하고 있었기 때문에 바로 그들에게 가는 것이 더 중요하지 않았을까? 아마도 그럴지도 모른다. 그렇지만 그들에게 가라는 명령은 주어지지 않았다. 하나님의 일은 명령이 없이 수행될 수 없다. 만약 그렇지 않았다면, 그들은 아무런 약속도 없이 일을 수행한 셈이 된다.

그러나 약속과 복음 전파를 위한 임무는 어디서나 유효하지 않은가? 이 둘은 오직 하나님이 이를 위한 임무를 주신 곳에서만 유효하다. 그러나 제한 없이 복음을 전하도록 우리를 강권하는 것은 그리스도의 사랑이 아닌가? 그리스도의 사랑은 임무에 충실하다는 점에서 마음의 충일(充溢)과 열정과는 구분된다. 우리가 복음의 구원을 전달하는 까닭은 우리의 형제들이나 낯선 나라의 이방인들을 향한 우리의 지극한 사랑 때문이 아니라, 선교명령 속에서 우리에게 주어진 주의 명령 때문이다. 오직 명령만이 약속이 놓여 있는 곳을 우리에게 가리킨다. 만약 내가 이곳이나 저곳에서 복음을 전파하는 것을 그리스도가 원하지 않는다면, 나는 모든 것을 포기하고 그리스도의 뜻과 말씀에 충실해야 한다. 이처럼 사도들은 말씀과 명령에 매이게 된다. 사도들은 오직 그리스도의 말씀이 있고 명령이 있는 곳에만 가야 한다. "이방인의 길로 가지 말고, 사마리아인 고을에도 들어가지 말고, 오히려 이스라엘 집의 잃어버린 양에게로 가라."

이방인에 속했던 우리는 한때 복음을 전혀 듣지 못했다. 먼저 이스라엘이 그리스도의 복음을 들어야 했지만, 복음을 배척할 수밖에 없었다. 그 결과로 복음은 이방인들에게 전달되었고, 예수 그리스도의 명령에 따라 이방인 그리스도인들의 교회가 세워졌다. 부활한 자가 비로소 선교의 명령을 주었다.

그리하여 제자들이 잘 이해할 수 없었던 임무의 제한은 십자가에 못 박힌 후에 부활한 자의 복음을 받아들인 이방인들에게 은혜가 되었다. 이것은 하나님의 길과 지혜다. 우리에게는 오직 선교의 명령만이 남았다.

> 가면서 전파하여 말하되, 천국이 가까이 왔다 하고, 병든 자를 고치며, 죽은 자를 살리며, 나병환자를 깨끗하게 하며, 귀신을 쫓아내되, 너희가 거저 받았으니 거저 주라. 너희 전대에 금이나 은이나 동을 가지지 말고. (마 10:7-9)

사도들의 복음 선포와 활동은 예수 그리스도 자신과 전혀 다르지 않다. 사도들은 예수의 권능에 참여했다. 예수는 하늘나라의 도래를 선포할 것을 명령하고, 이러한 복음을 입증하는 표징들을 명령한다. 예수는 병자들을 고치고 나병환자들을 깨끗하게 하고 죽은 자들을 살리고 마귀를 쫓아낼 것을 명령한다! 선포는 사건으로 변하고, 사건은 선포를 증언한다. 하나님의 나라, 예수 그리스도, 죄의 용서, 믿음에 의한 죄인의 칭의, 이 모든 것은 악마의 권세를 제거하고 병자를 고치고 죽은 자를 일으키는 사건과 전혀 다르지 않다. 이런 행위는 전능하신 하나님의 말씀으로서 행위요, 사건이요, 기적이다. **한** 분 예수 그리스도가 열두 사도들 안에서 이곳저곳을 다니며, 자신의 일을 수행한다. 제자들에게 주어지는 왕적인 은혜는 하나님의 창조하고 구원하는 말씀이다.

너희 전대에 금이나 은이나 동을 가지지 말고, 여행을 위하여 배낭이나 두 벌 옷이나 신이나 지팡이를 가지지 마라. 이는 일꾼이 자기의 먹을 것을 받는 것이 마땅함이니라. (마 10:9-10)

사도들의 임무와 능력은 오직 예수의 말씀에 근거해 있다. 그러므로 예수의 사도들은 이런 왕적인 사명을 모호하거나 의심스럽게 만들어서는 결코 안 된다. 사도들은 왕적인 가난 속에서 자신들의 주의 부요(富饒)에 관해 증언해야 한다. 그들이 예수로부터 받은 것은 다른 재물과 거래할 수 있는 자신의 소유물이 결코 아니다. "너희는 그것을 거저 받았다."

예수의 사도가 된다고 해서 명예나 권세를 주장할 수 있는 개인적인 권리를 가지게 되는 것은 결코 아니다. 예수의 자유로운 사도가 직무를 맡은 목사로 바뀌었을 때도 달라진 것은 전혀 없다. 예수의 사도가 된 자들에게 학식을 가진 남자의 권리, 신분의 사회적 요구는 더는 유효하지 않다. "너희는 거저 받았다!" 그렇지만 우리가 아무런 공로도 없이 예수의 섬김에 참여하게 된 것은 오직 예수의 부름 때문이 아닌가? "너희는 거저 받았다!"

남에게 베풀어야 할 부요를 풍성하게 누리는 너희는 너희를 위해서는 아무것도 바라지 마라. 재산도 바라지 말고, 존경과 인정도 바라지 말고, 감사도 전혀 바라지 마라! 무슨 근거로 너희가 이런 요구를 할 수 있는가? 우리에게 주어진 모든 명예는 명예의 진정한 주인, 곧 우리를 보내신 주에게서 강탈한 것이다. 예수의 사도들의 자유는 그들의 가난 속에서 입증되어야 한다. 제자들이 지참해서는 안 되는 것과 지참해도 좋은 것을 열거하는 본문에서 마가와 누가는 몇 가지 사항에서 마태와 차이를 보이지만, 이런 차이는 더 이상의 추론을 허락하지 않는다. 예수는 말씀의 전권을 가지고 길을 떠나는 자들에게 가난을 명령한다. 이것이 예수의 한 가지 **계명**이라는 사실을 간과하지 않아야 한다.

제자들이 소유해야 할 품목이 자세히 규정되어 있다. 제자들은 떨어진 옷을 걸친 거지들처럼 남의 눈에 띄어서는 안 되며, 밥을 얻어먹는 사람들처럼 남에게 부담을 주어서는 안 된다. 그러나 제자들은 가난한 일꾼의 옷을 입고 다녀야 한다. 제자들은 마을을 떠돌아다니는 사람처럼, 그리고 저녁에는 친구로부터 잠자리와 필요한 양식을 얻을 수 있을 것이라고 확신하는 사람처럼 매우 적게 소유해야 한다. 물론 제자들이 신뢰해야 할 대상은 인간들이 아니라 자신들을 보내신 분이요, 자신들을 돌보실 하늘의 아버지이다.

이로써 제자들은 자신들이 선포하는 복음, 곧 이 세상에 돌입하는 하나님의 나라를 믿음직스럽게 만든다. 제자들은 자신의 일에서 자유로운 것처럼 숙소와 음식을 얻는 일에서도 자유로워야 한다. 제자들은 음식을 거지처럼 받아서는 안 되며, 일꾼이 마땅히 받아야 할 음식으로 받아야 한다. 예수는 자신의 사도들을 "일꾼"이라고 부른다. 따라서 게으른 자들은 음식을 얻을 자격이 없다.

사탄의 세력과 싸우는 것, 인간의 마음을 얻기 위해 싸우는 것, 가난하고 학대를 당하고 불쌍한 사람들을 섬기기 위해 세상의 재물과 친구와 자신의 명예를 포기하는 것이 아니라면, 무엇이 제자들의 일인가? 하나님은 인간의 죄 때문에 수고와 괴로움을 감수하셨고(사 43:24), 예수의 영혼은 우리를 구원하기 위해 십자가에서 죽기까지 일했다.(사 53:11) 말씀을 선포함으로써, 사탄을 정복함으로써, 그리고 남을 위해 기도함으로써 사도들은 이런 활동에 참여한다. 이런 활동을 인정하지 않는 사람은 예수의 신실한 사도의 섬김을 전혀 이해하지 못한 사람이다. 사도들은 매일의 품값을 부끄러움 없이 받아야 한다. 그러나 부끄러움이 없는 사도들은 자신의 활동을 위해 항상 가난해야 한다.

> 어떤 성이나 마을에 들어가든지, 그 중에 합당한 자를 찾아내어 너희가 떠나기까지 거기서 머물라. 또 그 집에 들어가면서 평안하기를 빌라. 그 집이 이에 합당하면, 너희 빈 평안이 거기 임할 것이요, 만일 합당하지 아니하면, 그 평안이 너희에게 돌아올 것이니라. 누구든지 너희를 영접하지도 아니하고 너희 말을 듣지도 아니하거든, 그 집이나 성에서 나가 너희 발의 먼지를 떨어 버리라. 내가 진실로 너희에게 이르노니, 심판날에 소돔과 고모라 땅이 그 성보다 견디기 쉬우리라. (마 10:11-15)

공동체 안의 활동은 예수의 사도들을 "접대할 가치가 있는" 집에서 시작된다. 하나님은 기도하고 기다리는 공동체를

나를 따르라 •

곳곳마다 가지고 계신다. 여기서 제자들은 그들의 주의 이름으로 겸손히, 그리고 즐거이 영접을 받게 된다. 여기서 제자들의 활동은 기도와 함께 이루어지며, 여기서 하나의 작은 무리는 전체 공동체를 대리한다. 공동체 안의 불화와 제자들의 잘못된 탐욕이나 양보를 막기 위해 예수는 사도들에게 한 마을에 있을 동안에는 한 집에 머물러 있으라고 명령한다. 한 집이나 한 동네에 들어갈 경우에 사도들은 지체 없이 일에 착수한다.

시간은 소중하고, 짧다. 아직도 많은 사람들이 복음을 기다린다. 사도들이 그들의 주처럼 한 집을 방문할 때에 처음으로 던지는 인사말 "이 집이 평안할지어다!"(눅 10:5)는 결코 공허한 말이 아니다. 그것은 "이런 인사말을 들을 가치가 있는 자들"에게 곧바로 하나님의 평안의 능력을 준다. 사도들의 선포는 짧고, 분명하다. 그들은 하나님 나라의 돌입을 알리고, 회개와 믿음을 촉구한다. 그들은 나사렛 예수의 전권 속에서 등장한다. 그들은 하나의 명령을 전달하고, 매우 높은 권위 속에서 하나의 제안을 던진다.

이로써 모든 것이 일어났다. 모든 것은 매우 단순하고 분명하고, 지체할 시간도 없다. 그러므로 더 준비하고 토론하고 호소할 필요도 없다. 한 임금이 문 앞에 서 있다. 그는 갑자기 온다. 그에게 굴복하고 그를 겸손히 영접하기를 원하는가, 아니면 그가 진노 속에서 너희를 제거하고 죽이기를 원하는가? 듣기를 원하는 자는 이미 모든 것을 들었다. 그런 사람은 사도를 붙잡아 놓을 수 없다. 왜냐하면 사도는 다른 마을에도 가야하기 때문이다. 그러나 듣기를 원하지 않는 자에게는 은혜의 시간이 지나갔다. 그는 자기 자신에게 심판을 선언했다. "오늘날 너희가 그의 음성을 듣거든, 너희 마음을 강퍅케 마라."(히 4:7) 이것은 복음적인 설교다. 이것은 무자비한 재촉인가?

사람들에게 아직도 회개할 시간이 있다고 속이는 것보다 더 무자비한 것은 없다. 시간이 촉박하고 하나님의 나라가 매우 가까이 왔다는 소식보다 더 자비롭고 더 기쁜 소식은 없다. 이 소식이 모든 사람에게, 그리고 모든 사람의 언어로 계속 전달될 때까지 사도들은 기다릴 수 없다. 하나님의 언어는 너무도 분명하다. 사도들은 누가 말씀을 듣고 누가 말씀을 듣지 않을지를 마음대로 결정할 수 없다. 오직 하나님만이 "말씀을 들을 가치가 있는" 자들을 아신다. 그들은 제자들이 하는 말을 들을 것이다.

그러나 예수가 보낸 자들을 영접하지 않는 마을이나 집에게는 불행이 닥칠 것이고, 무서운 심판이 떨어질 것이다. 음란과 불결의 도시 소돔과 고모라는 예수의 말씀을 배척하는 이스라엘의 마을들보다 더 자비로운 심판을 받을 것이다. 허물과 죄는 예수의 말씀을 통해 용서를 받을 수 있지만, 구원의 말씀 자체를 배척하는 자는 구원을 받지 못할 것이다. 복음에 대한 불신앙보다 더 무거운 죄는 없다.

여기서 사도들은 이 마을을 떠날 수밖에 없다. 그들이 떠

나를 따르라 •

나는 까닭은 말씀이 여기에 머물러 있을 수 없기 때문이다. 그들은 떨림과 두려움 속에서 하나님의 말씀의 능력과 약함을 동시에 인식해야 한다. 그러나 제자들은 말씀에 맞서, 그리고 말씀을 넘어서 그 어떤 것도 강요할 수 없고, 강요해서도 안 된다. 그들의 임무는 영웅적인 투쟁이 아니며, 하나의 위대한 이념과 "선행"을 열광적으로 관철하는 것도 아니다. 그러므로 제자들은 오직 하나님의 말씀이 머무는 곳에 머문다.

만약 말씀이 배척을 당한다면, 그들도 말씀과 함께 배척을 당한다. 그러나 그들은 그곳에 닥쳐오는, 그리고 자신들과 전혀 무관한 불행을 알리기 위해 발의 먼지를 털어낸다. 그러나 그들이 이곳에 가져왔던 평안은 그들에게 되돌아갈 것이다.

> "이 사실은 아무것도 성취하지 못했다고 생각하는 교회의 종들에게 하나의 위로다. 너희는 괴로워해서는 안 된다. 남들이 원하지 않는 것이 너희 자신들에게는 점점 더 큰 복으로 변할 것이다. 주는 말씀하신다. 저들은 하나님의 말씀을 부끄러워했다. 그러므로 너희가 이를 간직해 두어라." (벵엘)

4. 사도들의 고난

보라, 내가 너희를 보냄이 양을 이리 가운데로 보냄과 같도다. 그러므로 너희는 뱀 같이 지혜롭고 비둘기 같이 순결하라. 사람들을 삼가라. 그들이 너희를 공회에 넘겨주겠고, 그들의 회당에서 채찍질하리라. 또 너희가 나로 말미암아 총독들과 임금들 앞에 끌려가리니, 이는 그들과 이방인들에게 증거가 되게 하려 하심이라. 너희를 넘겨 줄 때에 어떻게 또는 무엇을 말할까 염려하지 마라. 그때에 너희에게 할 말을 주시리니, 말하는 이는 너희가 아니라, 너희 속에서 말씀하시는 이, 곧 너희 아버지의 성령이시니라. 장차 형제가 형제를, 아버지가 자식을 죽는 데에 내주며, 자식들이 부모를 대적하여 죽게 하리라. 또 너희가 내 이름으로 말미암아 모든 사람에게 미움을 받을 것이나, 끝까지 견디는 자는 구원을 얻으리라. 이 동네에서 너희를 박해하거든 저 동네로 피하라. 내가 진실로 너희에게 이르노니, 이스라엘의 모든 동네를 다 다니지 못하여서 인자가 오리라. 제자가 그 선생보다, 또는 종이 그 상전보다 높지 못하나니, 제자가 그 선생 같고 종이 그 상전 같으면 족하도다. 집주인을 바알세불이라 하였거든, 하물며 그 집 사람들이랴! (마 10:16-25)

비록 성공하지 못하고 원수를 만날지라도, 사도들은 자신들이 예수로부터 보냄을 받았다는 사실을 의심하지 않는다. 강력한 지원과 위로를 주기 위해 예수는 "내가 너희를 보낸다."라고 반복해서 말한다. 이것은 참으로 그들의 길이 아니며, 그들의 사업도 아니다. 이것은 사명이다. 따라서 만약 그들이 양처럼 이리 가운데서 아무런 무기도 없고 무력하고 불안하고 큰 위험에 빠진다면, 주는 자신의 사도들과 함께하겠다고 약속한다. 그들은 예수가 알지 못하는 고난을 겪지 않을 것이다. "그러므로 뱀같이 지혜롭고, 비둘기같이 순결하여라!" 예수의 종들은 이 문장을 얼마나 자주 오용했는가! 예수의 자발적인 사도들에게도 이 문장을 올바로 이해하고 항상 순종하는 것이 얼마나 어려운가! 누가 영적인 지혜와 세상의 간계를 항상 구분할 수 있는가! 따라서 사람들은 얼마나 자주

나를 따르라 •

"영적인 지혜"를 포기하고 비둘기처럼 순결하기만을 원하며, 바로 그래서 얼마나 자주 불순종하게 되는가! 두렵다면 고난을 피하고, 담대하다면 고난을 추구하라고 누가 우리에게 말하는가? 여기에 그어진 감춰진 경계선을 누가 우리에게 보여 주는가?

지혜의 계명을 핑계로 삼아 순결을 거부하거나 거꾸로 순결을 핑계로 삼아 지혜를 거부하는 것은 참으로 똑같은 불순종이다. 여기서 그 어떤 사람도 자기 자신의 마음을 읽어낼 수 없다. 그리고 예수는 제자들을 결코 불확실한 곳으로 부르지 않고, 항상 가장 확실한 곳으로 부른다. 그러므로 예수의 이러한 경고는 제자들에게 말씀에 충실하기를 촉구하는 호소가 아닐 수 없다. 말씀이 있는 곳에 제자도 있어야 한다. 이것이야말로 그의 참된 지혜와 그의 참된 순결이다.

만약 배척이 드러났기 때문에 말씀이 떠나야 한다면, 제자도 말씀과 함께 떠나야 한다. 만약 말씀이 공개적으로 투쟁한다면, 제자도 머물러 있어야 한다. 두 경우마다 제자들은 지혜롭고 순결하게 행동해야 한다. 그러나 제자는 "지혜"를 구실로 삼아 예수의 말씀 앞에 비추어 잘못된 길을 가서는 결코 안 된다. 그리고 "영적인 지혜"를 가지고 있다고 해서 제자는 말씀과 일치하지 않은 길을 합리화해서는 결코 안 된다. 오직 말씀의 진리만이 무엇이 지혜로운지를 제자에게 가르칠 것이다.

그러나 그 어떤 인간적인 전망이나 희망 때문에 진리의

가장 작은 한 부분이라도 꺾어버리는 것은 결코 "지혜롭다"고 할 수 없다. 무엇이 지혜로운지는 우리의 상황 판단이 아니라 오직 하나님의 말씀의 진리만이 우리에게 보여줄 수 있다. 오직 하나님의 말씀에 충실한 자만이 항상 지혜로울 수 있다. 오직 그런 자에게만 하나님의 신실과 도움의 약속은 주어진다. 지금이나 예전이나 제자들에게는 오직 하나님의 말씀에 충실한 것만이 "가장 지혜롭다"는 사실은 항상 입증될 것이다.

사도들은 말씀으로부터 인간에 대한 올바른 인식도 얻게 될 것이다. "사람들을 삼가라." 제자들이 보여주어야 할 것은 인간에 대한 두려움도 아니고, 악의에 찬 불신도 아니고, 특히 인간에 대한 증오도 아니고, 경박한 신뢰도 아니고, 모든 인간의 선함에 대한 믿음도 아니라, 말씀이 인간과 맺는 관계와 말씀이 인간과 맺는 관계에 대한 올바른 지식이다.

제자들의 길이 사람들 가운데서 고난의 길이 될 것이라고 예수는 예언했다. 그렇지만 냉철한 제자들은 고난도 잘 감당할 수 있다. 그러나 제자들의 고난에는 하나의 놀라운 능력이 숨어 있다. 악인은 자신의 형벌을 은밀하게 받는다면, 고난의 길은 제자들을 "나로 인하여 그들과 이방인들에게 증인이 되기 위해" 관원들과 임금들 앞으로 인도할 것이다. 고난을 통해 복음은 전진한다.

이것은 하나님의 계획과 예수의 뜻이다. 그러므로 재판관이나 임금들 앞에서 대답할 시간에도 제자들은 올바른 신앙을 고백하고 두려움 없이 증언할 수 있는 능력을 얻게 될 것이다. 성령이 친히 그들의 편이 되어줄 것이다. 성령이 제자들을 불굴의 사람들로 만들어 줄 것이다. 성령이 그들에게 "지혜를 주어 저희의 대적자들이 대항하지도, 반박하지 못하게"(눅 21:15) 할 것이다. 제자들은 고난 가운데서도 말씀에 충실하게 머물러 있기 때문에 말씀도 그들에게 충실히 머물러 있을 것이다. 자발적인 순교자들은 아마도 이러한 약속을 받지 못했을 것이다. 그러나 말씀과 함께 고난을 받는 자들에게 이러한 약속은 매우 확실하다.

예수의 사도들이 선포하는 말씀에 대한 증오는 마지막까지 계속될 것이다. 이러한 증오는 마을과 집에 닥쳐올 불화를 제자들의 탓으로 돌릴 것이다. 예수와 그의 제자들은 모든 사람으로부터 가정을 파괴하는 자, 백성을 미혹하는 자, 미친 열광주의자와 선동가라는 비난을 받게 될 것이다. 이제 배교의 유혹이 제자들에게 다가왔다. 그러나 마지막도 역시 가깝다. 그때까지 신실해야 하고, 견디고 참아야 한다. 마지막까지 예수와 그의 말씀에 충실한 자만이 구원을 얻을 것이다. 그러나 마지막이 올 때, 예수와 그의 제자들에 대한 적대감이 온 세상에 분명히 드러날 때, 바로 그때에는 말씀을 아직 듣지 못한 자들에게 말씀을 전하기 위해 제자들은 한 마을에서 다른 마을로 도망가야 한다. 비록 이처럼 도망가더라도, 제자들은 말씀에서 떠나지 않고 말씀에 확고히 머문다.

가까운 재림에 관한 예수의 약속은 이 약속이 참되다고 믿는 공동체에 의해 보존되었다. 약속의 성취는 희미하다. 그리고 여기서 인간적인 탈출구를 찾는 것은 좋지 않다. 다음과 같은 사실은 분명하고, 오늘 우리에게 중요하다. 예수의 재림은 속히 이루어질 것이다. 예수의 재림은 우리가 예수를 위해 성취할 수 있는 일보다 더 확실하다. 예수의 재림은 우리의 죽음보다 더 확실하다. 그러나 이 모든 일 가운데서 예수의 사도들이 고난을 통해 주를 닮아간다는 확신보다 더 큰 위로는 없을 것이다. 스승이 고난을 받듯이, 제자들도 고난을 받는다. 주인이 고난을 받듯이, 종도 고난을 받는다. 예수가 악마라고 비난을 받았다면, 그 집의 하인들은 얼마나 더 큰 비난을 받겠는가! 따라서 예수는 제자들과 함께할 것이며, 제자들은 모든 점에서 그리스도를 닮아갈 것이다.

5. 결단

그런즉 그들을 두려워하지 마라. 감추인 것이 드러나지 않을 것이 없고, 숨은 것이 알려지지 않을 것이 없느니라. 내가 너희에게 어두운 데서 이르는 것을 광명한 데서 말하며, 너희가 귓속말로 듣는 것을 집 위에서 전파하라. 몸은 죽여도 영혼은 능히 죽이지 못하는 자들을 두려워하지 말고, 오직 몸과 영혼을 능히 지옥에 멸하실 수 있는 이를 두려워하라. 참새 두 마리가 한 앗사리온에 팔리지 않느냐? 그러나 너희 아버지께서 허락하지 아니하시면, 그 하나도 땅에 떨어지지 아니하리라. 너희에게는 머리털까지 다 세신 바 되었나니, 두려워하지 마라. 너희는 많은 참새보다 귀하니라. 누구든지 사람 앞에서 나를 시인하면, 나도 하늘에 계신 내 아버지 앞에서 그를 시인할 것이요. … 사람의 원수가 자기 집안 식구리라. 아버지나 어머니를 나보다 더 사랑하는 자는 내게 합당하지 아니하고, 아들이나 딸을 나보다 더 사랑하는 자도 내게 합당하지 아니하며, 또 자기 십자가를 지고 나를 따르지 않는 자도 내게 합당하지 아니하니라. 자기 목숨을 얻는 자는 잃을 것이요, 나를 위하여 자기 목숨을 잃는 자는 얻으리라. (마 10:26-39)

지금, 그리고 영원토록 사도는 말씀과 함께하고, 말씀은 사도와 함께한다. 예수는 세 번이나 "두려워하지 마라!"고 외치면서 자신의 사도들에게 용기를 불어넣어 준다. 그들에게 지금 숨겨져 있는 것은 하나님과 인간 앞에서 더는 숨겨지지 않고 드러나게 될 것이다. 사람들이 그들에게 주는 은밀한 고통은 언젠가 밝히 드러날 것이라는 약속을 가지고 있다. 박해자는 심판을 받을 것이고, 사도들은 영광을 받을 것이다.

그러나 사도들의 증언도 어두운 곳에서 이루어져서는 안 되며, 일종의 공개적인 증언이 되어야 한다. 복음은 사이비 종교집단의 은밀한 가르침이 아니라 공개적인 설교가 되어야 한다. 비록 복음이 오늘날에는 구석진 곳에서 전파될 수밖에 없겠지만, 마지막 날에는 복음이 온 세상을 가득 채울 것이며, 구원과 멸망을 가져올 것이다. 요한계시록은 다음과 같이 예언한다. "또 보니 다른 천사가 공중에 날아가는데, 땅에 거하는 자들, 곧 여러 나라와 족속과 방언과 백성에게 전할 영원한 복음을 가졌더라."(계 14:6) 그러므로 "두려워하지 마라!"

인간을 두려워해서는 안 된다. 인간은 예수의 제자들에게 큰 상처를 줄 수 없다. 인간의 힘은 육체의 죽음과 함께 끝난다. 제자들은 하나님에 대한 두려움을 통해 죽음에 대한 두려움을 극복해야 한다. 제자들을 위태롭게 하는 것은 인간의 심판이 아니라 하나님의 심판이고, 육체의 멸망이 아니라 육체와 영혼의 영원한 멸망이다. 인간을 여전히 두려워하는 자는 하나님을 두려워하지 않는다. 하나님을 두려워하는 자는 인간을 두려워하지 않는다. 이 문장은 복음 설교자가 매일 기억할 가치가 있다.

이 세상에서 인간에게 짧은 기간 동안 주어진 권세는 하나님의 지식과 의지와 동떨어져 있지 않다. 비록 우리가 인간의 손에 떨어지더라도, 비록 우리가 인간의 폭력을 통해 고난과 죽음을 당하더라도, 우리는 이 모든 것이 하나님으로부터 온다고 확신한다. 자신의 의지와 지식이 없이는 참새 한 마리도 땅에 떨어지지 않게 하시는 하나님은 자신의 자녀들에게, 그리고 그들이 대변하는 일에 오직 선하고 유익한 것만이 일어나게 하신다. 우리는 하나님의 손 안에 있다. 그러므로 "두려워하지 마라!"

시간은 짧다. 영원은 길다. 지금은 결단할 때다. 심판의 시간에 예수 그리스도는 말씀과 신앙을 끝까지 지킨 자의 편에 설 것이다. 고발하는 자가 권리를 주장할 때, 예수 그리스도는 그를 알아보고 그의 편에 설 것이다. 예수 그리스도가 하늘

나를 따르라 •

의 아버지 앞에서 우리의 이름을 부를 때, 온 세상이 증인이 될 것이다. 일평생 예수 그리스도를 신뢰한 자에게 그리스도는 영원히 그의 편에 설 것이다. 그러나 이 주와 이 이름을 부끄러워하고 주를 부인하는 자를 주도 영원히 부끄러워할 것이고, 영원히 부인할 것이다.

이러한 마지막 분리는 이 세상에서 이미 시작되었다. 예수 그리스도의 평화는 십자가다. 그러나 십자가는 이 세상에서 하나님의 칼이다. 이 칼은 불화를 일으킨다. 아들은 아버지와 불화하고, 딸은 어머니와 불화하며, 식구들은 아버지와 불화한다. 이 모든 불화는 하나님의 나라와 하나님의 평화 때문에 일어난다. 이것은 이 세상에서 일어나는 그리스도의 활동이다!

인간에게 하나님의 사랑을 가져온 자에게 세상이 인간 증오의 책임을 씌우는 것이 놀라운가? 모든 생명의 파괴자나 새로운 생명의 창조자가 아니라면, 누가 아버지의 사랑과 어머니의 사랑에 관해, 아들과 딸에 대한 사랑에 관해 말할 수 있겠는가? 인간의 원수나 인간의 구세주가 아니라면, 누가 인간의 사랑과 인간의 희생을 홀로 요구할 수 있겠는가? 악마나 평화의 왕 그리스도가 아니라면, 누가 집안에 칼을 들고 오겠는가? 인간에 대한 하나님의 사랑은 동족에 대한 인간의 사랑과 전혀 다르다. 인간에 대한 하나님의 사랑은 십자가와 뒤따름이고, 바로 그래서 생명과 부활이다. "나를 위하여 생명을 잃는 자는 생명을 얻을 것이다." 이렇게 약속하는 자는 죽음의 권세를 이긴 자, 곧 십자가에 못 박히고 부활하고 자신의 제자들과 동행하는 하나님의 아들이다.

6. 열매

> 너희를 영접하는 자는 나를 영접하는 것이요, 나를 영접하는 자는 나를 보내신 이를 영접하는 것이니라. 선지자의 이름으로 선지자를 영접하는 자는 선지자의 상을 받을 것이요, 의인의 이름으로 의인을 영접하는 자는 의인의 상을 받을 것이요, 또 누구든지 제자의 이름으로 이 작은 자 중 하나에게 냉수 한 그릇이라도 주는 자는 내가 진실로 너희에게 이르노니, 그 사람이 결단코 상을 잃지 아니하리라 하시니라. (마 10:40-42)

예수의 말씀을 전파하는 자들은 자신들의 활동을 위해 약속된 마지막 말씀을 받는다. 그들은 그리스도와 함께 일하는 자, 그리스도를 돕는 자가 되었다. 모든 점에서 그들은 그리스도를 닮아야 한다. 그들은 다가가는 사람들에게도 "그리스도와 같은" 자가 되어야 한다. 예수 그리스도는 그들과 함께 그들을 맞이하는 집으로 들어간다. 그들은 예수의 현존을 드러내는 자들이다. 그들은 사람들에게 가장 귀한 선물, 곧 예수 그리스도를 데려오며, 그와 함께 하나님 아버지를 데려온다.

이것은 사죄, 구원, 생명, 축복이다. 이것은 그들의 활동과 그들의 고난의 대가와 열매다. 사람들이 제자들에게 행하

는 모든 봉사는 예수 그리스도 자신에게 행하는 것이다. 이것
도 똑같이 공동체와 사도들을 위한 은혜다. 공동체는 사도들
에게 자발적으로 선을 행할 것이며, 그들을 존경하고 섬길 것
이다. 왜냐하면 그들과 함께 주가 친히 그들에게 찾아왔기 때
문이다.

그러나 제자들은 공연히, 그리고 빈손으로 집에 들어가는
것이 아니라, 비교할 수 없는 선물을 가져간다는 사실을 알아
야 한다. 모든 사람이 하나님의 선물에 참여할 것이며, 하나님
의 선물을 기꺼이 받아들일 것이다. 이것은 하나님의 나라 안
에 있는 하나의 법칙이다. 예언자가 무슨 일을 하는지를 알고
그를 영접하는 자는 그의 활동과 그의 선물과 그의 상급에 참
여할 것이다. 의인을 영접한 자는 그의 의에 동참했기 때문에
그의 상급을 받을 것이다. 아무런 명예도 없는 가장 작은 자들,
가장 가난한 자들 중의 한 사람에게, 예수 그리스도의 사도들
에게 한 잔의 물을 대접한 자는 예수 그리스도 자신을 섬긴 자
다. 그에게는 예수의 상급이 주어질 것이다.

따라서 사도들은 최종적으로 자신들의 길, 자신들의 고
난, 자신들의 상급을 생각하지 않고, 자신들의 활동의 목표, 곧
공동체의 구원을 생각한다.

제2장

예수 그리스도의
교회와 뒤따름

앞선 질문

　예수는 첫 번째 제자들에게 자신의 말씀과 함께 몸으로 현
존했다. 그러나 이런 예수는 죽었고, 부활했다. 나를 따르라는
그의 부름은 오늘의 우리에게 어떻게 다가오는가? 예수는 "나
를 따르라!"고 말하기 위해 세리 레위에게 다가가듯이 그렇게
몸으로 내게 다가오지 않는다. 비록 내가 진심으로 예수의 부
름을 듣고 모든 것을 버리고 그를 따르기 원하더라도, 무엇이
내게 그런 권리를 주는가? 첫 번째 제자들에게 매우 분명했던
결단이 나에게는 매우 의심스럽고 통제할 수 없는 결단이다.

　세리에게 주어진 예수의 부름을 나는 어떻게 나에게 주어
진 부름으로 인정할 수 있는가? 예수는 남들에게는, 그리고 다
른 상황에서는 전혀 다르게 말하지 않았는가? 예수는 자신이
용서하고 치료한 중풍병자와 죽음에서 다시 살린 나사로(요 11
장)를 자신의 제자들보다 덜 사랑했는가? 그래서 예수는 그들
에게 직업을 버리고 나를 따르라고 말하지 않고, 그들을 집과
가족과 직업에 머물러 있게 했는가? 내가 누구이기에 여기서
진기하고 탁월한 일을 성취하겠다고 스스로 나설 수 있는가?
내가 내 자신의 힘과 열정으로 행동하지 않는다고 누가 내게

나를 따르라 •

말하고, 누가 남들에게 말하는가? 그러나 이것은 바로 예수를 따르는 길이 아닐 것이다!

　이 모든 질문은 정당한 질문이 아니다. 우리는 항상 거듭 그리스도의 생생한 현존 밖에서 이런 질문을 던진다. 이 모든 질문은 예수 그리스도가 죽지 않고 오늘 살아 있으며 성서의 증언을 통해 여전히 우리에게 말하고 있다는 사실을 고려하기를 원하지 않는다. 그리스도는 오늘 우리에게 몸으로, 그리고 말씀과 함께 현존한다. 만약 우리가 "나를 따르라"는 그리스도의 부름을 듣기 원한다면, 그리스도가 친히 존재하는 그곳에서 그의 부름을 들어야 한다.

　예수 그리스도의 부름은 교회 안에서 그의 말씀과 성례전을 통해 다가온다. 교회의 설교와 성만찬은 예수 그리스도의 현존의 자리다. 그대가 "나를 따르라"는 예수의 부름을 듣기를 원한다면, 인격적인 계시가 필요하지 않다. 설교를 듣고, 성례전을 받아라! 십자가에 못 박히고 부활한 주의 복음을 들어라! 여기에 제자들이 만났던 바로 그가 전적으로 존재한다. 그는 변모한 자로서, 승리한 자로서, 살아 있는 자로서 여기에 이미 존재한다. 그 자신이 아닌 사람은 "나를 따르라"고 부를 수 없다.

　그러나 뒤따름은 본질적으로 결코 이런저런 행위를 위한 결단에 있는 것이 아니라, 항상 예수 그리스도를 위한 결단이거나, 예수 그리스도를 거부하는 결단이다. 그러므로 예수의 부름을 받은 제자나 세리의 상황이 오늘 우리의 상황보다 더 분명했던 것은 아니다. 처음 부름을 받은 사람들도 오직 부르는 자가 그리스도임을 인식했기 때문에 그를 따를 수 있었다. 그러나 예전이나 지금이나 부르는 자는 바로 숨어 있는 그리스도다. 부름은 그 자체로서 모호하다. 오직 부르는 자만이 중요하다. 그러나 그리스도는 오직 믿음 안에서만 인식된다. 이것은 첫 번째 제자들에게나 우리에게나 동일하게 적용되는 진리다. 첫 번째 제자들은 랍비와 기적을 일으키는 자를 보았고, 그리스도를 믿었다. 우리는 말씀을 듣고, 그리스도를 믿는다.

그러나 첫 번째 제자들은 그리스도를 인식하는 자리에서 그의 분명한 계명을 받았다. 그리고 그들은 자신들이 무엇을 해야 하는지를 그리스도의 입으로부터 들었다. 이러한 사실은 첫 번째 제자들의 특권이 아닌가? 그리고 그리스도인으로서 순종해야 할 결정적인 바로 이 자리에서 우리는 홀로 있지 않은가? 동일한 그리스도가 우리에게 주는 말씀은 그들에게 주는 말씀과 다르지 않은가? 만약 이것이 사실이라면, 우리는 절망적인 상황 속에 있는 셈이다.

그러나 이것은 결코 사실이 아니다. 그리스도는 첫 번째 제자들에게 주었던 말씀과 다른 말씀을 우리에게 주지 않는다. 예수의 첫 번째 제자들도 먼저 예수를 그리스도로 인식했고, 그런 다음에 그의 계명을 받지 않았다. 오히려 그들은 그리스도를 오직 그의 말씀과 계명을 통해서만 인식했다. 그들은

나를 따르라 •

예수의 말씀과 계명을 믿었고, 예수를 그리스도로 인식했다. 제자들은 그리스도의 명백한 말씀을 떠나서 그리스도를 인식할 수 없었다.

그러므로 우리는 거꾸로도 말할 수 있다. 예수 그리스도에 대한 올바른 인식은 동시에 예수의 뜻에 대한 인식도 포함한다. 예수 그리스도의 인격에 대한 인식은 제자로부터 행위의 확신을 빼앗았던 것이 아니라, 제자에게 행위의 확신을 주었다. 그리스도에 대한 다른 인식은 절대로 존재하지 않는다. 만약 그리스도가 나의 생명을 주관하는 살아 있는 주라면, 그를 만남으로써 나는 나에게 주어진 그의 말씀을 듣게 된다. 그의 분명한 말씀과 계명을 통하지 않고 그를 참으로 인식할 수 있는 길은 없다. 우리가 그리스도를 인식하고 믿기를 원했지만, 그리스도의 뜻은 인식할 수 없었기 때문에 고통스러웠다는 항변은 희미하고 잘못된 그리스도 인식에 관해 말한다. 그리스도를 인식한다는 것은 그의 말씀 안에서 그를 나의 생명의 주와 구세주로 인식한다는 것을 의미한다. 그러나 이러한 인식은 나에게 주어진 그의 분명한 말씀에 대한 인식을 포함한다.

마지막으로 제자들에게 주어진 계명은 분명하지만, 그의 말씀 가운데서 어떤 것이 우리에게 적용되는 말씀인지를 우리가 스스로 결단해야 한다고 말한다면, 우리는 단지 제자들의 상황만이 아니라 우리의 상황도 다시금 오해한 셈이다. 예수의 계명은 항상 다음과 같은 목표를 추구한다. 그것은 마음을 다하여 믿을 것을 요구하며, 마음을 다하고 뜻을 다하여 하나님과 이웃을 사랑하기를 요구한다. 오직 그렇기 때문에 계명은 분명한 것이었다. 예수의 계명을 이렇게 이해하지 않고 실천하려는 모든 시도는 다시금 예수의 말씀에 대한 오해와 불순종일 것이다.

그러나 다른 한편으로 우리도 구체적인 계명을 인식하지 못한 것은 아니다. 그리스도를 선포하는 모든 말씀 안에서 우리는 예수의 계명을 분명히 들었다. 그래서 우리는 오직 예수 그리스도에 대한 믿음 안에서만 계명은 성취될 수 있다는 사실을 안다. 이처럼 예수 그리스도가 자신의 제자들에게 준 선물은 모두 보존되어 있다. 더욱이 예수 그리스도의 승천을 통해, 그의 변모에 관한 우리의 지식을 통해, 그리고 성령의 파송을 통해 이 선물은 우리에게 더 가까이 주어졌다.

이로써 제자들의 소명 사건을 강조하기 위해 다른 보도들을 무시해서는 안 된다는 점이 분명해졌다. 우리가 제자들이나 신약성서의 다른 인물들과 동일하거나 동일하게 되었다는 말이 아니라, 예전이나 지금이나 예수 그리스도와 그의 부름이 동일하다는 말이다. 지상 생애 동안 준 말씀이든 지금 주는 말씀이든, 제자에게 준 말씀이든 중풍병자에게 준 말씀이든, 예수의 말씀은 하나의 동일한 말씀이다. 그때나 지금이나 그의 말씀은 그의 나라와 그의 통치를 위한 그의 자비로운 부름

　　　　　　　　　　　　　　　나를 따르라 •

이다.

　내가 나를 제자나 중풍병자와 비교해야 하는지를 묻는 질문은 위험하게도 잘못 제기된 질문이다. 나는 나를 두 사람 중의 그 누구와도 비교해서는 안 된다. 오히려 나는 오직 이런저런 증언 안에서 들려오는 그리스도의 말씀과 뜻만을 듣고 성취해야 한다. 성서는 우리의 선택에 따라 닮고 싶은 그리스도인의 유형을 소개하는 것이 아니라, 모든 구절마다 한 존재, 곧 예수 그리스도를 설교한다. 나는 오직 그의 말씀만을 들어야 한다. 그는 항상 동일한 존재와 한 존재다.

　오늘날 우리는 "나를 따르라"는 예수의 부름을 어디서 듣게 되는가? 이에 대한 대답은 오직 다음과 같은 것이다. 설교를 들어라. 그의 성찬을 받아라. 그 속에서 예수 자신을 들어라. 그리하면 그의 부름을 들을 것이다!

❧
세례

공관복음서에서 제자들이 예수 그리스도와 맺는 관계의 거의 모든 내용과 범위를 표현할 수 있었던 뒤따름의 개념이 바울에게서는 매우 후퇴하고 있다. 바울이 일차적으로 우리에게 선포하는 것은 주의 지상 활동이 아니라, 부활하고 변모한 자의 현존과 우리를 위한 그의 활동이다. 그러므로 바울에게는 하나의 새롭고 독특한 개념들이 필요했다. 이 개념들은 대상의 독특성으로부터 나왔고, 이 땅에서 살고 죽고 부활한 주를 선포한다는 점에서 공통성을 지닌다. 다양한 개념들은 완전한 그리스도 증언과 상응한다. 따라서 바울의 개념들은 공관복음 저자들의 개념들을 인정하고, 거꾸로도 그러하다. 그어떤 개념들도 그 자체로는 다른 개념들보다 더 우월하지 않다. 왜냐하면 우리는 "바울파나 아볼로파나 게바파나 그리스도파가" 아니기 때문이다. 우리는 그리스도에 관한 성서 증언의 통일성을 믿는다.

만약 바울이 우리에게도 여전히 현존하는 그리스도를 선포하지만, 공관복음서 저자들의 증언은 우리가 전혀 알지 못하는 예수 그리스도의 현존에 관해 말한다고 주장한다면, 우

나를 따르라 •

리는 성서의 통일성을 파괴한다. 이런 주장은 물론 종교개혁
자적·역사적인 사상으로 널리 간주되고 있지만, 실제로는 정
반대다. 다시 말하면, 이런 주장은 가장 위험한 열광주의다.

누가 바울이 선포하는 그리스도의 현존을 우리가 오늘도
여전히 가지고 있다고 말하는가? 누가 우리에게 성서 자체와
다른 것을 말하는가? 말씀을 떠나서도 그리스도의 현존과 그
리스도의 현실성을 경험할 수 있는가? 만약 오직 성서만이 우
리에게 그리스도의 현존을 증언한다면, 성서는 전체로서 그렇
게 증언하며, 따라서 그 자체로서 공관복음서의 예수 그리스
도의 현존을 증언한다.

공관복음서의 그리스도는 우리에게 바울의 그리스도보다
더 멀지도 않고, 더 가깝지도 않다. 성서 전체가 우리에게 증언
하는 그리스도는 우리에게 현존한다. 그는 인간이 되고 십자가
에서 죽고 부활하고 변모했던 자다. 우리는 그의 말씀 안에서
그를 만난다. 공관복음서와 바울이 계속 증언하는 다양한 개념
들은 성서 증언의 통일성을 결코 파괴하지 않는다.[10]

---

10) 존재론적 진술과 선포적인 증언을 혼동하는 것은 모든 열광주의의 본질이
다. 그리스도가 부활하여 현존한다는 명제는, 존재론적으로 이해한다면, 성
서의 통일성을 파괴한다. 왜냐하면 이 명제는 예컨대 공관복음서의 예수의
존재방식과는 다른 예수 그리스도의 존재방식에 관한 진술을 포함하고 있
기 때문이다. 예수 그리스도가 부활하여 현존한다는 것은 여기서 자신의 존
재론적 의미를 가지고 있는 독자적인 명제이지만, 이것도 또한 다른 존재론
적 진술들에 대해서도 비판적으로 적용될 수 있다. 이 명제는 신학적 원리
가 되었다. 예컨대 이와 비슷하게 모든 열광적 완전주의는 성화에 관한 성

"나를 따르라"는 부름과 이 부름에 대한 응답은 바울에게 서 **세례**와 일치한다. 세례는 인간의 선물이 아니라 **예수 그리 스도의 선물**이다. 세례는 오직 우리를 부르는 예수 그리스도 의 자비로운 뜻에 근거해 있다. 세례란 세례를 받는다는 뜻이 다. 세례는 그리스도의 부름을 받아들이는 것이다. 인간은 세 례를 통해 그리스도의 소유가 된다. 세례를 받은 자는 예수 그 리스도의 이름을 듣는다. 그리하여 인간은 이 이름에 참여하 게 되며, "예수 그리스도와 합하여"(롬 6:3; 갈 3:27; 마 28:19) 세례 를 받는다. 이제 그는 예수 그리스도와 한 몸이 된다. 그는 세 상의 지배를 벗어났고, 그리스도의 소유가 되었다.

따라서 세례는 **단절**을 의미한다. 그리스도는 사탄의 세력

서의 진술에 대한 이러한 존재론적인 오해로부터 생겨난 것이다. 여기서는 예컨대 "하나님 안에 있는 자는 죄를 짓지 않는다."(요 3:6)라는 진술이 사 고의 존재론적 출발점이 되었다. 그리하여 이런 진술은 성서 자체와 분리되 며, 독자적이고 경험 가능한 진리로 높여진다. 선포적인 증언의 성격은 이 런 진술과는 철저히 대립적이다. 그리스도가 부활하여 현존한다는 명제는 철저히 성서의 증언으로서 오직 성서의 말씀으로서만 올바로 이해된다. 나 는 이 말씀을 신뢰한다. 이 말씀을 통하지 않고 내가 이 진리에 도달할 수 있 는 길은 없다. 이 말씀은 내게 바울의 그리스도의 현존과 공관복음서의 그 리스도의 현존을 동일하게 증언한다. 그러므로 우리는 오직 말씀을 통해서 만, 오직 성서의 증언을 통해서만 바울과 공관복음서의 그리스도의 현존에 이를 수 있다. 물론 이것은 바울이 대상적으로, 개념적으로 공관복음서와 다르게 증언한다는 사실을 부인하는 것은 아니다. 그러나 이 둘은 엄격히 성서 전체의 맥락 안에서 이해된다.

이 모든 것은 엄밀한 정경 개념으로부터 유래한 선험적인 이해일 뿐만 아니 라, 이 모든 개별적인 사례는 다시금 이러한 성서 이해의 정당성을 입증해 야 한다. 그러므로 앞으로 우리는 뒤따름의 개념이 바울의 증언에서 변화된 개념 안으로 어떻게 수용되고 발전되었는지를 밝혀야 할 것이다.

나를 따르라 •

권을 공격하고, 자신을 따르는 자들을 다스리며, 자신의 공동체를 만든다. 이로써 지나간 것과 다가올 것은 서로 단절되었다. 옛 것은 지나갔고, 모든 것은 새 것이 되었다. 이러한 단절은 인간이 자신의 삶과 사물의 새롭고 자유로운 질서를 부단히 갈망하기 때문에 자신의 사슬을 깨뜨림으로써 일어나는 것은 아니다. 그리스도가 친히 이미 오래전에 단절을 만들었다.

세례 속에서 이러한 단절은 나의 삶에도 일어났다. 세상 현실과의 직접적인 관계는 나로부터 멀어졌다. 왜냐하면 그리스도, 곧 중보자와 주가 둘 사이에 들어왔기 때문이다. 세례를 받은 자는 더는 세상에 속해 있지 않다. 그는 더는 세상을 섬기지 않으며, 더는 세상에 굴복하지 않는다. 그는 오직 그리스도에게만 속해 있으며, 단지 그리스도를 통해서만 세상과 관계를 맺는다.

세상과의 단절은 완전한 단절이다. 이러한 단절은 인간의 **죽음**을 요구하고 야기한다.[11] 세례 속에서 인간은 자신의 옛 세상과 함께 죽는다. 이 죽음도 엄밀한 의미에서는 고난의 사건으로 이해될 수 있다. 인간은 온갖 포기와 단념을 통해 이러한 죽음을 맛보려는 불가능한 시도를 해서는 안 된다. 이러한 죽음은 결코 그리스도가 요구하는 옛 인간의 죽음이 아닐 것

---

11) 이미 예수는 그의 죽음을 세례라고 불렀고, 제자들에게 이 죽음의 세례를 약속했다.(막 10:39; 눅 12:50) 공관복음서의 구절들은 롬 6:3과 일치한다.

이다. 옛 인간은 스스로 자신을 죽일 수 없다. 그는 자신의 죽음을 원할 수 없다.

옛 인간은 오직 그리스도 때문에, 오직 그리스도를 통해, 오직 그리스도와 함께 죽을 수 있다. 그리스도는 그의 죽음이다. 오직 그리스도의 사귐 때문에, 오직 이 사귐 안에서 인간은 죽는다. 세례의 은혜 안에서 그리스도와 사귐을 나눔으로써 인간은 자신의 죽음을 받아들인다.[12] 이러한 죽음은 인간이 결코 스스로 만들 수 없는 은혜다. 물론 이러한 죽음 안에서 옛 인간과 그의 죄는 심판 아래 떨어진다. 그러나 이러한 심판으로부터 세상과 죄에 대해 죽은 새로운 인간이 태어난다.

따라서 이러한 죽음은 창조주가 피조물에게 내리시는 최종적인 진노의 저주가 아니라, 창조주가 피조물을 받아들이시는 자비로운 행동이다. 세례의 이 죽음은 예수 그리스도의 죽음을 통해 우리가 얻게 된 자비로운 죽음이다. 이것은 그리스도의 십자가의 능력과 사귐 안에 있는 죽음이다. 그리스도의 소유가 되는 자는 그의 십자가 아래 서야 한다. 그는 그리스도와 함께 고난을 받아야 하고, 죽어야 한다. 예수 그리스도의 사귐을 받아들이는 자는 은혜로운 세례의 죽음을 경험해야 한다.

이것은 예수가 자신을 따르는 자들에게 지우는 그리스도의 십자가다. 그리스도의 십자가와 죽음은 가혹하고 무거웠

---

12) 슐라터(Schlatter)는 고전 15:29도 순교의 세례와 결부시킨다.

　　　　　　　　　　　　　　　나를 따르라 •

다. 우리가 지는 십자가의 멍에는 그리스도의 사귐으로 말미암아 온유하고 가볍다. 그리스도의 십자가는 우리가 세례 안에서 경험하는 우리의 유일하고 자비로운 죽음이다. 우리가 져야 할 십자가는 그리스도의 성취된 죽음의 능력 안에서 매일 죽는 것이다. 따라서 세례는 예수 그리스도의 십자가의 사귐을 받아들이는 사건이 된다.(롬 6:3 이하; 골 2:12) 믿는 자는 그리스도의 십자가를 진다.

세례 안에서 일어나는 죽음은 **죄로부터 의롭게 하는 사건**이다. 죄인은 자신의 죄에서 벗어나기 위해 죽어야 한다. 죽은 자는 죄에서 벗어나서 의롭게 되었다.(롬 8:7; 골 2:20) 죄는 죽은 자들에게 아무런 권리도 주장하지 못하며, 죄의 요구는 죽음과 함께 청산되고 소멸되었다. 따라서 죄에서 벗어나 의롭게 하는 사건은 오직 죽음을 통해서만 일어난다. 죄를 용서한다는 것은 죄를 간과하고 잊어버린다는 뜻이 아니라, 죄인이 참으로 죽고 죄와 분리된다는 뜻이다.

그러나 죄인의 죽음이 의롭게 하고 멸망을 가져오지 않는 유일한 까닭은 이러한 죽음이 그리스도의 죽음의 사귐 안에서 일어나기 때문이다. 예수 그리스도의 죽음 안으로 들어가는 세례는 죄를 용서하고, 의롭게 하며, 죄와의 완전한 단절을 초래한다. 예수가 자신의 제자들에게 가져온 십자가의 사귐은 그들에게 의롭게 하고 죄를 죽이고 용서하는 선물이다. 십자가의 사귐 안에서 예수를 따르던 제자가 받은 선물은 바울의 가르침에 따라 세례를 받았던 신자가 받은 선물과 결코 다르지 않다.

비록 세례는 인간에게 요구되는 수동적인 사건이지만, 결코 기계적인 사건으로 이해되어서는 안 된다. 그러므로 **세례와 영**은 매우 분명하게 결합된다.(마 3:11; 행 10:47; 요 3:5; 고전 6:11; 12:13) 세례의 선물은 성령이다. 그러나 성령은 신자들의 마음에 내주하는 그리스도 자신이다.(고전 3:17; 롬 8:9-11, 14 이하; 엡 3:16 이하) 세례를 받은 자들은 성령이 내주하는 집이다. 성령은 예수 그리스도의 영원한 현존과 그의 사귐을 우리에게 보증한다. 성령은 예수 그리스도의 본성(고전 2:10)과 그의 뜻에 대한 올바른 지식을 주고, 그리스도가 우리에게 말한 모든 것(요 14:16)을 우리에게 가르치고 기억나게 하며, 모든 진리로 우리를 인도한다.(요 16:13) 그리하여 성령은 그리스도를 온전히 깨닫게 하고, 하나님이 우리에게 주신 것을 알게 한다.(고전 2:12; 엡 1:9)

성령은 우리 안에서 불확실한 것을 창조하지 않고, 확실하고 분명한 것을 창조한다. 그러므로 우리는 성령 안에서 살아갈 수 있고(갈 5:16, 18, 25; 롬 8:1, 4), 분명한 걸음을 걸을 수 있다. 예수는 이 땅을 떠난 다음에도 이 땅에 있을 동안에 자신의 제자들과 나누었던 확실한 사귐을 계속 나누었다. 세례를 받은 자들의 마음 안으로 성령을 파송함으로써 예수는 자신에 대한 확실한 인식을 보존할 뿐만 아니라, 친밀한 사귐을 통해 이러한 인식을 강하고 확고하게 만든다.(롬 8:16; 요 16:21 이하)

예수가 "나를 따르라"고 말했다면, 이로써 그는 **가시적인 순종의 행위**를 요구한 셈이다. 예수를 뒤따르는 것은 하나의 공개적인 일이었다. 이와 꼭 마찬가지로 세례도 하나의 공개적인 사건이다. 왜냐하면 세례를 받는 자는 예수 그리스도의 가시적인 공동체와 한 몸이 되기 때문이다.(갈 3:27 이하; 고전 12:13) 예수 그리스도 안에서 일어난 세상과의 단절은 더는 숨겨져 있을 수 없다. 이러한 단절은 예배와 교회의 생활에 참여함으로써 외적으로 드러나기 마련이다. 교회와 관계를 맺는 그리스도인은 세상과 노동과 가정을 벗어나며, 예수 그리스도의 공동체 안에서 자신을 드러낸다. 그는 홀로 이런 걸음을 걷는다. 그러나 그는 버렸던 것들, 곧 형제와 자매와 집과 땅을 도로 얻게 된다. 세례를 받은 자는 예수 그리스도의 가시적인 공동체 안에서 살아간다. 이것이 무엇을 의미하고 무엇을 내포하는지는 "그리스도의 몸"과 "보이는 교회"에 관해 말하는 다음의 두 단락에서 설명될 것이다.

세례와 그 선물은 **일회적인 것**이다. 누구도 그리스도의 세례를 두 번 받을 수는 없다.[13] 히브리서는 이해하기 어려운 한 본문에서 하나님의 은혜로운 행위가 반복될 수 없고 유일한 것이라는 사실을 선포하기를 원한다. 여기서 히브리서는 세례를 받은 자들과 회심한 자들이 두 번 회개할 수 있는 가능성을 부

---

13) 물론 요한의 세례는 그리스도의 세례를 통해 갱신되어야 한다.(행 19:5)

인한다.(히 6:4 이하) 세례를 받은 자는 그리스도의 죽음에 참여했다. 그는 이 죽음을 통해 예수에게 내려진 죽음의 선고를 받았고, 예수와 함께 죽었다. 그리스도가 단 한 번 죽었듯이(롬 6:10), 그리고 그의 희생이 반복될 수 없듯이, 세례를 받은 자도 그리스도와 함께 오직 한 번 죽는다. 이제 그는 죽었다.

뿌리가 잘린 나무가 죽어가듯이, 그리스도인들이 매일 죽는다는 것은 오직 일회적인 세례의 죽음의 결과다. 이제부터 세례를 받은 자는 "자신을 죄에 대하여 죽은 자로 여겨야"(롬 6:11) 한다. 세례를 받은 자는 오직 죽은 자로서만 온전한 구원을 받았음을 고백한다. 이것은 우리에게 일어난 그리스도의 죽음의 은혜로운 행위에 대한 믿음을 회상 속에서 반복하는 것이지, 늘 새롭게 일어나야 할 그리스도의 죽음의 은혜로운 행위를 실제로 반복하는 것이 아니다. 세례를 받은 자는 자신의 세례 속에서 그리스도의 일회적인 죽음으로부터 살아간다.

세례의 엄밀한 일회성은 유아세례의 깊은 의미를 드러낸다.[14) 유아세례가 세례인지 아닌지는 의심할 필요가 없다. 유아세례는 반복할 수 없는 일회적인 세례다. 그러므로 유아세례는 분명한 한계선을 지닐 수밖에 없다. 2세기와 3세기의 그

---

14) 이미 신약성서의 시대에 유아세례가 시행되었다는 것을 입증하는 본문 가운데서 잘 알려진 것으로는 요한일서 2:12 이하를 들 수 있다. 아이들, 아비들, 청년들이 두 차례에 걸쳐 언급되는 것을 보면, 아이들(τεκνία)이란 교회를 지칭하는 일반적 명칭이 아니라는 결론을 내릴 수 있다. 이 명칭은 실제로 어린아이를 포함한다고 이해되어야 한다.

리스도인들이 종종 늙어서나 죽기 전에 비로소 세례를 받았다
는 사실은 분명히 하나의 건강한 교회생활의 증거가 아니었
다. 그렇지만 이 사실은 우리가 오랫동안 잃어버렸던 세례의
은혜에 대한 하나의 분명한 통찰을 준다. 이 사실은 유아세례
를 위해 다음과 같은 의미를 가진다. 단 한 번 일어난 구원 행
위에 대한 믿음의 회상적인 반복이 보장되는 곳에서만, 다시
말하면, 살아 있는 공동체 안에서만 세례는 시행될 수 있다. 공
동체를 떠나서 시행하는 유아세례는 단지 성례전의 남용일 뿐
만 아니라, 어린이의 영혼 구원을 가볍게 여기는 사악한 행위
다. 왜냐하면 세례는 반복할 수 없기 때문이다.

이와 마찬가지로 세례를 받은 자에게 예수의 부름은 일회
적이고 반복할 수 없는 의미를 가지고 있었다. 예수를 따랐던
자는 자신의 과거에 대하여 죽었다. 그러므로 예수는 제자들
에게 그들이 가진 모든 것을 버릴 것을 요구해야만 했다. 예수
는 결단을 되돌릴 수 없을 뿐만 아니라, 그들이 받은 주의 은혜
가 완전하다는 사실도 분명히 알려야만 했다. "만약 소금이 그
짠 맛을 잃는다면, 무엇으로 짜게 하겠는가?" 예수의 은혜의
일회성은 이보다 더 날카롭게 표현될 수 없었다. 예수는 그들
의 생명을 취했지만, 이제는 그들에게 하나의 생명, 곧 완전하
고 충만한 생명을 주기를 원했다. 예수는 그들에게 자신의 십
자가를 선사했다. 이것은 첫 번째 제자들에게 주어진 세례의
은혜였다.

♂
그리스도의 몸

첫 번째 제자들은 예수의 육체적인 현존과 사귐 안에서 살았다. 이것은 무엇을 의미하며, 어떤 점에서 이러한 사귐이 오늘날 우리에게 계속 일어나는가? 세례를 통해 우리가 그리스도의 몸의 지체들이 되었다고 바울은 말한다. 우리에게 매우 생소하고 난해한 이 문장은 철저한 설명이 필요하다.

이것은 세례를 받은 자들이 주의 죽음과 부활 후에도 예수의 육체적인 현존과 사귐 안에서 살아야 한다는 점을 말한 것이다. 예수의 떠남은 제자들에게 결코 손실이 아니라 오히려 새로운 선물이다. 첫 번째 제자들이 예수의 육체적 사귐 안에서 소유할 수 있었던 것은 오늘날 우리가 소유하는 것과 전혀 다른 것이 아니며, 우리가 소유하는 것보다 더 많은 것도 아니다. 참으로 우리에게 주어진 이러한 사귐은 첫 번째 제자들에게 주어졌던 사귐보다 더 확고하고, 더 온전하며, 더 분명하다.

우리는 변모된 주의 육체적인 현존의 완전한 사귐 안에서 살아간다. 우리의 믿음은 이러한 은혜의 풍성함에 대해 무지해서는 안 된다. 예수 그리스도의 몸은 우리의 믿음의 근거와 확신이다. 예수 그리스도의 몸은 하나의 온전한 은혜이며, 이 은혜 안에서 우리는 구원을 얻게 되었다. 예수 그리스도의 몸은 우리의 새로운 생명이다. 예수 그리스도의 몸 안에서 우리는 하나님에 의해 영원토록 취해졌다.

아담의 타락 이래 하나님은 인간을 찾고 인간을 **취하기** 위해 범죄한 인류에게 자신의 **말씀**을 보내셨다. 더욱이 하나님의 말씀은 잃어버린 인류를 다시 취하기 위해 우리에게 왔다. 하나님의 말씀은 약속으로 왔고, 율법으로 왔다. 그것은 우리 때문에 약하고 작은 것이 되었다. 그러나 인간들은 이 말씀을 배척했고, 취해지기를 거부했다. 인간들은 희생제물을 바쳤고, 공로를 내세웠다. 하나님은 자신들보다는 희생제물과 공로를 받기를 더 좋아하신다고 생각되었기 때문이다. 그러나 이로써 인간들은 자신들을 되팔아 버렸다.

그러나 기적 중의 기적이 일어났다. 하나님의 아들이 인간이 되었다. 말씀이 육신이 되었다. 영원 전부터 아버지의 영광 가운데 있었던 자, 하나님의 형상을 지녔던 자, 태초에 창조의 중보자였고, 그래서 오직 그를 통해서만, 그리고 오직 그 안에서만 피조물을 인식할 수 있는 자, 하나님 자신(고전 8:6; 고후 8:9; 빌 2:6 이하; 엡 1:4; 골 1:16; 요 1:1 이하; 히 1:1 이하)이 인간성을 취했고, 세상에 왔다. 그는 인간의 본질, 인간의 "본성", "범죄한 육신", 인간의 형상을 취함으로써 인간성을 취했다.(롬 8:3; 갈 4:4; 빌 2:6 이하) 하나님은 단지 선포되는 말씀을 통해서만 인간성을 취하신 것이 아니라, 예수의 육신 안에서 인간성을 취하셨다.

하나님의 자비가 하나님의 아들을 육신 속으로 보냈다. 그리하여 하나님의 아들은 육체로써 온 인류를 친히 수용하고 담당했다. 하나님의 아들은 하나님에 대한 증오 속에서, 육신의 자랑 속에서 몸이 없고 보이지 않는 하나님의 말씀을 배척한 온 인류를 육체적으로 취했다. 이제 온 인류는 하나님의 자비 때문에 예수 그리스도의 몸 안에서 자신의 모습 그대로 육체적으로, 그리고 진정으로 취해졌다.

교부들은 이러한 기적을 이해하기 위해 격렬하게 논쟁했다. 그들은 하나님이 인간의 본성을 취하셨다고 주장하면서도, 하나님이 하나의 완전한 인간과 결합하기 위해 그를 선택하신 것은 아니라고 주장했다. 하나님은 인간이 되셨다. 다시 말하면, 하나님은 병들고 범죄한 인간의 모든 본성을 취하셨다. 하나님은 타락한 온 인류를 취하셨다. 그러나 하나님이 인간 예수를 취하신 것은 아니다. 모든 구원의 소식에 대한 올바른 이해는 이러한 분명한 구분에 달려 있다. 예수 그리스도의 몸 안에서 우리는 온 인류와 더불어 취해졌다. 예수 그리스도의 몸은 이제 우리의 구원의 근거다.

예수가 취한 몸은 범죄한 육신이다. 그렇지만 예수는 죄가 없다.(고후 5:21; 히 4:15) 그의 인간적인 몸이 존재하는 곳마다 모든 육신은 취해진다. "진정 그는 우리의 병고를 감당했고, 우리의 아픔을 걸머졌다." 예수가 인간의 본성의 질병과 고통

나를 따르라 •

을 치유할 수 있었던 까닭은 오직 예수가 우리의 모든 질병과 고통을 자신의 몸에서 감당했기 때문이다.(마 8:15-17) "그가 찔림은 우리의 허물 때문이고, 그가 상함은 우리의 죄악 때문이다." 그는 우리의 죄를 감당했다. 그가 죄를 용서할 수 있었던 까닭은 그의 몸 안에서 우리의 범죄한 육신이 "취해졌기" 때문이다. 예수가 죄인들을 받아들인 까닭은 그가 죄인들을 육체적으로 감당했기 때문이다. 예수와 함께 "주의 은혜의 해"가 개시되었다.(눅 4:19)

따라서 인간이 된 하나님의 아들은 둘이었다. 하나는 하나님의 아들 자신이고, 다른 하나는 새로운 인류다. 그의 행동은 그가 자신의 몸 안에서 감당한 새로운 인류를 위한 행동이기도 하다. 따라서 그는 두 번째 아담, 곧 "마지막" 아담이다.(고전 15:45) 아담 안에서도 개인과 온 인류는 하나였다. 아담도 자신 안에서 온 인류를 감당했다. "아담" 안에서 온 인류가 범죄했고, "아담"(인간) 안에서 "인간"이 범죄했다.(롬 5:19) 그리스도는 두 번째 인간이다.(고전 15:40) 그리스도 안에서 새로운 인류가 창조되었다. 그리스도는 "새로운 인간"이다.

이로부터 우리는 예수와 함께 제자들에게 선사되었던 육체적인 사귐의 본질을 비로소 이해하게 된다. 예수를 따르는 제자들의 결합이 하나의 육체적인 결합이었다는 사실은 우연이 아니다. 성육신으로부터 볼 때, 그들의 결합은 필연적이다. 예언자와 교사에게는 그들을 따르는 자가 필요하지 않다. 그들에게 필요한 것은 제자들과 청중이다. 인간의 육신 안으로 온, 인간이 된 하나님의 아들에게는 자신의 가르침만이 아니라 바로 자신의 몸에도 참여하는 제자들의 사귐이 필요하다. 예수 그리스도를 따르는 자는 그의 몸에서 사귐을 가진다. 그들은 육체적인 사귐 안에서 살아가며, 그 안에서 고난을 받는다. 예수의 몸의 사귐은 그들에게 십자가를 부과한다. 왜냐하면 그의 몸 안에서 제자들은 모두 감당되고 취해졌기 때문이다.

예수의 지상적인 몸은 십자가에 못 박혔고, 죽었다. 예수의 죽음 안에서 새로운 인류가 함께 십자가에 못 박혔고, 그와 함께 죽었다. 그리스도는 한 인간을 취한 것이 아니라 인간의 "형상", 범죄한 육체, 인간의 "본성"을 취했기 때문에 그리스도가 감당한 모든 것들은 그와 함께 고난을 받고 죽는다. 그가 십자가에 지고 간 것은 우리 모두의 질병과 우리 모두의 죄다. 우리는 그와 함께 십자가에 못 박히고 그와 함께 죽은 자다.

물론 그리스도의 지상적인 몸은 죽었다. 그러나 그리스도는 썩지 않는, 변모된 몸으로 죽음에서 일어났다. 그것은 동일한 몸이다. 무덤은 참으로 비어 있었다! 그렇지만 그것은 새로운 몸이다. 따라서 그리스도는 자신과 함께 죽은 인류를 부활로 인도한다. 따라서 그리스도는 자신의 변모된 몸 안에서도 자신이 지상에서 취했던 인류를 감당한다.

우리를 위해 이 모든 일을 행한 그리스도의 이 몸에 우리는 어떻게 생생하게 참여할 수 있는가? 만약 그리스도의 몸과의 사귐이 없다면, 그리스도와의 사귐도 존재하지 않는다. 오직 그의 몸 안에서만 우리는 취해졌고, 우리의 구원도 오직 그의 몸에 근거해 있다! 우리는 그리스도의 몸의 두 가지 성례전, 곧 세례와 성만찬을 통해 그의 몸의 사귐에 참여할 수 있게 되었다. 요한은 십자가에 못 박힌 예수 그리스도의 몸에 빗대어 두 가지 성례전의 요소, 곧 물과 피를 인상 깊게 설명한다.(요 19:34-35) 바울은 그리스도의 몸의 지체가 되는 사건을 두 가지 성례전과 완전히 결합함으로써 요한의 증언을 뒷받침한다.[15]

성례전의 기원과 목표는 그리스도의 몸이다. 오직 그리스도의 몸이 존재하기 때문에 성례전도 존재한다. 설교의 말씀이 예수 그리스도의 몸과의 사귐을 일으키는 것은 아니다. 성례전도 추가되어야 한다. 세례가 그리스도의 몸과 한 몸이 되게 한다면, 성만찬은 그의 몸에서 사귐을 보존한다. 세례는 우리를 그리스도의 몸에 참여시킨다. 우리는 "그리스도 안으로 세례를 받았고"(갈 3:27; 롬 6:3), "세례를 받아 한 몸이 되었다."(고전 12:18) 따라서 세례의 죽음 안에서 우리는 그리스도가 자신의 몸 안에서 모든 사람을 위해 획득한 것을 성령을 통해 소유하게 된다. 우리가 받은 예수의 몸의 사귐은 우리가 이제 "그리스도와 함께" 있고 "그리스도 안에" 있다는 것을 의미하며, "그리스도가 우리 안에" 있다는 것을 의미한다. 이러한

---

15) 엡 3:6도 모든 구원의 선물, 곧 말씀, 세례, 성찬을 말하고 있다.

표현들은 그리스도의 몸에 대한 올바른 이해로부터 분명한 의미를 얻게 된다.

"그리스도와 함께" 모든 사람이 전적으로 성육신의 능력 안에 있다. 예수는 참으로 인간의 모든 본성을 감당한다. 그러므로 그의 삶, 그의 죽음, 그의 부활은 모든 사람에게 일어난 실제적인 사건이다.(롬 5:18 이하; 고전 15:23; 고후 1:14) 그러나 그리스도인들은 특별한 방식으로 "그리스도와 함께" 있다. 다른 사람들에게는 죽음이 되는 것이 그들에게는 은혜가 된다. 세례 속에서 그들은 "그리스도와 함께 죽었고"(롬 6:8; 골 2:20), "그리스도와 함께 십자가에 못 박혔고"(롬 6:6), "그리스도와 함께 장사되었고"(롬 6:4; 골 2:22), "그리스도와 함께 동일한 죽음으로 옮겨졌으며"(롬 6:5), 바로 그렇기 때문에 그와 함께 살게 될(롬 6:8; 엡 2:5; 골 2:12; 딤후 2:11; 고후 7:3) 것이라고 선언된다.

"우리는 그리스도와 함께 있다." 이 사실은 그리스도가 임마누엘, 곧 "우리와 함께하시는 하나님"이라는 사실에 근거해 있다. 오직 그리스도를 이렇게 아는 자에게만 그리스도와 함께 존재한다는 것은 은혜가 된다. 그는 "그리스도 안으로" 세례를 받으며, 그리스도의 고난의 사귐에 참여한다. 따라서 그 자신은 그리스도의 몸의 한 지체가 된다. 그리고 세례를 받은 자들의 사귐은 그리스도 자신의 몸과 한 몸이 된다. 따라서 그들은 "그리스도 안에" 있고, "그리스도는 그들 안에 있다." 그들은 더는 "율법 안에"(롬 2:12, 3:13), "육체 안에"(롬 7:5, 8:3, 8,

나를 따르라 •

9; 고후 10:3), "아담 안에"(고전 15:22) 있지 않다. 그들의 모든 실존과 모든 생활은 이제부터 "그리스도 안에" 있다.

바울은 그리스도의 성육신의 기적을 매우 풍부한 관계 안에서 표현한다. 앞에서 설명된 모든 내용은 그리스도가 단지 말씀과 생각 속에서만이 아니라 그의 육체적인 생명과 함께 "우리를 위해" 존재한다는 문장으로 요약될 수 있다. 우리가 하나님 앞에 서야 할 때, 그리스도는 자신의 몸으로 하나님 앞에 선다. 그리스도는 우리를 대변한다. 그리스도는 우리를 위해 고난을 받고 죽는다. 그리스도는 우리의 육체를 감당하기 때문에 이런 일을 할 수 있다.(고후 5:21; 갈 3:13, 1:4; 디도서 2:14; 살전 5:10 등) 예수 그리스도의 몸은 진정한 의미에서 십자가에서, 말씀 안에서, 세례 안에서, 성만찬에서 "우리를 위해" 존재한다. 예수 그리스도와의 육체적인 사귐의 근거는 바로 여기에 있다.

예수 그리스도의 몸은 그가 취한 새로운 인류 자체다. 그리스도의 몸은 그의 교회다. 예수 그리스도는 그 자신임과 동시에 그의 교회이기도 하다.(고전 12:12) 예수 그리스도는 오순절 이래 세상에서 그의 몸, 곧 교회의 형태 안에서 살아간다. 그의 몸, 곧 십자가에서 못 박혔고 부활한 그의 몸은 교회 안에 있고, 그가 취한 인류는 교회 안에 있다. 따라서 세례를 받는다는 것은 교회의 지체, 곧 예수의 몸의 지체가 된다는 것을 의미한다.(갈 3:28; 고전 12:13) 그러므로 그리스도 안에 있다는 것은 교회 안에 있다는 것을 의미한다. 만약 우리가 교회 안에 있다면, 이로써 우리는 진정으로, 그리고 육체적으로 그리스도 안에 있기도 하다. 이제 그리스도의 몸 개념은 매우 풍부하게 드러난다.

예수가 떠나간 다음에 세상 안에서 예수 그리스도의 공간은 그의 몸, 곧 교회를 통해 차지된다. 교회는 현존하는 그리스도 자신이다. 이로써 우리는 매우 망각되었던 교회론을 회복하게 된다. 우리는 교회를 하나의 제도로 생각하는 습관에 길들여져 왔다. 그러나 교회는 몸을 가진 **인격**, 곧 완전히 독특한 인격으로 생각되어야 한다.

교회는 하나다. 세례를 받은 자들은 모두 "그리스도 안에서 하나다."(갈 3:28; 롬 12:5; 고전 10:17) 교회는 "인간"이다. 교회는 **새로운 인간**이다. 교회는 이러한 존재로서 그리스도의 십자가 죽음을 통해 창조되었다. 여기서 인류를 분열시키는 유대인과 이방인 사이의 대립은 무너졌고, 그래서 "그리스도는 자기 자신 안에서 이 둘을 하나의 새로운 인간과 평화를 만들었다."(엡 2:15) "새로운 인간"은 하나다. 그것은 다수가 아니다. 새로운 인간, 곧 교회 밖에는 오직 낡고 분열된 인간만이 존재할 따름이다.

"새로운 인간", 곧 교회는 하나님에 의해 "참된 의와 거룩함과 진리로 창조되었다."(엡 4:24) 그는 "자기를 창조하신 이의 형상을 따라 지식에까지 새롭게 하심을 입는다."(골 3:10) 이것

나를 따르라 •

은 바로 하나님의 형상인 그리스도 자신에 관한 말이다. 아담은 창조주의 형상에 따라 창조된 첫 번째 인간이었다. 그러나 그는 타락함으로써 이 형상을 상실했다. 이제 "두 번째 인간", 곧 "마지막 아담"이 하나님의 형상에 따라 창조된다. 그는 예수 그리스도다.(고전 15:47) 따라서 "새로운 인간"은 그리스도임과 동시에 교회이기도 하다. 그리스도는 새로운 인간 안에 있는 새로운 인류다. 그리스도는 교회다

개인이 "새로운 인간"과 맺는 관계는 그가 새로운 인간을 "입는" 것과 같다.[16] "새로운 인간"은 개인이 입어야 할 옷과 같다. 개인은 그리스도와 교회인 하나님의 형상을 입어야 한다. 세례를 받는 자는 그리스도를 입는다.(갈 3:27) 이것은 그가 한 몸, 한 인간, 곧 교회가 된다는 것이라고 다시 해석될 수 있다. 여기서는 헬라인도 없고, 유대인도 없고, 자유인도 없고, 노예도 없다. 만약 교회 안에 있지 않다면, 만약 그리스도의 몸에 속하지 않는다면, 그 누구도 새로운 인간이 될 수 없다. 홀

---

16) 옷입다(ἐνδύσασθαι)라는 이미지는 주거지와 의복과 같은 공간적 표상을 깔고 있다. 아마도 고후 5:1 이하도 이런 맥락 안에서 해석될 수 있을 것이다. 여기서 ἐνδύσασθαι는 하늘의 οἰκητήριον("거처", 2절)과 연결된다. 이러한 οἰκητήριον이 없는 인간은 벌거벗은(γυμνς) 상태로서 하나님을 두려워할 수밖에 없다. 그는 벌거벗었으며, 옷을 입기를 갈망한다. 이것은 하늘의 οἰκητήριον을 덧입음으로써 가능해진다. 이 세상에서 교회의 οἰκητήριον을 "입는다"는 말은 바울이 동경하는 하늘의 교회를 입는다는 말과 같은 뜻이 아닐까? 우리가 덧입게 될 것은 땅에서나 하늘에서나 하나의 교회다. 이것은 하나님의 현존과 덮개의 공간이다. 이것은 땅에서나 하늘에서나 우리를 덮는 그리스도의 몸이다.

로 새로운 인간이 되기를 원하는 자는 여전히 낡은 인간이다. 새로운 인간이 된다는 것은 교회 안으로 들어온다는 것을 의미하고, 그리스도의 몸의 지체가 된다는 것을 의미한다. 의롭게 되고 거룩하게 된 개인이 새로운 인간이 아니라 교회, 그리스도의 몸, 그리스도가 새로운 인간이다.

십자가에 못 박히고 부활한 그리스도는 성령을 통해 교회로서, "새로운 인간"으로서 존재한다. 왜냐하면 그리스도가 인간이 되었고 영원 속에 거하기 때문이고, 그의 몸은 새로운 인류이기 때문이다. 신성의 충만이 그리스도 안에서 몸이 되고 내주하듯이, 그의 제자들도 그리스도로 채워졌다.(골 2:9; 엡 3:19) 참으로 제자들은 그리스도의 몸이기 때문에 그 자체로서 신성의 충만이다. 그렇지만 만물 안에서 만물을 충만케 하는 자는 오직 그리스도다.

그리스도와 그의 교회, 곧 그의 몸과의 일치는 그리스도를 그의 몸의 주로 인식하기를 요구한다. 그러므로 몸 개념을 자세히 설명하는 구절에서 그리스도는 몸의 머리라고 불린다.(엡 1:22; 골 1:8, 2:19) 분명한 대립관계는 보존된다. 그리스도는 주다. 이러한 대립관계를 필수적으로 요구하는, 그리고 교회와 그리스도의 신화적인 혼합을 결코 허용하지 않는 구원사적인 사실은 그리스도의 승천과 그의 재림이다. 자신의 교회 안에 현존하는 그리스도는 다시금 하늘로부터 온다. 하늘과 땅에서 동일한 주가 존재한다. 하늘과 땅에서 동일한 교회가 존재한다. 지상에 현존하는 자의 몸과 구름을 타고 오는 자의 몸은 하나의 동일한 몸이다. 그러나 우리가 땅에 있는 것과 하늘에 있는 것은 엄청난 차이다. 따라서 동일성과 차이는 필연적으로 공존한다.

교회는 하나다. 교회는 그리스도의 몸이다. 그러나 이와 동시에 교회는 많은 지체들의 공동체이기도 하다.(롬 12:5; 고전 12:12 이하) 몸은 많은 지체들을 가지고 있다. 그리고 모든 지체들은 자신의 모습대로 존재한다. 눈은 눈이고, 손은 손이고, 발은 발이다. 이것은 바울이 설명하는 비유의 의미다! 손은 눈이 되지 않고, 눈은 귀가 되지 않는다. 모든 지체들은 자신의 모습대로 존재한다. 그렇지만 모든 지체는 한 몸에 속한 지체로서, 오직 일치 안에서 봉사하는 공동체로서 존재한다. 공동체가 오직 그리스도와 그의 몸으로부터만 자신의 모습대로 존재하듯이, 모든 개인은 오직 공동체의 일치로부터만 자신의 모습대로 존재하고, 사귐도 역시 그러하다.

여기서 성령의 직무가 분명히 드러난다. 성령은 그리스도를 개인들에게 인도하는 자다.(엡 3:17; 고전 12:3) 성령은 개인들을 모아서 자신의 교회를 세운다. 그렇지만 교회의 모든 구조는 그리스도 안에서 이미 완성되었다.(엡 2:22, 4:14; 골 2:2) 성령은 몸의 지체들(롬 15:30, 5:5; 골 1:8; 엡 4:3)의 사귐(고후 13:13)을 창조한다. 주는 영이다.(고후 3:17) 그리스도의 교회는 성령 안에서 현존하는 그리스도다. 따라서 그리스도의 몸의 생명은 우리의 생명이 되었다. 그리스도 안에서 우리는 이제 우리의 생명을 영위하지 않고, 그리스도가 우리 안에서 자신의 생명을 영위한다. 교회 안에 있는 신자들의 생명은 참으로 **교회 안에 있는 예수 그리스도의 생명**이다.(갈 2:20; 롬 8:10; 고후 13:5; 요일 4:15)

십자가에 못 박히고 변모된 예수 그리스도의 몸의 사귐 안에서 우리는 그리스도의 고난과 변모에 참여한다. 그리스도의 십자가는 교회의 몸 위에 있다. 이 십자가 아래서 교회가 받는 고난은 그리스도의 고난이다. 이것은 먼저 세례 안에서 경험하는 십자가의 죽음의 고난이다. 더 나아가 교회의 고난은 그리스도의 세례의 능력 안에서 그리스도인이 "날마다 죽는 것"(고전 15:31)이다. 그러나 이를 넘어서 교회의 고난은 이루 말할 수 없는 약속의 고난이기도 하다.

물론 오직 그리스도 자신의 고난만이 화해의 능력을 가지고 있다. 그는 "우리를 위해" 고난을 받았고, "우리를 위해" 승리했다. 그러나 그리스도는 자신의 고난의 능력 안에서 자신의 몸의 사귐을 부끄러워하지 않는 자들에게 측량할 수 없는 은혜를 준다. 이것은 다시금 "그리스도를 위해" 고난을 받을 수 있는 은혜이기도 하다. 그리스도인들에게 "그리스도를 위해" 고난을 받을 수 있는 것보다 더 큰 영광은 주어질 수 없고, 이보다 더 신비한 명예도 존재할 수 없다.

이것은 율법과 가장 심각하게 충돌하는 진리다. 율법에 따르면 우리는 우리 자신의 죄 때문에 반드시 형벌을 받아야

나를 따르라 •

한다. 인간은 자기 자신을 위해 아무것도 할 수 없고, 고난을 받을 수도 없다. 이러한 인간이 남에게 무슨 일을 할 수 있고, 그리스도를 위해 무슨 일을 할 수 있는가! 우리를 위해 주어진, 우리의 죄를 위해 형벌을 받은 그리스도의 몸은 우리를 죽든지 살든지 "그리스도를 위해" 존재하게 만든다. 우리는 이제 "그리스도를 위해", 곧 우리를 위해 모든 것을 행한 그리스도를 위해 일할 수 있고, 고난을 받을 수 있다!

이것은 그리스도의 몸의 공동체 안에서 일어나는 기적과 은혜다.(빌 1:29, 2:17; 롬 8:35 이하; 고전 4:10; 고후 4:10, 5:20, 13:9) 비록 예수 그리스도는 화해를 위한 모든 대리적 고난을 완성했지만, 이 땅에서 그리스도의 고난은 아직 끝나지 않았다. 그리스도는 자신의 은혜 안에서 마지막 때를 위해 자신이 다시 올 때까지 채워지지 않을 고난의 여분을 자신의 교회에 남겨 두었다.(골 1:24) 이 고난은 그리스도의 몸, 곧 교회를 유익하게 할 것이다. 이런 고난도 죄를 삼키는 힘을 가지고 있다고 생각해도 좋은지는 여전히 확실하지 않다.

그러나 분명한 것은 다음과 같은 사실이다. 고난을 받은 자는 그리스도의 몸의 능력으로 교회를 "위해", 곧 예수의 몸을 위해 대리적인 고난을 받는다. 그는 남이 감당할 수 없는 고난을 감당할 수 있다.

"우리가 항상 예수의 죽음을 몸에 짊어짐은 예수의 생명이 또한 우리

몸에 나타나게 하려 함이라. 우리 살아 있는 자가 항상 예수를 죽음에 넘겨짐은 예수의 생명이 또한 우리의 죽을 육체에 나타나게 하려 함이라. 그런즉 사망은 우리 안에서 역사하고, 생명은 너희 안에서 역사하느니라." (고후 4:10-12, 1:5-7, 13:9; 빌 2:17)

그리스도의 몸에는 고난의 분량이 이미 결정되어 있다. 하나님은 어떤 사람에게는 다른 사람들 대신에 특별한 고난을 받을 수 있는 은혜를 주신다. 고난은 참으로 성취되고 감당되고 극복되어야 한다. 하나님으로부터 그리스도의 몸을 위해 고난을 받을 수 있는 자격을 받은 자는 복이 있다. 이러한 고난은 즐거움이다.(골 1:24; 빌 2:17) 이런 고난 안에서 신자는 예수 그리스도의 고난을 지고 있으며, 자신의 몸에 그리스도의 상처를 지니고 있다는 사실을 자랑할 수 있다.(고후 4:10; 갈 6:17) 이제 신자는 살든지 죽든지 자신의 몸에서 그리스도가 영광을 받을 수 있도록 기여할 수 있다.(빌 1:20) 그리스도의 몸에 속한 지체들의 이러한 대리적 행위와 고난은 바로 자신의 지체들 안에서 형상을 취하려는 그리스도의 생명이다.(갈 4:19)

이 모든 것들 안에서 우리는 예수의 첫 번째 제자들과 추종자들과 사귐을 나눌 수 있게 된다. 이제 이 연구의 결론은 다음과 같다. 우리는 성서 전체에서 그리스도의 몸에 관한 증언을 재발견한다. 그리스도의 몸 안에서 하나님의 성전에 관한 구약성서의 위대한 예언이 성취된다는 사실이 여기서 입증된다.

그리스도의 몸 개념은 헬라철학의 용어 사용의 맥락 안에서가 아니라 구약성서의 성전 예언으로부터 이해되어야 한다. 다윗은 하나님을 위해 성전을 짓기를 원했다. 그는 예언자에게 문의했다. 예언자는 다윗에게 그의 의도에 대한 하나님의 말씀을 전달한다. "네가 나를 위하여 살 집을 건축하겠는가? … 여호와가 또 네게 이르노니, 여호와가 너를 위하여 집을 짓고 …"(삼하 7:5, 11) 하나님의 성전은 오직 하나님 자신에 의해서만 세워질 수 있다. 이와 동시에 다윗은 기이하게도 앞에서 언급된 내용과 충돌하는 약속을 받는다. 그의 후손 중의 한 사람이 하나님을 위해 하나의 집을 지을 것이며, 그의 나라는 영원할 것이라는 약속이다.(12, 13절) "나는 그에게 아버지가 되고, 그는 내게 아들이 되리니 …"(14절)

다윗의 가문에서 태어난 하나님의 "평화의 아들" 솔로몬은 이 약속을 자신과 관련지었다. 그는 성전을 세웠고, 그래서 하나님의 인정을 받았다. 그렇지만 이 성전 안에서 예언이 성취되지는 않았다. 왜냐하면 이 성전은 인간의 손으로 세워졌고, 파괴될 수밖에 없었기 때문이다. 따라서 예언은 아직도 성취되지 않았다. 이스라엘 백성은 나라를 영원히 통치할 다윗의 아들에 의해 세워질 성전을 여전히 기다린다. 예루살렘 성전은 여러 차례 파괴되었다. 이것은 예루살렘 성전이 약속된 성전이 아니라는 증거다.

진정한 성전은 어디에 있었는가? 그리스도는 성전에 관한 예언을 자신의 몸과 관련지으면서, 우리에게 다음과 같이 말한다. "유대인들이 이르되, 이 성전은 사십육 년 동안에 지었거늘, 네가 삼 일 동안에 일으키겠느냐 하더라. 그러나 예수는 성전 된 자기 육체를 가리켜 말씀하신 것이라. 죽은 자 가운데서 살아나신 후에야 제자들이 이 말씀하신 것을 기억하고 성경과 예수께서 하신 말씀을 믿었더라."(요 2:20 이하) 이스라엘이 기다리는 성전은 그리스도의 몸이다. 구약성서의 성전은 단지 그리스도의 몸의 그림자일 뿐이다.(골 2:17; 히 10:1, 8:5)

예수가 말한 성전은 자신의 인간적인 몸을 의미한다. 그는 이 땅에 있는 자신의 몸의 성전도 무너질 것임을 안다. 그러나 그는 부활할 것이다. 그리고 새로운 성전, 곧 영원한 성전은 부활하고 변모된 그의 몸이 될 것이다. 이것은 하나님이 자신의 아들을 위해 친히 세우시는, 그리고 아들도 아버지를 위해 세우는 집이다. 이 집에는 하나님과 함께 새로운 인류, 곧 그리스도의 교회도 진정으로 거한다. 인간이 된 그리스도 자신은 완성된 성전이다. 이것은 요한계시록이 새로운 예루살렘에 관해 말하는 내용과 상응한다. 그곳에는 성전이 없다. 왜냐하면 "전능하신 하나님**과 어린양**이 그들의 성전이기 때문이다."(계 21:22)

성전은 하나님이 인간 가운데 일어나는 하나님의 은혜로운 현존과 거주의 장소다. 이와 동시에 성전은 하나님이 교회를 취하시는 장소다. 이 둘은 오직 인간이 된 예수 그리스도 안

나를 따르라 •

에서만 진리가 되었다. 여기서 하나님의 현존은 참되고, 육체적이다. 여기서 인류는 참되고, 육체적이다. 왜냐하면 하나님이 그 자신의 몸 안에서 인류를 취하셨기 때문이다. 따라서 그리스도의 몸은 하나님과 인간 사이에 있는 용납과 화해, 평화의 자리다.

하나님은 그리스도의 몸 안에서 인간을 발견하신다. 그리고 인간은 그리스도의 몸 안에서 하나님에 의해 용납되었음을 발견한다. 그리스도의 몸은 살아 있는 돌로 세워진(벧전 2:5 이하) 신령한 집이다.[17] 오직 그리스도만이 이 성전의 토대와 머릿돌이다.(엡 2:20; 고전 3:11) 이와 동시에 그리스도는 성령이 거하는, 그리고 신자들의 마음을 채워주고 거룩하게 하는 성전[18]이기도 하다.(고전 3:16, 6:19) 하나님의 성전은 예수 그리스도 안에 있는 거룩한 교회다. 그리스도의 몸은 하나님과 새로운 인류의 살아 있는 성전이다.

---

17) 루터는 벧전 2:5에서 이를 "신령한 집"이라고 번역한다.
18) 루터는 "건물"이라고 번역한다.

보이는 교회

　예수 그리스도의 몸은 이 땅에서 공간을 차지한다. 그리스도는 인간이 됨으로써 인간들 가운데서 공간을 요구한다. 그리스도는 자기 땅에 왔다. 그러나 그가 태어날 때, 인간들은 그에게 마구간을 주었다. 왜냐하면 "그들에게 여관밖에는 다른 공간이 없었기 때문이다." 그의 죽음을 통해 인간들은 그를 자신의 땅에서 추방했고, 그의 몸을 땅과 하늘 사이의 형틀에 매달았다.

　그렇지만 성육신은 이 땅에서 자신의 영역을 요구한다. 공간을 차지하는 것은 볼 수 있다. 따라서 예수 그리스도의 몸은 오직 볼 수 있는 몸이다. 만약 그렇지 않다면, 그것은 그리스도의 몸이 아니다. 인간 예수는 볼 수 있다. 그는 하나님의 아들로 신앙된다. 예수의 몸은 볼 수 있다. 그는 인간이 된 하나님의 몸으로 신앙된다. 예수가 육신 안에 있었다는 것은 분명한 사실이고, 그가 우리의 육신을 감당했다는 것은 신앙의 대상이다. "그대는 이 사람을 가리켜, 그가 하나님이라고 말해야 한다."(루터)

　하나의 진리, 하나의 교훈, 하나의 종교는 자신의 공간이 전혀 필요하지 않다. 이것들은 몸이 없다. 이것들은 들려지고, 학습되며, 이해된다. 이것이 전부다. 그러나 인간이 된 하나님의 아들은 단지 귀나 마음만이 아니라 자신을 따르는 육체적인 인간이 필요하다. 그러므로 그는 자신의 제자들에게 몸으로 따라올 것을 요구했다.

그리고 하나님의 아들의 공동체는 누구에게나 보이는 것이었다. 그의 공동체는 인간이 된 예수 그리스도를 통해 세워졌고, 유지되었다. 육신이 된 말씀은 육체적으로 볼 수 있는 공동체를 불렀고, 창조했다. 부름을 받은 자들은 이제 숨어 지낼 수 없었다. 그들은 어둠을 밝혀야 하는 빛이었고, 볼 수 있어야 하는 산 위의 마을이었다.

예수 그리스도의 십자가와 고난은 그들의 공동체 위에 분명히 드러났다. 제자들은 그의 공동체를 위해 모든 것을 포기해야 했고, 고난과 박해를 받아야 했다. 그렇지만 그들은 그의 공동체 안에서 박해를 받는 가운데서도 그들이 잃었던 것, 곧 형제와 자매와 토지와 집을 되찾았다. 예수를 따르는 자들의 공동체는 세상 앞에서 분명히 드러났다. 예수의 공동체 안에서 행동하고 일하고 고난을 받은 몸들이 거기에 있었다.

높이 들린 주의 몸도 교회의 형태 안에 있는 분명한 몸이다. 이 몸을 어떻게 볼 수 있는가? 먼저 **말씀의 설교** 가운데서 볼 수 있다. "그들은 항상 사도들의 가르침에 충실했다."(행 2:42) 이 문장의 모든 단어는 의미가 있다. 가르침이란 여기서 모든 종류의 종교적 담론과는 달리 설교를 의미한다. 가르침이란 이미 일어난 사실을 전달한다는 것을 의미한다. 말해야 할 내용은 객관적으로 확정되어 있다. 그것은 다만 "가르침"을 통해 전달하는 것만이 필요하다. 그러나 전달은 본질적으로 알려지지 않은 것에 제한된다. 만약 이것이 알려져 있다면, 계속 전달할 의미가 없다. 따라서 "가르침"의 개념은 자기 자신을 불필요하게 만들 수 있다.

최초의 교회는 이와 대립되는 독특한 특징을 나타낸다. 그것은 이런 가르침을 "계속" 지켜 나갔다. 다시 말하면, 이런 가르침은 자신을 불필요하게 만들지 않고, 지속성을 요구했다. 하나의 실질적인 필요가 이런 "가르침"을 "지속성"과 묶어 놓았던 것이 분명하다. 이것은 최초의 교회가 "사도들의 가르침"을 중요하게 생각했다는 사실을 통해 입증된다.

"사도들의 가르침"이란 무엇인가? 사도들은 하나님에 의해 선택된 자들로서 예수 그리스도 안에서 일어난 계시 사실을 증언하는 자들이다. 그들은 예수의 육체적인 공동체 안에서 살았고, 육체가 되고 십자가에 못 박히고 부활한 자를 보았으며, 그의 몸을 자신들의 손으로 만져보았다.(요일 1:1) 그들은 하나님과 성령이 말씀을 전하기 위한 도구로 사용하시는 증인들이다. 사도들의 설교는 예수 그리스도 안에서 일어난 하나님의 계시의 육체적인 사건에 관한 증언이다. 교회는 사도들과 예언자들의 토대 위에 세워졌고, 그리스도는 교회의 모퉁

잇돌이다.(엡 2:20) 그 이후의 모든 설교는 이 토대 위에 세워짐으로써 그 자체로서 사도적인 설교가 되어야 한다. 따라서 우리와 최초의 교회의 일치는 사도들의 말씀을 통해 세워진다.

사도들의 이러한 가르침은 어느 정도까지 들음의 "지속성"이 필요한가? 사도들의 말씀은 인간의 말씀 안에서 참으로 하나님의 말씀이다.(살전 2:13) 그러므로 그것은 인간을 취하기를 원하고 또 그렇게 할 능력이 있는 말씀이다. 하나님의 말씀은 교회를 취하기 위해 교회를 찾는다. 그것은 본질적으로 교회 안에 있다. 그것은 스스로 교회 안으로 들어간다. 그것은 교회를 향해 움직이는 운동성을 가지고 있다. 한편에는 하나의 말씀, 하나의 진리가 있고, 다른 한편에는 하나의 교회가 있어서, 설교자가 이 말씀을 교회 안으로 가져가기 위해, 이 말씀을 교회에 적용하기 위해 이 말씀을 취하고 다루고 움직이는 것이 아니다. 오히려 말씀은 완전히 스스로 이 길을 간다. 설교자가 할 수 있고 해야 할 일은 오직 말씀의 이런 독자적인 운동을 위해 봉사하고 이 운동을 방해하지 않는 것이다.

말씀이 인간을 취하기 위해 왔다. 사도들은 이를 알고 있었다. 그들의 설교도 바로 이로부터 시작되었다. 사도들은 하나님의 말씀이 어떻게 왔는지, 그것이 어떻게 육신을 취했고 이 육신 안에서 어떻게 온 인류를 취했는지를 스스로 보았다. 이제 사도들이 증언해야 할 유일한 사실은 하나님의 말씀이 육신이 되었고, 하나님의 말씀이 죄인을 취하고 용서하고 거룩하게 하기 위해 왔다는 사실이었다.

이것은 이제 교회 안에 들어온 말씀이다. 육신이 된 말씀, 이미 온 인류를 감당하는 말씀이 교회로 온다. 만약 말씀이 취한 인류가 없다면, 이 말씀도 없다. 말씀 안에서 성령이 친히 온다. 성령은 그리스도 안에서 이미 오래전에 선사된 것을 개인과 교회에게 보여준다. 성령은 듣는 자들로 하여금 다음과 같은 사실을 믿게 한다. 설교의 말씀 안에서 예수 그리스도가 자신의 몸의 능력 안에서 우리 한가운데 친히 들어왔다. 그리스도가 이미 나를 취했고 오늘도 다시금 나를 취하기를 원한다는 사실을 내게 알리려고 온다.

사도들의 설교 말씀은 온 세상의 죄를 몸으로 감당했던 말씀이다. 그것은 성령 안에서 현존하는 그리스도다. 그리스도가 자신의 교회 안에 있다는 사실은 "사도들의 가르침"이요, 사도들의 설교다. 이 가르침은 결코 자신을 불필요하게 만들지 않고, 오히려 교회를 창조한다. 교회가 이 가르침을 충실히 지키는 까닭은 교회가 말씀에 의해 취해졌기 때문이고, 이 사실을 날마다 확신하기 때문이다. 이 가르침은 하나의 보이는 교회를 창조한다.

그리스도의 몸은 말씀의 설교 안에서 볼 수 있을 뿐만 아니라, **세례와 성만찬** 안에서도 볼 수 있다. 세례와 성만찬은 우리 주 예수 그리스도의 참된 인간성으로부터 나온다. 세례와 성만찬 안에서 그리스도는 우리에게 몸으로 다가오며, 우리를 자신의 몸의 공동체의 한 지체로 만든다. 세례와 성만찬 안에서 말씀은 우리를 위한 그리스도의 죽음을 선포한다(롬 6:3 이하; 고전 11:6) 세례와 성만찬이 주는 선물은 그리스도의 몸이다. 세례 안에서 우리는 그리스도의 몸의 지체가 되는 선물을 받고, 성만찬 안에서 우리는 주의 몸과의 육체적인 사귐을 선물로 받는다. 바로 그렇기 때문에 우리는 주의 몸의 지체들과의 육체적인 사귐도 선물로 받는다. 따라서 우리는 주의 몸의 선물을 통해 주와 한 몸이 된다.

만약 우리가 세례와 성만찬의 선물을 사죄라고 불렀다면, 이로써 우리가 세례의 선물과 성만찬의 선물을 완전히 이해한 것은 아니다. 성례전 안에서 선사되는 몸의 선물은 주의 교회 안에서 우리에게 몸으로 현존하는 주를 선사한다. 그러나 사죄는 교회로서 존재하는 그리스도의 몸의 선물에 포함되어 있다. 세례와 성만찬의 집행이 원래 - 오늘날 우리의 습관과는 정반대로 - 사도적인 선포의 직무에 한정되어 있지 않고 공동체 자체에 의해 수행되었다는 사실은 바로 이로부터 이해될 수 있다.(고전 1:1, 14 이하, 11:17 이하) 세례와 성만찬은 오직 그리스도의 몸의 공동체에만 속해 있다. 말씀은 신자와 불신자를 향해 선포된다. 그러나 성례전은 오직 공동체에게만 속해 있다. 따라서 그리스도인들의 공동체는 진정한 의미에서 세례 공동체와 성만찬 공동체이며, 바로 이로부터 비로소 설교의 공동체이기도 하다.

예수 그리스도의 공동체가 세상에게 **선포의 공간**을 요구한다고 우리는 분명히 말했다. 그리스도의 몸은 말씀과 성례전을 위해 모인 공동체 안에서 볼 수 있다.

이러한 교회는 하나의 조직화된 전체다. 교회로서 존재하는 그리스도의 몸은 교회의 조직과 질서를 포함하고 있다. 이것은 몸과 함께 결정되었다. 조직화되지 않은 몸은 부패 상태에 있다. 바울의 가르침에 따르면 그리스도의 살아 있는 몸의 형태는 조직화된 형태다(롬 12:5; 고전 12:12 이하) 내용과 형식, 본질과 현상의 구분은 여기서 불가능하다. 이런 구분은 그리스도의 몸, 곧 육신이 된 그리스도를 부정하는 것이다.(요일 4:3) 따라서 그리스도의 몸은 **선포의 공간**과 함께 **교회 질서의 공간**도 요구한다.

교회의 질서는 신적인 기원과 본질을 가지고 있다. 물론 교회의 질서는 지배를 위한 것이 아니라, 봉사를 위한 것이다. 교회의 직무는 "봉사"다.(고전 12:4) 교회의 직무는 하나님에 의해(고전 12:28), 그리스도에 의해(엡 4:11), 성령에 의해(행 20: 28) 교회 **안에** 제정된 것이지, 교회를 **통해** 제정된 것이 아니다. 교회가 스스로 직무를 분배할 경우에도 전적으로 성령의 인도 아래 분배한다.(행 13:2 등) 직무와 교회는 삼위일체 하나님 안에서 처음부터 동일하다.

직무는 교회를 위해 봉사한다. 직무는 오직 이러한 봉사 안에서만 영적인 권리를 가지고 있다. 그러므로 서로 다른 교회 안에는 서로 다른 직무, 곧 "여러 가지 봉사"가 존재할 수밖에 없다. 예컨대 예루살렘 교회의 직무는 바울의 선교 공동체의 직무와 다를 수밖에 없다. 물론 조직은 하나님에 의해 제정된 것이다. 그러나 조직의 형태는 변할 수 있으며, 오직 지체들에게 봉사를 맡기는 교회 자체의 영적인 판단에 맡겨져 있다.

성령이 개인에게 선사하는 은사들도 교회에 대한 봉사의 규율을 엄격히 따라야 한다. 왜냐하면 하나님은 무질서의 하나님이 아니라, 평화의 하나님이기 때문이다.(고전 14:32 이하) 바로 이를 통해 성령은 모든 것이 교회의 유익을 위해 일어난다는 사실을 분명하게 보여준다.(고전 12:7) 사도들, 예언자들, 교사들, 감독들(주교들), 집사들, 장로들, 우두머리들과 지도자들(고전 12:28 이하; 엡 2:20, 4:11)은 그리스도의 몸인 교회의 종들이다. 그들은 교회 안에서 봉사하도록 결정되었다. 따라서 그들의 직무는 신적인 기원이나 본질을 가지고 있다. 오직 교회만이 그들을 봉사에서 제외할 수 있다. 물론 교회는 자신의 필요에 따라서 자유롭게 질서를 만들 수 있다. 만약 그 질서가 외부로부터 손상을 입는다면, 그리스도의 몸의 가시적인 형태 자체도 손상을 입는다.

교회의 직무 담당자들은 하나님의 말씀과 성례전이 올바르게 집행되는지를 보살피는 일에 항상 특별한 주의를 기울여야 한다. 여기서 우리는 다음과 같은 점에 유념해야 한다. 선포는 선포자의 임무와 은사에 따라서 항상 다양하고 상이하다. 그러나 바울에게 속하든 베드로에게 속하든, 아볼로에게 속하든 그리스도에게 속하든, 이 모든 것 안에서 분리될 수 없는 한 그리스도가 인식되어야 한다.(고전 1:11 이하)

한 사람은 다른 사람과 협력해야 한다.(고전 3:6) 학파 형성은 모든 사람이 자신의 이익을 추구하는 분쟁을 낳는다.(딤전 6:5, 20; 딤후 2:16, 3:8; 딛 1:10) 이런 경우에는 "하나님의 축복"이 너무나 쉽게 명예나 권력이나 돈과 같은 세상의 이익으로 변질되어 버린다. 문제를 삼기 위해 문제를 일으키는 경향도 쉽게 생겨날 수 있으며, 분명하고 단순한 진리로부터 벗어날 수도 있다.(딤후 3:7) 이것은 결국 하나님의 계명에 맞서는 고집과 불순종을 낳는다. 이와는 반대로 건전하고 유익한 가르침은 선포의 목표가 되고(딤후 4:3; 딤전 1:10, 4:16, 6:1; 딛 1:9, 13, 2:1, 3:8), 올바른 질서와 일치를 보장한다.

올바른 학문적 견해와 거짓된 가르침의 경계선을 인식하기는 항상 쉽지 않다. 따라서 다른 교회가 이미 이단으로 배척한 하나의 가르침을 학문적 견해로 허용하는 교회들이 많다.(계 2:6, 16 이하) 그러나 만약 거짓된 가르침이 분명히 드러난다면, 완전한 분리가 요구된다. 거짓 교사는 그리스도의 공동체와 인격적인 사귐에서 추방되어야 한다.(갈 1:8; 고전 16:22; 딛 3:10; 요이 1:10 이하) 따라서 순수한 설교는 가시적으로 결합과 분리를 수행해야 한다. 이로써 우리는 하나님이 교회의 **선포와 질서의 공간**을 반드시 요구하신다는 사실을 알게 되었다.

나를 따르라 •

이제 우리는 다음과 같이 질문하게 된다. 그리스도의 몸의 공동체의 가시적 형태가 이로써 이미 잘 설명되었는가? 교회의 가시적 형태는 세상 안에서 공간을 차지하기를 여전히 요구하는가? 신약성서의 대답은 분명하다. 교회는 단지 예배와 질서만이 아니라 교회의 지체들의 일상적인 삶을 위해서도 이 세상에서 공간을 요구한다. 따라서 이제는 보이는 교회의 **삶의 영역**에 관해 말해야 한다.

예수가 제자들과 함께 나눴던 사귐은 삶의 모든 관계들 안에서 이루어진 온전한 사귐이었다. 제자들의 공동체 안에서는 개인의 모든 삶이 전개되었다. 이러한 사귐은 하나님의 아들이 육체를 가진 존재였다는 사실에 관한 생생한 증언이다. 하나님의 아들의 육체적 현존은 매일의 삶 속에서 그를 위해, 그리고 그와 함께 육체적인 헌신을 요구한다. 몸으로 온전한 삶을 살아가는 인간은 자신을 위해 인간의 몸을 취한 예수에게 속해 있다. 예수의 제자들은 예수의 몸과는 뗄 수 없는 일체를 이루고 있다.

사도행전에 기록된 초대 교회에 관한 첫 번째 설명도 바로 이를 증언한다(행 2:42 이하, 4:32 이하) "그들은 사도의 가르침을 받아, 서로 교제하고 떡을 떼며 오직 기도하기를 힘썼다." "그리고 믿는 사람이 다 함께 있어, 모든 물건을 서로 통용하였다." 여기서 사귐이 말씀과 성만찬 사이에서 일어나기 시작했다는 사실은 교훈적이다. 사귐이 항상 말씀으로부터 시작되고 항상 거룩한 성만찬을 지향하며 항상 거룩한 성만찬에서 완성된다는 것은 사귐의 본질에 대한 우연한 설명이 아니다. 그리스도인의 모든 사귐은 말씀과 성례전 사이에 일어난다. 사귐은 예배에서 시작되고, 예배에서 끝난다. 사귐은 하나님의 나라에서 주와 함께 받게 될 마지막 성만찬을 기대한다.

이러한 기원과 목표를 가진 사귐은 세상의 사물과 재물도 포함하는 완전한 사귐이다. 여기서 자유와 기쁨과 성령의 능력 안에서 하나의 완전한 공동체가 만들어졌다. 여기서는 "부족한 자가 전혀 없었고, 서로가 필요한 것을 나누어 주었으며, 제 것이라고 말하는 자가 아무도 없었다." 일상적인 삶 속에서 이러한 사건은 강요할 필요가 없는 복음의 완전한 자유를 알린다. 그들은 참으로 "한 마음과 한 뜻"이었다.

이 초대 교회는 모든 사람들의 눈에 분명하게 띄었고, - 신기하게도! - "온 백성이 기뻐하였다."(행 2:47) 이것은 이러한 완전한 사귐의 배후에 있는 예수의 십자가를 전혀 보지 못한 이스라엘 백성의 눈먼 행위인가? 이것은 모든 백성이 하나님의 백성을 칭송하게 될 그날을 미리 보여준 행위인가? 이것은 교회가 성장하고 신자들과 원수들이 심각하게 투쟁하고 분열하던 바로 그 시기에 교회의 운명에 호의를 보이고 참여하도록 인간을 감싸 안으신 하나님의 친절한 행동인가? 혹은 교회를 반기던 이 백성은 "예수를 십자가에 못 박아라"고 외치던 백성이 아니라 "호산나"라고 외치던 백성인가? "주께서 구원받는

나를 따르라 •

사람을 날마다 더하게 하셨다." 완전한 삶의 공동체인 가시적인 이 교회는 세상 안으로 파고 들어가서, 세상의 자녀들을 낚아챈다. 교회가 날마다 성장한다는 사실은 교회 안에 살아 있는 주의 능력을 증명한다.

첫 번째 제자들의 모습은 다음과 같았다. 주가 있는 곳에는 그들도 있고, 그들이 있는 곳에는 주도 세상 끝까지 함께할 것이다. 제자들이 행하는 모든 일은 바로 예수의 공동체의 사귐 안에서 그 지체로서 행하는 것이다. 가장 평범한 행위도 이제는 교회 안에서 일어난다. 그리스도의 몸에 관해서도 다음과 같이 말할 수 있다. 한 지체가 있는 곳에는 온 몸도 있고, 몸이 있는 곳에는 지체도 있다. 지체가 몸을 벗어날 수 있거나 벗어나기를 원하는 삶의 영역은 없다. 지체가 어디에 있든, 지체가 무엇을 행하든, 이 모든 것은 "몸 안에서", 교회 안에서, "그리스도 안에서" 일어난다. 모든 삶이 "그리스도 안에서" 수용되었다. 그리스도인은 그리스도 안에서 강하거나 약하다.(빌 4: 13; 고후 13:4) 그는 "주 안에서" 일하고, 힘쓰고, 기뻐한다.(롬 16:9, 12; 고전 15:58; 빌 4:4) 그는 그리스도 안에서 말하고, 권면한다.(고후 2:17; 빌 2:1) 그는 그리스도 안에서 손님을 맞이한다.(롬 16:2) 그는 주 안에서 결혼한다.(고전 7:39) 그는 감옥에서도 주 안에 있다.(빌 1:13, 23) 그는 주 안에서 종이다.(고전 7:20) 그리스도인들의 모든 인간적인 관계는 그리스도와 교회의 품에 싸여 있다.

그리스도의 몸 안으로 세례를 받는다는 것은 그리스도와 교회 안에서 모든 그리스도인들에게 충만한 생명이 제공된다는 것을 의미한다. 만약 세례의 은사가 구원의 수단인 설교와 성만찬에 참여하는 것에만 제한된다면, 다시 말하면, 세례의 은사가 교회의 직무와 봉사를 맡은 자들에게만 제한된다면, 이것은 신약성서와는 완전히 무관한 행위요, 사악한 행위다. 그리스도의 몸의 지체들이 삶의 모든 관계 안에서 나누는 사귐의 공간은 세례를 받은 모든 자들에게 무조건 열려 있다. 세례를 받은 형제에게 예배 참여는 보장하면서도 일상생활 속에서 그와 사귐을 나누기를 거부하고 그를 학대하거나 무시하는 자는 그리스도의 몸 자체에 죄를 짓는다. 세례를 받은 형제에게 구원의 은사는 인정하면서도 이 땅의 삶의 선물들을 거절하거나 고통과 고난을 당하는 형제를 일부러 방치하는 자는 구원의 선물을 조롱하며, 거짓말쟁이가 된다. 성령이 말씀하신 곳에서 아직도 자신의 피와 자신의 본성과 자신의 동정과 반감에 귀를 기울이는 자는 성례전을 모독하는 죄를 짓는다. 그리스도의 몸 안으로 받은 세례는 단지 세례를 받은 자의 개인적인 구원 상태만이 아니라 그의 모든 삶의 관계도 변화시킨다.

예수를 믿는 주인(主人) 빌레몬으로부터 도망쳐서 그에게 큰 손실을 입힌 노예 오네시모를 빌레몬은 그가 세례를 받은 후에는 "육신적으로, 그리고 주 안에서 종이 아니라 종 이상으

나를 따르라 •

로, 사랑하는 형제로 영원히 다시 두어야 한다."(몬 1:16) 바울은 오네시모를 "육신적으로" 한 형제라고 강조한다. 이로써 바울은 지위와 권세가 낮은 그리스도인들과는 예배 중에는 사귈 수 있지만 예배를 떠나서는 사귈 수 없다고 주장하는, "특권을 내세우는" 그리스도인들의 위험한 오해를 경고한다. 오네시모는 육신적으로 한 형제다! 바울 자신이 그랬듯이, 빌레몬도 노예 오네시모를 형제로 받아들여야 하고(몬 1:17), 형제로서 자신이 입은 손실에 대한 보상을 요구하지 말아야 한다.(몬 1:18) 바울이 솔직하게 이렇게 제안했듯이, 빌레몬도 자발적으로 그렇게 해야 한다.(몬 1:8-14) 빌레몬은 분명히 요구를 받는 것보다 더 많은 것을 행했다.(몬 1:21) 오네시모는 세례를 받았기 때문에 육신적으로 한 형제다.

비록 오네시모는 여전히 그의 주인 빌레몬의 노예이지만, 서로의 관계는 이제 모든 점에서 달라졌다. 어떻게 그렇게 되었는가? 자유인과 노예가 그리스도의 몸의 지체가 되었다. 그들의 사귐 가운데서 이제 예수 그리스도의 몸인 교회는 마치 작은 세포 속에 있듯이 살아 있다. "세례를 받은 자들은 그리스도를 옷으로 입었다. 이제는 유대인도 헬라인도, 종도 자유인도, 남자도 여자도 없다. 왜냐하면 그들은 모두 예수 그리스도 안에서 하나가 되었기 때문이다."(갈 3:27 이하; 골 3:11) 교회 안에서 이제 한 사람은 다른 사람을 자유인이나 노예로, 남자나 여자로 보지 않고, 그리스도의 몸의 지체로 본다. 물론 노예가 이제는 노예가 아니고, 남자가 이제는 남자가 아니라는 말이 아니다. 그러나 교회 안에서 이제부터는 모두가 다른 사람을 유대인이나 헬라인이라고 부르거나 노예나 주인이라고 불러서는 안 된다. 바로 이런 일은 절대로 일어나서는 안 된다.

우리는 오직 그리스도의 몸의 지체라는 관점 아래서만, 다시 말하면, 그리스도 안에서 우리가 하나라는 관점 아래서만 서로를 본다. 유대인과 헬라인, 자유인과 노예, 남자와 여자는 이제 그리스도의 몸인 교회의 한 부분으로서 사귐을 나눈다. 그들이 함께 살고 함께 말하고 함께 행동하는 곳에 교회도 있다. 교회는 그리스도 안에 있다. 이로써 그들의 사귐도 결정적으로 규정되었고, 변화되었다. 아내는 "주 안에서" 남편에게 순종한다. 만약 노예가 상전을 섬긴다면, 상전은 하나님을 섬긴다. 상전은 하늘에 상전이 계시다는 것을 안다.(골 3:18-4:1) 그러나 그들은 "육신적으로, 그리고 주 안에서" 형제들이다.

따라서 교회는 세상의 삶 한가운데로 들어가서, 그리스도를 위한 공간을 획득한다. 왜냐하면 "그리스도 안에" 있는 것은 더는 세상과 죄와 율법의 지배 아래 있지 않기 때문이다. 이렇게 새로워진 공동체 안에서 세상의 율법은 아무것도 결정할 수 없다. 그리스도인의 형제 사랑의 영역은 세상 아래 있지 않고, 그리스도 아래 있다. 교회는 형제에 대한 사랑의 봉사, 자비의 봉사를 결코 제한해서는 안 된다. 왜냐하면 형제가 있는 곳에는 그리스도 자신의 몸이 있고, 그리스도의 몸이 있는 곳에는 항상 그의 교회도 있고, 나도 있기 때문이다.

그리스도의 몸에 속한 자는 세상에서 벗어났고, 세상에서 부름을 받았다. 그는 예배와 교회 질서의 사귐만이 아니라 형제적인 삶의 새로운 사귐을 통해서도 세상에 보여야 한다. 세상이 그리스도인의 형제를 멸시할 때, 그리스도인은 그를 사랑하고 섬긴다. 세상이 그에게 폭력을 쓸 때, 그리스도인은 도와주고 고통을 덜어준다. 세상이 그를 모독하고 비난할 때, 그리스도인은 형제의 부끄러움을 위해 자신의 명예를 준다. 세상이 이익을 추구할 때, 그리스도인은 이익을 포기한다. 세상이 착취할 때, 그리스도인은 자신을 비운다. 세상이 억압할 때, 그리스도인은 무릎을 꿇고, 일어선다.

만약 세상이 정의를 거부한다면, 그리스도인은 자비를 실천할 것이다. 만약 세상이 거짓 속에 숨는다면, 그리스도인은 말하지 못하는 자를 위해 입을 열 것이고, 진리를 위해 증언할 것이다. 형제가 유대인이거나 헬라인이거나, 노예이거나 자유인이거나, 강한 자이거나 약한 자이거나, 높은 자거나 비천한 자이거나, 그리스도인은 형제를 위해 세상의 모든 사귐을 단념할 것이다. 왜냐하면 그리스도인은 예수 그리스도의 몸의 공동체를 위해 봉사하기 때문이다. 따라서 그리스도인은 이러한 공동체 안에서 세상 앞에서 늘 숨겨져 있을 수 없다. 그리스도인은 부름을 받았고, 그리스도를 따른다.

그러나 "각 사람은 부르심을 받은 그 부르심 그대로 지내

라. 네가 종으로 있을 때에 부르심을 받았느냐? 염려하지 마라. 그러나 네가 자유롭게 될 수 있거든, 그것을 이용하라. (다시 말하면, 종으로 머물러 있어라!) "주 안에서 부르심을 받은 자는 종이라도 주께 속한 자유인이요, 또 그와 같이 자유인으로 있을 때에 부르심을 받은 자는 그리스도의 종이니라. 너희는 값으로 사신 것이니, 사람들의 종이 되지 마라. 형제들아, 너희는 각각 부르심을 받은 그대로 하나님과 함께 거하라."(고전 7:20-24)

"나를 따르라"는 예수의 첫 번째 부름이 들려왔을 때와는 달리 지금은 모든 것이 달라지지 않았는가? 그때에는 제자들이 예수와 함께 가기 위해서는 모든 것을 버려야 했다. 그런데 여기서는 각자가 부르심을 받은 그 부르심에 머물러 있어야 한다고 말한다! 이러한 모순을 어떻게 해결할 수 있는가? 오직 다음과 같은 인식만이 모순을 해결할 수 있다.

사도들이 권면했을 때나 예수가 불렀을 때, 부름을 받은 자는 그리스도의 몸의 사귐 안으로 들어갔다. 첫 번째 제자들은 예수의 육체적인 사귐 안으로 들어가기 위해 예수와 함께 가야 했다. 그러나 이제 예수 그리스도의 몸은 말씀과 성례전으로 말미암아 세상의 유일한 장소에 더는 매어 있지 않게 되었다. 부활하고 높이 들린 그리스도는 세상에 더 가까이 왔고, 그리스도의 몸은 - 교회의 형태로 - 세상 한가운데 들어왔다. 세례를 받은 자는 그리스도의 몸 안으로 세례를 받았다. 그리스도는 그에게 왔고, 그의 생명을 취했으며, 이로써 세상에 속

나를 따르라 •

한 것을 벗겨 버렸다. 만약 한 사람이 노예로서 세례를 받았다면, 이제 그는 노예로서 예수 그리스도의 몸의 공동체에 참여하게 되었다. 노예인 그는 세상에서 이미 해방되었고, 그리스도의 자유인이 되었다.

그러므로 종은 종으로 머물러 있어도 좋다! 그는 그리스도의 공동체의 한 지체로서 그 어떤 반란과 혁명도 가져오지 못했거나 가져올 수 없었던 자유를 얻었다! 바울이 이렇게 권면하는 참된 목적은 무엇인가? 그를 세상에 더 단단히 묶어두기 위해서도 아니요, 세상 안에서 그의 삶을 "종교적으로 고정시키기" 위해서도 아니요, 그를 이 세상의 더 선하고 더 신실한 한 시민으로 만들기 위해서도 아니다! 어두운 사회질서를 정당화하고 이를 그리스도교의 복음으로 은폐하기 위해서도 아니다. 세상의 직업 질서가 전복되어서는 안 될 만큼 선하고 거룩하기 때문도 아니다. 예수 그리스도의 행위로 말미암아, 오직 노예와 자유인이 예수 그리스도를 통해 경험했던 해방으로 말미암아 온 세상이 이미 근본적으로 달라졌기 때문이다.

사회질서의 전복과 혁명은 예수 그리스도를 통한 만물의 갱신과 교회 설립에 대한 전망을 흐려놓지 않는가? 더욱이 이런 모든 시도로 말미암아 모든 세계 질서의 파멸과 하나님 나라의 돌입이 저지되고 지연되지 않는가? 왜 종은 종으로 머물러 있어야 하는가? 세상적인 직업 활동은 그 자체로서 그리스도인의 삶을 이미 성취하고 있다고 생각될 수 있기 때문이 아니라, 이 세상의 질서에 대한 반항을 포기함으로써 그리스도인이 세상으로부터는 아무것도 기대하지 않고 그리스도와 그의 나라로부터 모든 것을 기대한다는 사실이 가장 적합하게 표현되기 때문이다.

이 세상은 개혁이 필요하지 않다. 이 세상이 멸망할 때가 무르익었다. 그러므로 좋은 종으로 머물러 있어야 한다! 그리스도는 더 나은 약속을 가지고 있다! 하나님의 아들이 이 땅에 왔을 때에 "종의 모습"(빌 2:5)을 취했다는 사실은 또한 세상에 대한 심판이 아니며, 종에게는 넘치는 위로가 아닌가? 종으로서 부름을 받은 그리스도인은 세상 안에서 종으로 존재하는 가운데서 자신이 사랑하고 갈망하고 염려하는 세상으로부터 이미 까마득히 벗어나지 않았는가? 그러므로 종은 반항하는 자로서가 아니라 교회와 그리스도의 몸의 지체로서 고난을 받아야 한다! 이런 점에서 이 세상이 멸망할 때가 무르익었다.

"너희는 사람들의 종이 되지 마라!" 이런 일은 두 가지 방법으로 일어날 수 있을 것이다. 한편으로는 기존 질서의 거부와 전복을 통해 일어날 수 있고, 다른 한편으로는 기존 질서의 종교적 미화(美化)를 통해 일어날 수 있다. "형제들아, 너희는 각각 부르심을 받은 그대로 하나님과 함께 거하라." "하나님과 함께" 거하기 때문에 "너희는 사람들의 종이 되지 마라." 거부를 통해서도, 잘못된 굴종을 통해서도 사람들의 종이 되어서는 안 된다. 부르심을 받은 그대로 하나님과 함께 있다는

나를 따르라 •

것은 바로 세상 한가운데서 보이는 교회 안에서 그리스도의 몸과 함께 있다는 것을 의미하고, 예배와 그리스도를 따르는 삶을 통해 이 세상을 이긴다는 사실을 생생하게 증언한다는 것을 의미한다.

그러므로 "각 사람은 위에 있는 권세들에게 순종하라."(롬 13:1 이하) 그리스도인은 위에 있는 집권자들을 바라보아서는 안 된다. 그리스도인의 소명은 아래에 있는 자들과 함께 있는 것이다. 집권자는 위에 있지만, 그리스도인은 아래에 있다. 세상은 지배하지만, 그리스도인은 섬긴다. 이런 점에서 그리스도인은 종이 되었던 주와 사귐을 나눈다.

> "예수께서 불러다가 이르시되, 이방인의 소위 집권자들이 저희를 임의로 주관하고 그 대인들이 저희에게 권세를 부리는 줄을 너희가 알거니와, 너희 중에는 그렇지 아니하니, 너희 중에 누구든지 크고자 하는 자는 너희를 섬기는 자가 되고, 너희 중에 누구든지 으뜸이 되고자 하는 자는 모든 사람의 종이 되어야 하리라. 인자가 온 것은 섬김을 받으려 함이 아니라 도리어 섬기려 하고 자기 목숨을 많은 사람의 대속물로 주려 함이니라."(막 10:42-45)

"하나님으로부터 나오지 않는 권세는 없다" 이 말씀은 그리스도인에게 주어진 것이며, 집권자들에게 주어진 것이 아니다! 그리스도인은 집권자들이 가리키는 바로 그 낮은 자리에서 하나님의 뜻을 깨닫고 행한다는 사실을 알아야 한다. 그리스도인은 하나님이 집권자들을 통해 자신에게 친히 도움을 주기를 원하시며, 하나님이 집권자들의 하나님이시기도 하다는 사실에 안심해야 한다.

그러나 이 가르침은 집권자(단수!)의 본질에 관한 보편적인 이해와 인식이 되어서는 안 되고, 실제로 존재하는 집권자들에 대한 그리스도인의 입장에 적용되어야 한다. 그들에게 저항하는 자는 세상이 지배하기를 바라시고, 섬기는 그리스도와 그리스도인들이 승리하기를 바라시는 하나님의 섭리에 저항한다. 이 점을 이해하지 못하는 그리스도인은 반드시 심판에 떨어질 것이다.(롬 13:2) 왜냐하면 그는 다시금 세상과 똑같은 자가 되었기 때문이다.

그렇다면 집권자들에 맞선 그리스도인들의 저항이 매우 쉽게 일어나는 이유가 무엇인가? 집권자들의 잘못과 불의에 자극을 받기 때문이다. 그러나 이렇게 생각하는 그리스도인들은 그들 자신이 성취해야 할 하나님의 뜻이 아닌 다른 것에 주목하는 큰 위험에 이미 빠졌다. 만약 그리스도인들이 언제나 선한 일만 생각하고 하나님이 기뻐하시는 일을 행하기를 원한다면, 집권자들 앞에서 "두려움 없이" 살 수 있다. 왜냐하면 "관원들은 선한 일에 대하여 두려움이 되지 않고, 악한 일에 대하여 되기 때문이다."(롬 13:3)

주와 함께 있고 선을 행하는 그리스도인도 왜 두려워하는 가? "네가 권세를 두려워하지 아니하느냐? 선을 행하라." 선을 행하라! 오직 이것만이 중요하다. 네게 중요한 것은 남의 행

나를 따르라 •

위가 아니라 너의 행위다. 두려워하지 말고, 제한을 두지 말고, 조건을 달지 말고 선을 행하라! 만약 네가 스스로 선을 행하지 않는다면, 관원의 잘못을 어떻게 나무랄 수 있는가? 스스로 심판에 떨어지는 네가 어떻게 남을 심판하기를 원하는가? 두려움 없이 살기를 원한다면, 선을 행하라! "그리하면 그에게 칭찬을 받으리라. 그는 하나님의 사역자가 되어 네게 선을 베푸는 자니라."

칭찬을 받는 것이 선행의 목표가 되어서는 안 된다. 그리고 오직 칭찬을 받는 것만이 선행의 목표가 되어서도 안 된다. 만약 집권자와 올바른 관계를 맺는다면, 칭찬은 따라올 것이고, 반드시 따라오기 마련이다. 따라서 바울은 교회로부터 생각한다. 바울은 오직 교회와 교회의 구원과 교회의 행동에만 관심을 기울인다. 그러므로 바울은 그리스도인들을 향해서는 불의와 악행에 대해 경고하지만, 집권자들을 향해서는 비난을 허락하지 않는다. "그러나 네가 악을 행하면 두려워하라. 그가 공연히 칼을 가지지 않았으니, 하나님의 사자가 되어 악을 행하는 자에게 진노하심을 위하여 보응하는 자니라."(롬 13:4) 가장 중요한 것은 교회 안에서 악한 일이 일어나지 않는 것이다.

여기서 바울은 그리스도인들을 향해 말하고 있으며, 집권자들을 향해 말하고 있지 않다. 어디에 있든, 무슨 갈등에 빠지든, 그리스도인들은 항상 회개하고 순종하는 것이 중요하며,

세상의 권세를 정당화하거나 비난하는 것은 중요하지 않다고 바울은 생각한다! 그 어떤 집권자도 이 말씀에서 자신의 존재를 정당화하는 신적인 근거를 끌어올 수는 없다. 만약 바울의 말씀이 실제로 집권자를 향해 던져졌다면, 그것은 참으로 교회에게 회개를 촉구했던 방식 그대로 집권자에게도 회개를 촉구했을 것이다. 물론 이 말씀을 들었던 집권자는 여기서 자신의 직무 수행을 정당화하는 신적인 권위를 끌어올 수 없었을 것이다. 오히려 그는 여기서 교회에게 선을 베푸는 하나님의 종이 되라는 명령을 들었을 것이다. 그리고 이런 명령 아래서 그는 분명히 회개했을 것이다. 바울이 그리스도인들에게 이렇게 말하는 까닭은 분명히 세상의 질서가 매우 선하기 때문이 아니라, 교회 안에서 하나님의 뜻이 지배하고 실천되어야 한다는 중요한 한 가지 사실에 비해 그들의 선행이나 악행은 중요하지 않기 때문이다. 바울이 그리스도인들에게 집권자의 임무에 관해 가르치기를 원한 것은 아니다. 그는 **단지 집권자에 대한 교회의 임무에 관해서만** 말하기를 원한다.

그리스도인은 집권자로부터 칭찬을 받아야 한다! 만약 칭찬을 받지 못하고 칭찬 대신에 형벌과 박해를 받는다면, 그리스도인이 무슨 잘못을 행했는가? 그리스도인은 칭찬을 받기 위해 일하지 않았다. 이것이 그에게 형벌로 돌아온다. 그가 선한 일을 행한 까닭도 형벌을 두려워했기 때문이 아니다. 칭찬 대신에 형벌을 받더라도, 그리스도인은 하나님 앞에서 자유롭

나를 따르라 •

고 두렵지 않으며, 교회도 손해를 전혀 입지 않았다! 그리스도 인이 집권자에게 순종하는 까닭은 그 어떤 이익 때문이 아니라 "양심 때문이다."(롬 13:5)

따라서 집권자의 잘못은 그리스도인의 양심을 침해할 수 없다. 그리스도인은 늘 자유로우며, 두려워하지 않는다. 그리스도인은 억울하게 고난을 받아도 집권자에게 순종할 수 있다. 그리스도인은 궁극적으로 집권자가 아니라 하나님이 지배하시며, 집권자는 하나님의 종이라는 사실을 알고 있다. 집권자 때문에 억울하게 감옥에 자주 갇혀야 했고, 세 번이나 심하게 매를 맞았으며, 황제 클라우디우스가 모든 유대인들을 로마에서 추방했다는 사실을 알았던 바울도 집권자를 하나님의 종이라고 부른다.(행 18:1 이하) 세상의 모든 권세들과 집권자들이 이미 오래전부터 무력해졌고, 그리스도가 그들을 십자가에 못 박았으며, 이 모든 사실이 드러날 때가 임박하다는 사실을 알았던 바울도 집권자를 하나님의 종이라고 부른다.

그러나 바울의 모든 말은 그가 집권자에 관해 말하기 전에 했던 권면에 속한다. "악에게 지지 말고 선으로 악을 이기라."(롬 12:21) 중요한 것은 선한 집권자나 악한 집권자가 아니라, 그리스도인들이 모든 악을 이겨야 한다는 점이다.

유대인들이 황제에게 세금을 바쳐야 하는지 여부는 그들에게 참으로 유혹적인 질문이었다. 왜냐하면 그들은 로마 황제가 멸망하고 그들의 통치가 세워지기를 희망했기 때문이다.

그러나 예수와 제자들에게 이것은 냉정한 질문이었다. 예수는 "가이사의 것은 가이사에게 주라."(마 22:21)고 말하고, 바울은 "너희는 세금도 내라."(롬 13:6)고 말한다. 그리스도인들은 이런 의무 때문에 예수의 계명과 갈등하지 않을 뿐만 아니라, 가이사에게 속한 것을 가이사에게 되돌려준다. 그리스도인들은 세금을 요구하고 재촉하는 자들을 "하나님의 종"으로 보아야 한다.

물론 여기서 우리는 혼동해서는 안 된다. 세금을 바침으로써 그리스도인들이 하나님에게 예배를 드리는 것이 아니라, 세금을 요구하는 자들이 - 그들의 신들에게! - 예배를 드린다고 바울은 말한다. 바울은 그리스도인에게 이런 예배를 요구한 것은 아니라, 집권자들에게 순종할 것과 자신에게 돌아오는 의무를 회피하지 말 것을 요구한다.(롬 12:7-8) 세금에 대한 모든 갈등과 저항은 그리스도인들이 하나님의 나라를 이 세상의 나라와 혼동하고 있다는 사실을 드러낼 따름이다.

그러므로 종은 종으로 머물러 있어야 한다. 그러므로 그리스도인은 자신을 다스리는 집권자들에게 순종해야 한다. 그러므로 그리스도인은 세상을 물러나지 말아야 한다.(고전 5:10) 그러나 그리스도인은 종이지만, 그리스도의 자유인으로서 살아야 한다. 그는 집권자 아래서 선을 행하는 자로서 살아야 한다. 그는 세상 안에서 새롭게 된 인류의 그리스도의 몸의 지체로서 살아야 한다. 그리스도인이 이 모든 일을 주저하지 않고

나를 따르라 •

실행해야 하는 까닭은 세상이 죄악에 빠져 있다는 사실과 교회 안에서 새로운 창조가 일어나고 있다는 사실을 세상 한복판에서 증언하기 위해서다. 그리스도인이 고난을 받는 유일한 까닭은 그가 그리스도의 몸의 지체이기 때문이다.

그리스도인은 세상 안에 머물러 있어야 한다. 하나님이 주신 세상의 재물 때문이 아니고, 세상의 행로에 대한 책임 때문도 아니다. 인간이 된 그리스도의 몸 때문이고, 교회 때문이다. 그리스도인이 세상 안에 머물러 있어야 하는 까닭은 세상을 선두(先頭)에서 공격해야 하기 때문이다. 그리스도인이 "세상 안에 있는 직업"에 종사해야 하는 까닭은 오직 그렇게 함으로써만 자신이 "세상에 낯선 존재"라는 사실을 완전히 보여줄 수 있기 때문이다. 그러나 이런 일은 오직 교회에 속한 지체라는 사실을 보여줌으로써만 가능하다. 세상에 대한 저항은 세상 안에서 수행되어야 한다. 그러므로 그리스도는 인간이 되었고, 자신의 원수들 한가운데서 죽었다. 그러므로 - 오직 그러므로! - 종은 종으로 머물러 있어야 하고, 그리스도인은 집권자에게 순종해야 한다.

루터가 수도원을 박차고 나왔던 결정적인 시기에 세상의 직업에 대해 판단한 방식도 이와 다르지 않았다. 루터가 비판한 것은 수도원이 가장 높은 요구를 제시했다는 사실이 아니라, 예수의 계명에 대한 순종을 개인의 공로로 이해했다는 사실이다. 루터가 공격했던 것은 "세상과 분리된" 수도원 생활이 아니라, 수도원의 영역 안에서 일어나는 이러한 세상 분리가 다시금 새로운 형태의 영적인 세상 순응으로 변질되었다는 사실이다. 이것은 복음에 가장 큰 손상을 입히는 왜곡이었다.

루터는 그리스도인의 "세상 분리"가 세상 한가운데서, 교회 안에서, 매일의 삶 속에서 일어나야 한다고 생각했다. 그러므로 그리스도인은 직업 안에서 그리스도인의 삶을 살아야 한다. 그러므로 그리스도인은 직업 안에서 매일 죽어야 한다. 직업이 그리스도인에게 소중한 까닭은 그가 직업 안에서 하나님의 재물을 통해 살아갈 수 있고, 세상의 본질에 대한 공격을 더 진지하게 수행할 수 있기 때문이다.

루터가 세상 안으로 되돌아간 까닭은 세상을 "긍정적으로 평가했기" 때문이 아니며, 심지어 초대교회처럼 그리스도의 임박한 재림에 대한 기대를 포기했기 때문도 아니다. 그가 세상 안으로 되돌아간 것은 수도원 생활 안에서 일어나는 그리스도교의 세속화에 저항하는 행동이었다는 점에서 완전히 비판적인 의미를 띠고 있다. 루터는 그리스도인을 세상 안으로 되돌아가게 함으로써 진정한 세상 분리를 비로소 가능하게 했다. 루터는 바로 이 사실을 자신의 삶에서 스스로 경험했다. 세상 안으로 들어가라는 루터의 부름은 항상 인간이 된 주(主)의 보이는 교회가 되라는 부름이었다. 바울의 권면도 이와 다르지 않았다.

따라서 다음과 같은 사실은 이제 분명해졌다. 그리스도인에게 세상의 직업은 매우 분명한 **한계선**을 가지고 있다. 경우에 따라서 세상의 직업 안으로 들어가라는 부름은 세상의 직업에서 뛰쳐나오라는 부름으로 이어질 수밖에 없다. 바울은 그렇게 생각했고, 루터도 그렇게 생각했다. 그리스도의 보이는 교회에 속하게 될 때, 이러한 한계선은 저절로 주어진다. 이 세상 안에서 그리스도의 몸이 요구하고 차지하는 예배와 교회 직무와 시민 생활의 영역이 세상이 요구하는 영역과 충돌할 때, 우리는 한계선에 도달하게 된다.

한계선은 다음과 같이 동시에 드러난다. 그리스도인의 편에서는 그리스도를 분명하고 공개적으로 고백해야 할 시점에 드러나지만, 세상의 편에서는 지혜롭게 물러나거나 폭력을 행사하는 시점에 드러난다. 후자의 경우에 그리스도인은 공개적으로 고난을 받게 된다. 세례를 통해 그리스도와 함께 죽은 자는 - 세상은 그리스도와 함께 당하는 이런 은밀한 고난을 알지 못한다. - 이제 이 세상의 직업에서 공개적으로 추방된다. 그는 자신의 주(主)의 가시적인 고난의 사귐 안으로 들어간다. 이제 교회는 그에게 온전한 사귐과 형제와 같은 도움을 주어야 한다.

그러나 단지 세상만이 그리스도인을 직업에서 추방하는 것은 아니다. 이미 1세기에도 교회의 본질과 일치될 수 없다고 여겨진 직업들이 있었다. 이방인의 신들과 영웅들의 역할을 연기해야 하는 배우들, 이방인 학교에서 이방인의 신화를 가르쳐야 하는 교사들, 인간의 생명을 놀이삼아 죽여야 하는 검투사들, 칼을 쓰는 군인들, 근위병들, 재판관들이 세례를 받으려고 할 때에는 이방인의 직업을 포기해야 했다. 나중에 교회는 - 세상도! - 그리스도인에게 이런 직업의 대부분을 다시금 허용했다. 저항은 이제 점차로 교회로부터 세상으로 넘어갔다.

그러나 세상이 점점 더 노련해질수록, 그리고 그리스도와 적그리스도 간의 투쟁이 점점 더 치열해질수록 세상은 그리스도인을 제거하려고 점점 더 치열하게 시도한다. 첫 번째 그리스도인들에게 세상은 수공업을 통해 양식을 먹고 옷을 입을 수 있는 영역은 여전히 보장해 주었다. 그러나 완전히 그리스도교를 적대시하게 된 세상은 매일 양식을 얻기 위해 직업 활동과 노동을 할 수 있는 이런 사적인 영역마저도 그리스도인들에게 넘겨주지 않는다. 세상은 그리스도인들이 먹기를 원하는 몇 조각의 빵 때문에 주(主)를 부인할 것을 요구한다. 따라서 그리스도인들은 결국 세상을 도피하거나 감옥에 들어갈 수밖에 없다. 그러나 그리스도인이 이 땅의 마지막 영역을 빼앗길 때, 마지막이 가까워질 것이다.

비록 그리스도의 몸이 세상의 삶의 영역 안으로 깊이 침투하지만, 다른 자리에서는 여전히 분리가 분명하다. 그리고 이런 분리는 점점 더 분명하게 드러날 수밖에 없다. 그러나 세상 안에 있든 세상과 분리되든, 두 가지 행위는 다음과 같은 말씀에 순종함으로써 일어난다. "너희는 이 세상을 본받지 말고

나를 따르라 •

오직 마음을 새롭게 하여 변화되어 하나님의 선하고 기쁘고 온전한 뜻이 무엇인지 분별하도록 하라.”(롬 12:2)

세상 안에서 세상을 본받는 길이 있는가 하면, 수도원의 영적인 “세상”을 선택하는 길도 있다. 세상 안에 머물러 있는 것도 허락될 수 없지만, 세상을 도피하는 것도 허락될 수 없다. 이 두 가지 행위 속에서 우리는 세상을 본받게 된다.

그러나 교회는 세상과는 다른 “형상”을 가지고 있다. 교회는 항상 이런 형상 안으로 점점 더 변형되어야 한다. 이것은 바로 그리스도 자신의 형상이다. 그리스도는 세상으로 왔고, 무한한 자비 속에서 인간을 짊어졌으며, 인간의 형상을 취했다. 그렇지만 그리스도는 세상을 본받지 않고, 세상의 버림과 배척을 받았다. 그리스도는 이 세상으로부터 오지 않았다. 보이는 교회는 세상과 올바른 관계를 맺는 가운데서 고난을 당한 주의 형상에 점점 더 가까워질 것이다.

따라서 형제들은 알아야 한다. “그때가 단축하여진 고로, 이후부터 아내 있는 자들은 없는 것같이 하며, 우는 자들은 울지 않는 자 같이 하며, 기쁜 자들은 기쁘지 않은 자 같이 하며, 매매하는 자들은 없는 자 같이 하며, 세상 물건을 쓰는 자들은 다 쓰지 못하는 자 같이 하라. 이 세상의 외형은 지나감이니라. 너희가 염려 없기를 원하노라.”(고전 7:29-32) 이것은 세상 안에 있는 교회의 삶이다.

그리스도인도 다른 사람들처럼 살아간다. 그는 결혼하고,

울고, 즐거워하고, 물건을 사고, 매일 살아가기 위해 세상을 이용한다. 그러나 무엇을 소유하든, 그리스도인은 오직 그리스도로 말미암아, 그리스도 안에서, 그리고 그리스도 때문에 그것을 소유한다. 그러므로 소유는 그리스도인을 속박하지 못한다. 그리스도인은 마치 그것을 소유하지 않은 듯이 소유한다. 그는 소유에 마음을 두지 않는다. 그는 완전히 자유롭다. 그렇기 때문에 그는 세상을 이용할 수 있다. 그는 세상을 버려서는 안 된다.(고전 5:10)

만약 세상이 주를 따르는 것을 방해한다면, 그리스도인은 세상을 버릴 수도 있다. 왜냐하면 그는 자유롭기 때문이다. 그리스도인은 결혼한다. 물론 사도의 견해에 따르면 신앙 안에서 혼자 지내는 것이 더 낫다.(고전 7:7, 33-40) 그리스도인은 물건을 사들이고, 상업에 종사한다. 그러나 오직 매일 살아가기에 꼭 필요한 물건을 위해서만 그렇게 한다. 그는 자신의 마음을 지배하는 재물을 쌓아두지 않는다. 그는 게을리 살아서는 안 되기 때문에 일한다. 물론 노동 자체가 목적은 아니다. 신약성서는 노동을 위한 노동을 알지 못한다. 모든 사람은 노동을 통해 필요한 것을 얻어야 한다.

그리고 그리스도인은 자신의 형제들에게 줄 것도 가지고 있어야 한다.(살전 4:11 이하; 살후 3:11 이하; 엡 4:28) 바울이 수공업을 통해 자신의 빵을 벌었고 교회를 의지하지 않았다고 스스로 자랑했듯이, 그리스도인도 "밖에 있는 자들", 곧 이방인들

나를 따르라 •

을 의지하지 말아야 한다.(살전 4:12; 살후 3:8; 고전 9:15) 이러한 독립 정신은 설교자가 이익을 위해 설교하지 않는다는 사실을 증명하는 특별한 능력을 준다. 모든 것은 전적으로 교회를 섬기기 위한 것이다.

노동의 명령과 나란히 다른 명령도 나온다. "아무것도 염려하지 말고 오직 모든 일에 기도와 간구로 너희 구할 것을 감사함으로 하나님께 아뢰라."(빌 4:6) 그리스도인은 알고 있다. "자족하는 마음이 있으면, 경건이 큰 이익이 된다. 우리가 세상에 아무것도 가지고 온 것이 없으며, 또 아무것도 가지고 가지 못한다. 그러므로 우리가 먹을 것과 입을 것이 있으면, 족한 줄로 알아야 한다. 부자가 되려는 자들은 시험과 올무와 여러 가지 어리석고 해로운 정욕에 떨어지고, 침륜과 멸망에 빠진다."(딤전 6:6-9)

따라서 그리스도인은 이 세상의 물건들을 "쓰다가 없어질"(골 2:22) 것으로 사용한다. 그는 모든 선한 피조물의 창조주에게 감사하고 기도하면서 물건을 사용한다.(딤전 4:4) 그럼에도 불구하고 그리스도인은 자유롭다. 그는 배부를 수도 있고, 배고플 수도 있다. 그는 풍족할 수도 있고, 모자랄 수도 있다. "내게 능력 주시는 자 안에서 내가 모든 것을 할 수 있느니라."(빌 4:13)

그리스도인은 세상 안에서 살아간다. 그리스도인은 세상을 필요로 한다. 왜냐하면 그는 육신이기 때문이고, 그리스도는 그리스도인의 육신을 위해 세상에 왔기 때문이다. 그리스도인은 세상의 일을 한다. 그는 결혼한다. 그러나 그의 결혼은 세상의 결혼과 다르게 보인다. 그는 "주 안에" 결혼한다.(고전 7:39) 그의 결혼은 그리스도의 몸을 섬김으로써 거룩하게 되고, 기도와 절제의 훈련을 받는다.(고전 7:5) 이런 점에서 그의 결혼은 교회를 향한 그리스도의 희생적인 사랑을 보여주는 하나의 비유가 된다. 그의 결혼은 그리스도의 몸의 일부가 된다. 그의 결혼은 교회가 된다.(엡 5:32)

그리스도인은 물건을 사고팔고, 홍정하고, 영업한다. 그러나 그리스도인은 이런 일을 이방인과 다르게 한다. 그는 서로 속이지 않을 뿐만 아니라(살전 4:6), 심지어는 세상이 이해할 수 없는 일도 한다. 그리스도인은 "금방 사라질 재물" 때문에 이방인의 법정 앞에서 자신의 권리를 찾기보다는 차라리 속아주고, 불의한 일을 감수한다. 만약 교회 안에서 갈등이 이미 일어났다면, 그는 재판관에 가기 전에 갈등을 해결한다.(고전 6:1-8)

이렇게 교회는 세상 한가운데서 자신의 삶을 살아가며, 자신의 모든 존재와 행동을 걸고 "이 세상의 행적은 사라지고"(고전 7:31), 시간이 촉박하며(고전 7:23), 주가 가깝다(빌 4:5)는 사실을 순간마다 증언한다. 교회는 이런 일을 매우 기쁘게 행한다.(빌 4:4) 교회에게 세상은 너무나 작은 존재가 되며, 주의 재림이 그의 전부다. 교회는 여전히 육신 안에서 살아간다. 그러나 교회는 하늘을 바라본다. 교회가 기다리는 자는 하늘로부터 다시 올 곳이다. 교회는 고향에서 멀리 떨어진 타향에서 살아가는 하나의 나그네요, 자신이 살아가는 땅에서 손님의 권리를 누리는 하나의 낯선 공동체다.

교회는 이 땅의 법률에 순종하며, 그의 통치자를 존경한다. 교회는 육신과 생활에 꼭 필요한 것을 감사히 사용한다. 교회는 모든 일에 존경을 받을 만하고, 의롭고, 정숙하고, 부드럽고, 조용하며, 섬기는 자세를 보인다. 교회는 모든 사람에게, "특히 믿음의 형제들에게" 주의 사랑을 나타낸다.(갈 6:10; 벧후 1:7) 그는 고난 가운데서 참고, 즐거워하며, 환난을 자랑한다. 교회는 낯선 권세와 낯선 법률 아래서 자신의 삶을 영위한다. 교회는 높은 지위에 있는 모든 사람들을 위해 기도하며, 이로써 그들을 위해 가장 큰 봉사를 수행한다.(딤전 2:1-2) 그러나 교회는 단지 나그네다. 계속 행진하라는 신호가 순간마다 들려올 수 있다. 그럴 때마다 그는 발길을 옮기며, 세상의 모든 친구와 친척을 버리며, 오직 자신을 부르는 음성만을 듣고 따라간다. 교회는 낯선 땅을 버리고, 하늘에 있는 자신의 고향을 향해 나아간다.

교회는 가난하고, 고난을 받고, 배고프고, 목마르고, 온유하고, 자비롭고, 평화롭다. 교회는 세상의 박해와 모욕을 받는다. 그렇지만 세상이 유지되는 까닭은 오직 교회 때문이다. 교회는 세상을 하나님의 진노로부터 보호한다. 교회가 고난을 당하는 까닭은 세상이 하나님의 인내 아래서 계속 살아갈

수 있기 위해서다. 교회는 이 땅에서 손님과 나그네다(히 11:13, 13:14; 벧전 1:1)

교회는 이 땅에 있는 것을 바라보지 않고, 저 위에 있는 것을 바라본다.(골 3:2) 왜냐하면 교회의 진정한 생명은 아직 드러나지 않았고, 그리스도와 함께 하나님 안에 숨겨져 있기 때문이다.(골 3:1) 이 땅에서 교회는 미래의 모습과는 정반대가 되는 것을 보고 있다. 이 땅에서 교회가 볼 수 있는 것은 오직 자신의 죽음일 뿐이다. 이 땅에서 교회는 옛 인간 때문에 날마다 조용히 죽어간다. 교회는 세상 앞에서 공개적으로 죽어간다.

교회는 자신에게도 여전히 숨겨져 있다. 오른손이 하는 일을 왼손은 모른다. 교회는 바로 보이는 교회로서 자기 자신에게 완전히 알려져 있지 않다. 교회는 오직 자신의 주를 바라본다. 주는 하늘에 있고, 교회의 생명은 자신이 기다리는 자에게 있다. 그러나 자신의 생명, 곧 그리스도가 자신을 나타낼 때, 교회도 영광 가운데서 그와 함께 드러나게 될 것이다.(골 3:4)

> 그들은 땅에서 방랑하지만, 하늘에서 살며,
> 그들은 무력하지만, 세상을 지킨다.
> 그들은 혼돈 가운데서 평화를 맛보고,
> 그들은 가난하지만, 좋아하는 것을 가지고 있다.
> 그들은 고난을 받지만, 기뻐하며,
> 겉으로 보기에 그들은 죽어 있지만,

나를 따르라 •

안으로는 믿음의 삶을 살아간다.
그리스도, 곧 그들의 생명이 나타날 때,
그가 언젠가 영광 가운데 올 때,
그들도 그와 함께 세상의 제왕이 되고,
세상이 놀랄 정도로 영광스럽게 나타나리라.
그들은 다스릴 것이고, 그와 함께 승리할 것이며,
하늘을 찬란한 등불로 장식하리라.
사람들은 기쁨을 맛보게 되리라. (Chr. Fr. 리히터)

그들은 부름을 받은 자들의 교회요, 이 땅에 있는 그리스도의 몸이요, 예수를 따르는 자들과 예수의 제자들이다.

성도들

    그리스도의 교회, 제자들의 공동체는 세상의 지배에서 벗어났다. 물론 교회는 세상 한가운데 있다. 그러나 교회는 한 몸으로 만들어졌다. 교회는 자신에게 독자적인 통치 영역이고, 하나의 공간이다. 교회는 거룩하다.(엡 5:27) 교회는 성도들의 공동체다.(고전 14:34) 교회의 지체들은 세상의 기초가 놓이기 전에(엡 1:4) 예수 그리스도 안에서 거룩하게 되고(고전 1:2) 선택되고 선별된, 부름 받은 성도들이다.(롬1:7) 그들이 세상의 기초가 놓이기 전에 예수 그리스도의 부름과 선택을 받은 목적은 그들이 거룩하고 흠이 없는 자들이 되기 위해서다.(엡 1:4) 그리스도가 자신의 몸을 죽음에 내어준 목적은 제자들이 거룩하고 흠이 없고 책망 받을 것이 없도록 하기 위해서다.(골 1:22) 그리고 한때 자신의 지체를 불의에 내어준 자들이 이제는 의를 위해, 거룩함을 위해 지체를 사용하는 까닭은 그리스도의 죽음을 통해 죄에서 벗어났기 때문이다.(롬 6:19-24)

    오직 하나님만이 거룩하시다. 죄로 얼룩진 세상과 완전히 분리되어 계시든, 세상 한가운데 자신의 성소를 세우시든, 하나님은 항상 거룩하시다. 따라서 모세는 이집트 사람들이 멸

나를 따르라 •

망한 후에 자신의 백성을 세상의 종살이에서 건져내신 하나님에게 이스라엘 백성들과 함께 다음과 같이 찬양한다. "여호와여, 신 중에 주와 같은 자가 누구니이까? 주와 같이 거룩함으로 영광스러우며 찬송할 만한 위엄이 있으며 기이한 일을 행하는 자가 누구니이까? 주께서 오른손을 드신즉 땅이 그들을 삼켰나이다. 주의 인자하심으로 주께서 구속하신 백성을 인도하시되, 주의 힘으로 그들을 주의 거룩한 처소에 들어가게 하시나이다. … 주께서 백성을 인도하사, 그들을 주의 기업의 산에 심으시리이다. 여호와여, 이는 주의 처소를 삼으시려고 예비하신 것이라. 주여, 이것이 주의 손으로 세우신 성소로소이다."(출 15:11 이하)

하나님은 세상 한가운데 거하시고, 자신의 성소를 마련하시며, 이 성소로부터 심판과 구원을 수행하신다.(시 99편 등) 이런 점에서 하나님은 거룩하시다. 그러나 이 성소 안에서 거룩하신 하나님은 자신을 자신의 백성과 결속하신다. 이것은 오직 성소 안에서만 성취되는 화해를 통해 일어난다.(레 16:16 이하) 하나님은 자신의 백성과 함께 계약을 체결하신다. 하나님은 자신의 백성을 선택하시고, 그를 자신의 소유로 삼으시며, 이 계약을 위해 친히 보증하신다. "너희의 하나님이 거룩하니, 너희도 거룩하라."(레 19:2) "나는 거룩하며, 너희를 거룩하게 하는 자다."(레 21:8) 이것은 이 계약이 서 있는 토대다. 백성에게 주어지고 백성이 의롭게 지켜야 할 다른 모든 율법들은 하나님과 그의 교회의 거룩함을 전제와 목표로 가진다.

하나님이 거룩하신 분으로서 친히 속된 것과 죄와 분리되어 계시듯이, 그의 성소의 공동체도 그러하다. 하나님은 이 공동체를 친히 선택하셨다. 하나님은 이 공동체를 자신의 계약 공동체로 만드셨다. 하나님은 성소 안에서 이 공동체를 구원하셨고, 깨끗하게 하셨다. 그러나 성소는 성전이고, 성전은 그리스도의 몸이다. 따라서 그리스도의 몸 안에서 거룩한 교회를 위한 하나님의 뜻이 성취된다. 세상과 죄와 분리되고 하나님의 소유가 된 그리스도의 몸은 세상 안에서 하나님의 성소다. 하나님은 성령과 함께 성소 안에 거하신다.

이런 일이 어떻게 일어날 수 있는가? 하나님이 범죄한 인간으로부터 죄와 완전히 분리된 성도들의 공동체를 어떻게 창조하시는가? 만약 하나님이 자신을 죄인들과 친히 결속하신다면, 하나님이 불의의 비난을 어떻게 벗어나실 수 있는가? 죄인이 의로운데도 하나님은 어떻게 항상 의로우실 수 있는가?

하나님은 자기 자신을 의롭다고 인정하신다. 하나님은 자신의 의로움을 증명하신다. 예수 그리스도의 십자가 안에서 하나님이 자기 자신 앞에서, 그리고 인간들 앞에서 자신을 의롭다고 인정하시는 기적이 일어난다.(롬 3:21 이하) 죄인은 죄와 분리되어야 하지만, 그래도 하나님 앞에서 살아가야 한다. 그러나 죄인은 오직 죽음을 통해서만 죄와 분리될 수 있다. 죄인의 삶은 죄에 깊이 빠져 있기 때문에 죄인은 죽을 수밖에 없다.

그러므로 죄인은 죄에서 벗어나야 한다. 하나님은 오직 죄인을 죽이시기 때문에 의로우실 수 있다. 그럼에도 불구하고 죄인은 살아야 하고 하나님 앞에서 거룩해야 하는가? 이런 일이 어떻게 가능한가?

하나님은 친히 인간이 되신다. 하나님은 자신의 아들 예수 그리스도 안에서 우리의 육신을 친히 취하신다. 하나님은 그의 몸 안에서 우리의 육신을 십자가에서 죽이신다. 하나님은 우리의 육신을 입은 자신의 아들을 죽이시며, 그의 아들과 함께 이 땅에 있는 모든 육신을 죽이신다. 오직 하나님 한 분만이 선하시며 오직 하나님만이 의로우시다는 사실이 이제 드러났다. 이제 하나님은 자신의 아들의 죽음을 통해 자신의 의를 강력하게 증명하셨다.(롬 3:26)

하나님은 십자가에서 일어난 진노의 심판 속에서 온 인류를 죽음에 내어주셨고, 이로써 **홀로** 의로우시다는 사실을 드러내셨다. 하나님의 의는 예수 그리스도의 십자가 안에서 계시된다. 예수 그리스도의 죽음은 하나님이 자신의 의를 은혜롭게 증명하시는 자리다. 이곳에는 이제부터 오직 하나님의 의만이 거한다. 이러한 죽음에 동참할 수 있는 자는 이로써 하나님의 의에도 동참할 수 있다.

그러나 그리스도는 **우리의** 육신을 취했고, 자신의 몸에서 **우리의** 죄를 나무에 못 박았다.(벧전 2:24) 그에게 일어났던 일은 우리 모두에게 일어난다. 그리스도가 인간의 생명과 죽음에 참여했듯이, 우리도 그의 생명과 죽음에 참여했다. 하나님의 의가 예수 그리스도의 죽음 안에서 입증되어야 했듯이, 우리도 하나님의 의가 거하는 곳에서 그리스도와 함께 그의 십자가에 못 박혔다. 왜냐하면 그가 우리의 육신을 취했기 때문이다.

따라서 우리는 죽임을 당한 자로서 예수의 죽음 안에서 하나님의 의에 참여한다. 죄인인 우리를 죽이는 하나님 자신의 의는 예수의 죽음 안에서 우리를 위한 하나님의 의다. 예수의 죽음 안에서 하나님의 의가 세워짐으로써 예수의 죽음에 참여한 우리에게도 하나님의 의가 세워졌다. 하나님은 자신의 의를 입증하심으로써 "자기도 의로우시며, 예수를 믿는 자를 의롭다고 하신다."(롬 3:26) 따라서 죄인의 칭의는 **오직** 하나님만이 의로우시고 죄인은 전적으로 불의하다는 사실에 근거해 있으며, 죄인이 하나님과 나란히 의롭다는 사실에 근거해 있지 않다.

만약 우리가 스스로 의로운 존재가 되기를 원한다면, 오직 하나님만이 의롭게 하시는 사건에서 완전히, 그리고 철저히 분리되어 버린다. 오직 하나님만이 의로우시다. 이것은 죄인인 우리에게 내려지는 심판으로서 십자가 안에서 인식된다. 그러나 십자가에서 일어난 예수의 죽음을 믿는 자는 죽음의 선고를 받은 바로 그 자리에서 십자가에서 승리하시는 하나님의 의를 얻는다. 그는 스스로 의롭게 될 수 없고, 또 그렇게 되기를 원하지도 않고, 오직 하나님만이 자신을 의롭게 하시기를 원한다. 그는 바로 그렇게 원하는 자로서 하나님의 의를 경험한다. 왜냐하면 그는 오직 하나님만이 의로우시고 인간은 전적으로 죄인이라는 사실을 인식하는 자로서만 하나님 앞에서 의롭게 될 수 있기 때문이다.

"죄인인 우리가 하나님 앞에서 어떻게 의로워질 수 있는가?"라는 질문은 "하나님이 우리와는 정반대로 어떻게 **홀로** 의로우신가?"는 질문과 근본적으로 동일하다. 우리가 의롭게 되는 것은 오직 의롭게 하시는 하나님의 행위에 근거해 있다. "주(하나님)께서 주의 말씀에 의롭다 함을 얻으시고, 판단을 받으실 때에 이기려 하심이라."(롬 3:4)

오직 하나님만이 우리의 불의에 대해 승리하신다. 오직 하나님만이 항상 자기 자신 앞에서 의로우시다. 오직 하나님만이 의로우시다. 하나님의 이러한 승리는 십자가 안에서 획득되었다. 따라서 예수의 죽음 안에서 오직 하나님만이 의로우시다는 사실을 믿고 자신의 죄를 인식하는 모든 사람들에게 이 십자가는 단지 심판일 뿐만 아니라 화해이기도 하다. 하나님의 의는 스스로 화해를 창조한다. "하나님은 그리스도 안에 계셨으며, 세상을 자신과 화목케 하셨다."(고후 5:19 이하) "그리스도는 죄인들의 죄를 죄인들에게 돌리지 않았다." 그리스도는 죄인들을 친히 감당했고, 이로써 죄인의 죽음을 감수했다. "그는 우리 가운데서 화해의 말씀을 세웠다." 이 말씀은 오직 하나님만이 의로우시고 예수 안에서 우리가 의롭게 되었다는 사실을 믿기를 원한다는 뜻이다.

그러나 그리스도의 죽음과 십자가의 소식 사이에는 그의 부활이 있다. 그리스도의 십자가가 우리를 지배할 수 있는 까닭은 오직 그가 부활했기 때문이다. 십자가에 못 박힌 자에 관한 소식은 항상 이미 죽음에 머물러 있지 않은 자에 관한 소식이다. "그러므로 우리가 그리스도를 대신하여 사신이 되어 하나님이 우리를 통하여 너희를 권면하시는 것 같이 그리스도를 대신하여 간청하노니, 너희는 하나님과 화목하라."(고후 5:20)

화해에 관한 소식은 그리스도 자신의 말씀이다. 그는 부활한 자로서 사도의 말씀 안에서 우리에게 십자가에 못 박힌 자임을 증언한다. 그래서 사도는 말한다. "너희는 예수 그리스도의 죽음 안에서 우리에게 선사된 하나님의 의에 머물라." 예수의 죽음 안에 있는 자는 오직 하나님만이 의롭게 하시는 사건 안에 있다. "하나님이 죄를 알지도 못하신 이를 우리를 대신하여 죄로 삼으신 것은 우리로 하여금 그 안에서 하나님의 의가 되게 하려 하심이라." 아무 죄도 짓지 않은 자가 죽임을 당한다. 왜냐하면 그는 우리의 범죄한 육신을 감당하기 때문이다. 그는 하나님과 세상으로부터 미움과 박해를 받았고, 우리의 육신 때문에 죄인이 되었다. 그러나 우리는 그의 죽음 안에서 하나님의 의를 발견한다.

우리는 예수의 성육신의 능력으로 예수 안에 있다. 예수

나를 따르라 •

가 우리를 위해 죽었기 때문에 우리는 하나님의 의를 통해 죄에서 벗어난 죄인으로서 예수 안에서 하나님의 의가 되었다. 그리스도가 하나님 앞에서 심판을 받아야 할 우리의 죄라면, 우리는 그리스도 안에서 의다. 그러나 이러한 의는 우리 자신의 의(롬 10:3; 빌 3:9)가 아니라, 엄밀한 의미에서 오직 하나님의 의다. 따라서 우리가 죄인으로서 그의 의가 되는 것은 하나님의 의다. 그리고 오직 하나님만이 의로우시고 우리가 하나님에 의해 용납된 죄인이라는 사실은 우리의 의, 곧 하나님의 의다.(사 54:7) 하나님의 의는 그리스도 자신이다.(고전 1:30) 그리스도는 "우리와 함께하시는 하나님", 곧 "임마누엘"(사 7:14)이다. 하나님은 우리의 의다.(렘 33:16)

그리스도가 우리 위해 죽었다는 선포는 칭의 설교다. 그리스도의 몸, 다시 말하면, 그리스도의 죽음과 부활 안으로 들어가는 것이 세례다. 그리스도가 단번에 죽었다면, 우리에게도 세례와 칭의는 단번에 주어진다. 세례와 칭의는 매우 엄격한 의미에서 **반복할 수 없다**. 반복할 수 있는 것은 단지 우리에게 단번에 일어난 사건에 대한 회상일 따름이다. 이러한 회상은 **반복할 수 있을** 뿐만 아니라, 매일 반복되어야 한다. 그렇지만 회상은 본질 자체와는 다른 것이다. 본질 자체를 잃어버리는 자는 반복할 수 없다. 이런 점에서 히브리서는 옳다.(6:5 이하; 10:25 이하) 만약 소금이 그 맛을 잃는다면, 무엇으로 짜게 만들 수 있겠는가? 세례를 받은 자들에게 바울은 "너희는 알지 못하는가?"(롬 6:3; 고전 3:16, 6:19)라고 말하고, "이와 같이 너희도 너희 자신을 죄에 대하여는 죽은 자요, 그리스도 예수 안에서 하나님께 대하여는 살아 있는 자로 여길지어다."(롬 6:11)라고 말한다.

모든 것은 단지 예수의 십자가에서만 일어난 것이 아니라, 너희에게도 일어났다. 너희는 죄와 분리되었다. 너희는 죽었다. 너희는 의롭게 되었다. 이로써 하나님은 자신의 일을 완성하셨다. 하나님은 의를 통해 이 땅에 자신의 성소를 세우셨다. 이 성소는 바로 그리스도, 그리스도의 몸이라고 불린다. 죄인은 예수 그리스도 안에서 죽음으로써 죄와 분리되었다. 하나님은 죄에서 의롭게 된 하나의 공동체를 가지고 계신다. 이것은 예수의 제자들의 공동체요, 성도들의 공동체다. 이 공동체는 그의 성소 안으로 수용되었다. 이 공동체 자체가 그의 성소요, 그의 성전이다. 이 공동체는 세상과 분리되었고, 세상 한가운데 있는 자신의 새로운 공간 안에서 살아간다.

신약성서에서 그리스도인은 이제부터 오직 "성도"라고만 불린다. 생각할 수 있는 다른 이름, 곧 "의인"이라는 이름은 나오지 않는다. 이 이름은 그리스도인이 받은 은사의 모든 범위를 동일하게 설명하지 못한다. 이것은 일회적인 세례와 칭의의 사건과 연관되어 있다. 물론 이 사건에 대한 회상은 매일 반복할 수 있다. 물론 성도는 의롭게 된 죄인이다. 그러나 일회적인 세례와 칭의의 은사와 이에 대한 매일의 회상과 함께 의

　　　　　　　　　　　　　　나를 따르라 •

롭게 된 자의 생명의 은사는 예수 그리스도의 죽음 안에서 마지막 날까지 보존된다. 그러나 이렇게 보존되는 생명은 거룩하다.

두 가지 은사는 동일한 근거를 가지고 있다. 그것은 십자가에 못 박힌 예수 그리스도다.(고전 1:2, 6:11) 두 가지 은사는 하나의 내용을 가지고 있다. 그것은 그리스도와의 사귐이다. 두 은사는 분리될 수 없는 하나다. 그러나 바로 그렇기 때문에 두 가지 은사는 하나의 동일한 은사가 아니다. 칭의가 이미 일어난 하나님의 행위를 그리스도인에게 전가한다면, 성화는 하나님의 현재적이고 미래적인 행동을 약속한다. 신자가 칭의 안에서 단번에 죽음으로써 예수 그리스도의 사귐 안으로 옮겨진다면, 성화는 신자가 옮겨진 공간 안에서, 교회 안에서 신자를 그리스도 안에 보존한다.

칭의에서는 율법에 대한 인간의 태도가 전면에 나오지만, 성화에서는 그리스도의 미래까지 세상과 분리되는 것이 결정적이다. 칭의는 개인을 교회의 지체로 만들지만, 성화는 모든 개인과 함께 교회를 보존한다. 칭의는 신자를 범죄한 과거에서 벗어나게 하지만, 성화는 신자를 그리스도와 함께 머물게 하고, 믿음 안에서 살게 하며, 사랑 안에서 자라게 한다. 칭의와 성화를 창조와 보존의 관계 안에서 생각해 보아도 좋을 것이다. 칭의가 새로운 인간의 새로운 창조라면, 성화는 예수 그리스도의 날까지 그를 보존하고 유지한다.

하나님의 뜻은 성화 안에서 완성된다. "내가 거룩하니 너희도 거룩하라." "나는 너희를 거룩하게 만드는 주다." 이러한 완성은 하나님, 곧 거룩하신 성령이 수행하신다. 성령 안에서 하나님은 인간에 대한 자신의 일을 완성하신다. 성령은 구원의 날까지 신자가 하나님의 소유임을 확증하는 "봉인"이다. 과거에는 신자가 폐쇄된 감옥 안에 갇힌 듯이 율법 아래 갇혀 있었지만(갈 3:23), 이제 신자는 "그리스도 안에서" 격리되었고, 하나님의 보증, 곧 성령으로 봉인되었다. 그 누구도 이 봉인을 깨뜨릴 수 없다. 하나님이 친히 잠그셨으며, 열쇠를 소유하고 계신다. 이것은 하나님이 이제 그리스도 안에서 획득하신 자들을 완전히 소유하게 되셨다는 사실을 의미한다.

문은 닫혔다. 성령 안에서 인간은 하나님의 소유가 되었다. 깨뜨릴 수 없는 봉인을 통해 세상과 격리된 성도의 공동체는 마지막 구원을 기다리고 있다. 교회는 낯선 땅을 달리는 봉인된 열차처럼 세상을 통과하고 있다. 노아가 홍수를 견디기 위해 방주의 "안팎에 역청을 칠해야 했듯이"(창 6:14), 봉인된 교회의 길도 홍수를 통과하는 방주의 항해와 같다.

봉인의 목표는 그리스도가 다시 올 때에 성도를 구원하는 것이다.(엡 4:30, 1:14; 살전 5:23; 벧전 1:5 등) 그러나 봉인된 자들에게 그들의 목표를 확신시켜 주는 보증은 바로 성령 자신이다. "이는 우리가 그리스도 안에서 전부터 바라던 그의 영광의 찬송이 되게 하려 하심이라. 그 안에서 너희도 진리의 말씀,

나를 따르라 •

곧 너희의 구원의 복음을 듣고 그 안에서 또한 믿어 약속의 성
령으로 인치심을 받았으니, 이는 우리 기업의 보증이 되사 그
얻으신 것을 속량하시고 그의 영광을 찬송하게 하려 하심이
라."(엡 1:12-14)

교회는 하나님을 통해 불결한 것, 죄와 분리됨으로써 거
룩하게 된다. 이러한 봉인을 통해 교회는 하나님의 소유가 되
었고, 이 땅에 있는 하나님의 거처가 되었으며, 온 세상에 심판
과 화해를 전파하는 장소가 되었다. 그리스도인들은 이제부터
오직 그리스도의 미래만을 기다리고 이를 향해 나아감으로써
거룩하게 된다.

이것은 성도의 공동체를 위해 삼중적인 의미를 가진다.
교회의 성화는 **세상과의 분명한 분리** 속에서 유지된다. 교회의
성화는 하나님의 성소에 **합당한 변화** 속에서 유지된다. 교회의
성화는 예수 그리스도의 날에 대한 **기대** 속에 **숨겨져** 있다.

그러므로 성화는 - **첫째로** - 오직 보이는 교회 안에서만 존
재한다. 교회의 가시성은 성화의 결정적인 표지다. 교회가 세
상 안에서 공간을 요구하고 이로써 세상의 공간과 구분되는
경계선을 가지고 있다는 사실은 교회가 성화의 상태 속에 있
다는 사실을 입증한다. 성령의 보증으로 말미암아 교회는 세
상과 대립하게 된다. 봉인의 능력으로 교회는 온 세상에 대한
하나님의 요구를 관철해야 하고, 이와 동시에 자신을 위해 세
상 안에서 하나의 분명한 공간을 요구해야 하고, 이로써 자신

과 세상 사이의 경계선을 분명히 그어야 한다.

교회는 하나님이 이 땅에 친히 세우신 산 위의 마을이다.(마 5:14) 교회는 그 자체로서 봉인된 하나님의 소유다. 그러므로 교회의 "정치적" 성격은 자신의 성화에 필연적으로 속해 있다. 교회의 "정치윤리"는 오직 성화에 근거해 있다. 세상은 세상이고, 교회는 교회다. 그러나 교회는 땅과 그 속에 있는 것은 주의 것이라는 하나님의 말씀을 온 세상에 전해야 한다. 이것은 교회의 "정치적" 성격이다.

교회와 세상의 공개적이고 분명한 분리를 무시하려는 개인적인 성화는 종교적인 육신의 경건한 소원을 - 그리스도의 죽음 안에서 하나님의 봉인을 통해 일어난 - 교회의 성화와 혼동한다. 개인적인 성화는 보이는 형제들의 공동체 밖에서 거룩해지려고 하는 옛 사람의 기만적인 교만과 잘못된 영적인 욕망이다. 이것은 이러한 내면성의 겸손 배후에 숨어 있는 행동으로서 의롭게 된 죄인들의 가시적인 공동체인 그리스도의 몸을 멸시하는 행위다.

이런 행동이 그리스도의 몸을 멸시하는 까닭은 무엇인가? 그리스도가 나의 육신을 분명히 취하고 나의 육신을 십자가에 지고 가기를 원했기 때문이다. 내가 형제를 배제하고 혼자서 거룩해지기를 원하기 때문이다. 이런 행동이 죄인을 멸시하는 까닭은 무엇인가? 내가 스스로 거룩해지려고 노력하면서 나의 교회의 추악한 모습을 보지 않으려고 하기 때문이다. 보이는

340

교회 밖에서 추구하는 성화는 거룩함을 사칭하는 행위다.

성령의 봉인을 통해 일어나는 성화는 교회를 언제나 투쟁으로 인도한다. 교회는 안팎의 도전에 의해 무너지지 않으려고 투쟁하며, 세상이 교회가 되지 않고 교회가 세상이 되지 않으려고 투쟁한다. 이것은 근본적으로 봉인을 위한 투쟁이다. 이 땅에서 그리스도의 몸에 주어진 공간을 차지하기 위해 투쟁함으로써 교회는 거룩하게 된다. 세상을 교회와 분리하고 교회를 세상과 분리하는 것은 이 땅에서 하나님의 성소를 차지하기 위한 교회의 거룩한 투쟁이다.

성소는 오직 보이는 교회 안에서만 존재한다. 그러나 - 둘째로 - 바로 이처럼 세상과 분리됨으로써 교회는 하나님의 성소 안에 있게 된다. 교회 안에서는 세상의 한 부분도 여전히 이 성소 안에 있다. 그러므로 성도들은 모든 일에서 부르심과 복음에 합당하게 살아야 한다.(엡 1:27; 골 1:10; 살전 2:12) 그러나 성도들은 오직 생명의 근원인 복음을 매일 기억함으로써만 그렇게 살 수 있다. "주 예수 그리스도의 이름과 우리 하나님의 성령 안에서 씻음과 거룩함과 의롭다 하심을 얻었느니라."(고전 6:11) 복음을 이렇게 매일 기억함으로써 성도들은 거룩해진다.

성도들이 합당한 기준으로 삼아야 할 복음은 다음과 같은 것이다. 세상과 육신은 죽었다. 세상과 육신은 십자가에서 그리스도와 함께 죽었고, 그리고 세례를 통해 죽었다. 죄의 세력이 이미 무너졌기 때문에 더는 죄가 지배할 수 없다. 그러므로

그리스도인은 더는 죄를 지을 수 없다. "하나님으로부터 난 자는 죄를 짓지 아니한다."(요일 3:9)

교회와 세상은 이미 단절되었다. "낡은 관습"(엡 4:22)은 소멸되었다. "너희가 전에는 어둠이더니, 이제는 주 안에서 빛이라. 빛의 자녀들처럼 행하라."(엡 5:8) 지금까지 그들은 부끄럽고 "무익한 육신의 열매"를 맺었지만, 이제는 성령이 성화의 열매를 맺는다.

만약 죄의 세력 아래 살아가는 사람을 죄인이라고 이해한다면, 우리는 그리스도인을 더는 "죄인"이라고 불러서는 안 된다. (디모데는 유일한 예외로서 자신을 죄인이라고 부른다. 딤전 1:15) 그리스도인은 한때는 죄인, 하나님을 모르는 자, 원수였지만(롬 5:8, 10; 갈 2:15, 17), 지금은 그리스도 때문에 성도가 되었다. 그리스도인은 성도가 되었다는 사실을 기억해야 하며, 성도로서 살아가야 한다는 요구를 받는다. 이것은 죄인이 거룩해야 한다는 불가능한 요구가 아니다. 이것은 공로주의와 그리스도 모독으로 완전히 뒷걸음치는 행위가 될 것이다. 성도가 거룩해야 하는 까닭은 그가 그리스도 예수 안에서 성령을 통해 거룩해졌기 때문이다.

성도의 삶은 칠흑같이 어두운 배경 속에서 뚜렷하게 드러난다. 육신의 어두운 일은 생명의 밝은 빛을 통해 성령 안에서 완전히 폭로된다. 육신의 일은 현저하니 곧 "음행과 더러운 것과 호색과 우상 숭배와 술수와 원수를 맺는 것과 분쟁과 시기와 분냄과 당 짓는 것과 분리함과 이단과 투기와 술 취함과 방탕함과 또 그와 같은 것들이라."(갈 5:19 이하) 이 모든 일은 그리스도의 공동체 안에서 일어날 수 없다. 이런 일은 제거되었고, 십자가에서 심판을 받았으며, 종결되었다. "이런 일을 하는 자들은 하나님의 나라를 유업으로 받지 못할 것이라."(갈 5:21; 엡 5:5; 고전 6:9; 롬 1:32)는 말씀은 그리스도인들에게 처음부터 선포되었다. 이러한 죄는 영원한 구원과 멀어지게 만든다. 만약 이런 악덕의 하나가 교회 안에서 드러난다면, 출교 조치(교회의 사귐에서 배제하는 조치)가 이루어져야 한다.(갈 5:1 이하)

이른바 악덕 목록에서 죄를 열거하는 방식이 매우 공통적이라는 사실은 주목할 만하다. 거의 예외 없이 가장 먼저 언급되는 죄는 그리스도인의 새로운 삶과 일치될 수 없는 음란의 죄다. 그다음에는 대개 탐욕(고전 5:10, 6:10; 엡 4:19, 5:35; 골 5:3; 살전 4:4 이상)의 죄가 언급되는데, 이것은 앞에 나오는 "더러운 것"과 "우상 숭배"(고전 5:10, 6:9; 갈 5:3, 19; 골 5:5, 8)와 함께 묶어져 나온다. 그다음에는 형제를 사랑하지 않는 죄가 언급되고, 마지막으로는 방탕의 죄가 언급된다.[19]

열거되는 죄 가운데서 음행의 죄가 처음에 언급되는 것은 분명히 우연이 아니다. 그 이유는 특별한 시대적 상황에 있는 것이 아니라, 이 죄의 특별한 성격에 있다. 음행의 죄 안에서는

---

19) 이러한 악덕 목록의 기원은 아마도 막 7:21 이하에 나오는 주의 말씀일 것이다.

스스로 하나님처럼 되고 생명의 창조주가 되려고 하며, 지배하고 섬기지 않으려고 하는 아담의 죄가 되살아난다. 음행의 죄 안에서는 인간이 하나님이 설정하신 경계선을 넘어서며, 하나님의 피조물에게 폭력을 행사한다.

이스라엘의 죄는 주의 신실을 거듭 부인하고, "우상 숭배와 함께 음행"을 행하고 이에 매달린 것이었다.(고전 10:7) 음행은 먼저 창조주 하나님에게 범하는 죄다. 그러나 그리스도인들에게 음행은 특별히 그리스도의 몸 자체에게 범하는 죄다. 왜냐하면 그리스도인의 몸은 그리스도의 한 지체이기 때문이다. 그는 오직 그리스도에게만 속해 있다. 그러나 창녀와의 육체적인 결합은 그리스도와의 영적인 사귐을 파괴한다. 그리스도의 몸을 도둑질하여 이를 죄에 넘겨주는 자는 그리스도와 분리되고 만다. 음행은 자신의 몸에 범하는 죄다.

그러나 그리스도인은 자신의 몸도 성령이 머무는 성전이라는 사실을 알아야 한다.(고전 6:13 이하) 그리스도인의 몸과 그리스도의 사귐은 매우 친밀하기 때문에 그의 몸은 동시에 세상에 속할 수 없다. 그리스도의 몸의 사귐은 자신의 몸에 범하는 죄를 금지한다. 음행하는 자는 하나님의 진노를 초래할 수밖에 없다.(롬 1:29; 고전 5:1 이하, 7:2, 10:7; 고후 12:21; 히 12:6, 13:4) 그리스도인은 순결하다. 그는 자신의 몸을 그리스도의 몸을 섬기는 일에 온전히 바친다. 그리스도인은 십자가에서 일어난 그리스도의 몸의 고난과 죽음이 자신의 몸에도 일어났고, 자

나를 따르라 •

신의 몸이 죽음에 넘겨졌다는 사실을 안다. 고문을 당하고 변모된 그리스도의 몸과의 사귐은 그리스도인을 육체적인 방탕에서 해방한다. 난잡한 육체적 욕망은 이러한 사귐 안에서 날마다 죽어간다. 그리스도인은 훈련과 절제 가운데서 자신의 몸으로 오직 그리스도의 몸, 교회를 세우는 일을 위해서만 봉사한다. 그리스도인은 결혼을 통해서도 그렇게 하며, 이를 통해 결혼을 그리스도의 몸의 한 부분으로 만든다.

음행은 탐욕(貪慾)과 결합되어 있다. 음행과 탐욕의 공통점은 무한한 탐심(貪心)이다. 무한한 탐심은 탐욕에 빠진 자를 세상에 속한 사람으로 만든다. 하나님의 계명은 탐심을 품지 말라고 말한다. 음행하는 자와 탐심을 품는 자는 바로 탐욕 자체다. 음행하는 자는 남의 소유를 탐낸다. 탐심을 품는 자는 세상의 재물을 탐낸다. 탐욕을 품는 자는 지배와 권력을 원하지만, 자신의 마음을 바친 세상의 노예가 된다. 음행과 탐욕은 자신을 오염하고 더럽히는 세상과 접촉하게 만든다. 음행과 탐욕은 우상 숭배다. 왜냐하면 여기서 인간의 마음은 더는 하나님과 그리스도에게 속해 있지 않고, 자신이 탐내는 세상의 재물에 속해 있기 때문이다.

그러나 자신의 하나님과 자신의 세상을 스스로 창조하고 자신의 욕망을 하나님으로 만드는 자는 자신의 길을 막고 자신의 뜻을 방해하는 형제를 미워할 수밖에 없다. 다툼, 미움, 시기, 살인은 모두 자신의 탐욕의 샘에서 솟아난다. "너희 중에 싸움이 어디로부터, 다툼이 어디로부터 나느냐? 너희 지체 중에서 싸우는 정욕으로부터 나는 것이 아니냐?"(약 4:1) 음행하는 자와 탐욕스러운 자는 형제를 사랑할 줄 모른다. 그는 자신의 마음의 어둠을 의지하며 살아간다. 그는 예수 그리스도의 몸에 죄를 지음으로써 자신의 형제에게 죄를 짓는다.

음행과 형제 사랑은 그리스도의 몸 때문에 서로 공존할 수 없다. 그리스도의 몸의 사귐을 벗어난 몸은 이웃도 섬길 수 없다. 다시 말하면, 자신의 몸과 형제를 존중하지 않는 행동은 대담하게 먹고 마시는 불경스러운 방탕을 낳을 수밖에 없다. 자신의 몸을 멸시하는 자는 자신의 육신에 빠지며, "자신의 배가 자신의 하나님이 된다."(롬 16:18) 이런 죄의 가증스러움은 여기서 죽어버린 육신이 자신을 치장하려고 하고, 그래서 자신의 외모마저도 부끄럽게 만든다는 사실에 있다. 방탕한 사람은 그리스도의 몸에 결코 참여할 수 없다.

이런 악덕의 세상은 교회에게 이미 과거가 되었다. 교회는 이런 악덕 속에서 살아가는 자들과 분리되었고, 항상 거듭 분리되어야 한다.(고전 5:9 이하) "빛이 어둠과 어찌 사귈 수 있겠는가?"(고후 6:14 이하) 어둠은 "육신의 일"을 하고, 빛은 "성령의 열매"를 맺는다.(갈 5:19 이하; 엡 5:9)

열매란 무엇인가? 육신의 "일"은 많지만, 성령의 "열매"는 오직 **하나**다. 일은 사람의 손이 하지만, 열매는 나무가 알지 못하는 사이에 맺히고 자란다. 일은 죽었지만, 열매는 살아 있

나를 따르라 •

고, 새로운 열매를 맺는 씨앗을 품고 있다. 일은 스스로 존재할 수 있지만, 열매는 나무가 없이는 결코 존재할 수 없다. 열매는 언제나 아주 놀라운 것이고, 하나의 결과다. 그러나 열매는 소원의 결과가 아니라, 자라난 것이다. 성령의 열매는 오직 하나님만이 맺게 하신 은사다.

나무가 열매를 전혀 알지 못하듯이, 성령의 열매를 맺은 자도 열매를 전혀 알지 못한다. 그는 오직 자신이 누리는 생명의 능력에 관해서만 알고 있다. 그는 결코 자랑하지 않으며, 오직 생명의 근원인 그리스도와 언제나 친밀한 연합을 이룬다. 성도는 자신이 맺는 성화의 열매도 스스로 알지 못한다. 오른손이 하는 일을 왼손은 모른다. 만약 성도가 여기서 뭔가를 알려고 한다면, 만약 그가 여기서 자신을 관찰하려고 한다면, 그는 뿌리로부터 이미 잘려나갔을 것이고, 열매를 맺는 시기도 이미 지나갔을 것이다. "오직 성령의 열매는 사랑과 희락과 화평과 오래 참음과 자비와 양선과 충성과 온유와 절제다."(갈 5:22)

여기서는 교회의 거룩함 외에도 개인의 성화가 아주 선명하게 드러난다. 그러나 근원은 하나의 동일한 것, 곧 그리스도와의 사귐이고, 동일한 몸에 참여하는 사귐이다. 세상과의 분리가 오직 지속적인 투쟁 속에서만 분명히 일어나듯이, 개인의 성화도 육신에 저항하는 영의 투쟁 속에서 일어난다. 성도는 오직 자신의 삶 속에서 일어나는 분쟁과 고통과 약함과 죄만을 본다. 그리고 성화 속에서 성숙해질수록 그는 자신을 실패한 자로, 육신에 따라 죽어가는 자로 점점 더 인식한다. "그리스도 예수의 사람들은 육신과 함께 그 정욕과 탐심을 십자가에 못 박았다."(갈 5:24) 성도는 여전히 육신 안에서 살아간다. 그러나 바로 그렇기 때문에 그는 항상 자신 안에서 살기 시작한 하나님의 아들에 대한 믿음 안에서 살아야 한다.(갈 2:20)

그리스도인은 날마다 죽는다.(고전 15:31) 자신의 육신이 괴로워하고 쇠락하든 말든, 속사람은 날마다 새로워진다.(고후 4:16) 성도가 육신에 따라서 죽어가는 유일한 이유는 그리스도가 성령을 통해서 성도 안에서 살기 시작했기 때문이다. 성도는 그리스도와 그의 생명으로 말미암아 죽어간다. 이제 그는 스스로 고난을 받으려고 노력할 필요가 없다. 이것은 다시금 자신의 육신 안에서 자신을 주장하려는 태도다. 그리스도는 성도에게 매일의 죽음이요, 매일의 생명이다.

그러므로 그리스도인은 크게 기뻐해야 한다. 왜냐하면 하나님으로부터 난 자는 더는 죄를 지을 수 없고, 죄가 더는 그를 지배하지 못하며, 그는 죄에 대해 죽고 성령 안에서 살아가기 때문이다.[20] "이제 그리스도 예수 안에 있는 자들에게는 결코

---

20) "그러나 나는 살아 있다고 신자는 말한다. 나는 하나님 앞에서 살아가며, 하나님의 은혜 안에서 하나님의 심판대 앞에서 살아간다. 나는 하나님의 자비 안에서, 하나님의 빛 안에서, 하나님의 사랑 안에서 살아간다. 나는 나의 모든 죄에서 완전히 벗어났다. 죄를 기록한 책에는 공개될 것이 없으며, 지불되지 않은 죄책도 없다. 율법은 나에게 더는 요구하지 못한다. 율법은 나

정죄함이 없노라."(롬 8:1) 하나님은 자신의 거룩한 백성을 기쁘게 여기신다. 왜냐하면 하나님은 성도로 하여금 싸우게 하시고 죽게 하시며, 바로 이를 통해 성화의 열매를 맺게 하시기 때문이다. 비록 열매가 깊이 숨겨져 있더라도, 성도는 지금 열매가 존재한다는 사실을 확고히 믿어야 한다. 용서의 복음 아래 음란과 탐욕과 살인과 형제 미움이 교회를 지배하게 해서는 안 된다. 성화의 열매가 숨겨져 있어서도 안 된다.

그러나 성화의 열매가 분명히 드러나는 바로 그곳에서, 세상이 교회를 바라보고 마치 초대교회를 바라보듯이 "저들이 서로를 얼마나 사랑하는가를 보라!"라고 말하는 바로 그곳

를 더는 비난하지 못한다. 율법은 나를 더는 정죄하지 못한다. 하나님이 의로우시듯이, 나도 하나님 앞에서 의롭다. 나의 하나님이 거룩하시듯이, 하늘 아버지가 온전하시듯이, 나도 거룩하고 온전하다. 하나님의 온전한 자비가 나를 감싸고 있다. 하나님의 자비는 내가 서 있는 땅이요, 나를 가려주는 집이다. 하나님의 모든 축복과 그의 모든 안식은 나를 높여주고, 지탱해 준다. 그 속에서 나는 숨을 쉬고, 영원한 행복을 누린다. 나는 죄가 없고, 죄를 짓지 않는다. 가든지 서든지, 앉든지 눕든지, 깨어 있든지 자고 있든지, 나는 하나님의 길을 가고 하나님의 뜻을 행한다는 사실을 선한 양심으로 안다. 나의 모든 생각과 말은 하나님의 뜻에 따른다. 밖에 있든지 안에 있든지, 나의 생각과 말은 항상 하나님의 자비로운 뜻을 따른다. 활동하든지 쉬든지, 나는 하나님의 기쁨이 된다. 나의 죄는 영원히 제거되었다. 나는 청산하지 못할 새로운 죄를 더는 지을 수 없다. 나는 하나님의 은혜 안에서 보호를 받고 있고, 죄를 더는 지을 수 없다. 죽음도 나를 더는 죽이지 못한다. 나는 하나님의 모든 천사들처럼 영원히 살고 있다. 하나님은 나에게 더는 진노하시거나 질책하시지 않는다. 나는 미래의 진노에서 영원히 벗어났다. 악은 나를 더는 침범하지 않을 것이고, 세상은 나를 함정에 더는 빠뜨리지 못할 것이다. 누가 우리를 하나님의 사랑에서 끊으려고 하는가? 하나님이 우리를 위하신다면, 누가 우리를 대적할 수 있는가?"(콜브뤼게)

에서 성도는 오직 주를 계속 바라볼 것이며, 자신의 선(善)을 알지 못한 채 사죄를 위해 기도할 것이다. 죄가 지배하지 못한다는 사실과 신자는 죄를 짓지 않는다는 사실을 확신하는 그리스도인은 다음과 같이 고백할 것이다. "만일 우리가 죄가 없다고 말하면, 스스로 속이고 또 진리가 우리 속에 있지 아니할 것이요. 만일 우리가 우리 죄를 자백하면, 그는 미쁘시고 의로우사 우리 죄를 사하시며, 우리를 모든 불의에서 깨끗하게 하실 것이요. 만일 우리가 범죄하지 아니하였다 하면, 하나님을 거짓말하는 이로 만드는 것이니, 또한 그의 말씀이 우리 속에 있지 아니하니라. 나의 자녀들아, 내가 이것을 너희에게 씀은 너희로 죄를 범하지 않게 하려 함이라. 만일 누가 죄를 범하여도 아버지 앞에서 우리에게 대언자가 있으니, 곧 의로우신 예수 그리스도시라. 그는 우리 죄를 위한 화목 제물이니, 우리만 위할 뿐 아니요 온 세상의 죄를 위하심이라."(요일 1:8-2:2)

따라서 주(主)는 성도들에게 기도를 친히 가르쳤다. "우리의 죄를 용서해 주소서." 주는 서로의 죄를 항상 용서하라고 말했다.(엡 4:32; 마 18:21 이하) 그리스도인들은 서로를 형제처럼 용서함으로써 공동체 안에서 예수의 용서를 실천할 수 있게 된다. 그리스도인은 다른 사람을 더는 자신을 괴롭히는 자로 보지 않고, 그리스도가 십자가에서 용서한 자로 본다. 그리스도인은 서로를 예수의 십자가를 통해 거룩하게 된 자로 대접한다. 십자가 아래서 매일 죽어감으로써 그의 생각과 말과 육신은 거룩해진다. 십자가 아래서 성화의 열매는 자라난다.

성도들의 공동체는 죄가 없고 완전한 자들의 "이상적인" 공동체가 아니다. 그것은 회개할 필요가 없는 순결한 자들의 공동체가 아니다. 그것은 하나님의 용서가 올바로 선포됨으로써 용서의 복음에 합당하게 살아가는 공동체다. 하나님의 용서는 자기용서와 전혀 상관이 없다. 성도들의 공동체는 하나님의 값진 은혜를 올바로 경험한 공동체이고, 복음을 헐값으로 팔아 버리지 않음으로써 복음에 합당하게 살아가는 공동체다.

다시 말하면, 성도들의 공동체는 오직 다음과 같은 방식으로만 용서를 선포할 수 있다. 용서와 함께 회개도 선포해야 한다. 복음을 율법과 함께 선포해야 한다. 죄를 무조건 용서할 것이 아니라, 죄를 늘 기억해야 한다. 주의 뜻에 따라 거룩한 복음을 개에게 던져 주어서는 안 되며, 오직 회개 설교를 지속하는 가운데서만 복음을 선포해야 한다. 죄를 죄라고 부르지 못하는 공동체는 용서해 주는 자들에게서 아무런 믿음도 발견하지 못할 것이다. 이러한 공동체는 거룩한 것을 범하고, 복음에 합당하지 않게 살아간다. 이러한 공동체는 주의 값진 용서를 던져버렸기 때문에 거룩하지 않은 공동체다.

이것은 선한 일을 행하는 사람도 보편적인 죄를 짓는다고 비난하는 말이 아니다. 이것은 회개설교가 아니다. 이것은 구체적인 죄를 지적하고 처벌하고 심판해야 한다는 말이다. 이것은 주가 교회에게 주었고 종교개혁자들이 매우 강조했던

열쇠의 권한(마 16:19, 18:18; 요 20:23)의 올바른 사용이다. 거룩한 것을 위해, 죄인을 위해, 교회를 위해 교회 안에서 맺고 간직하는 열쇠도 실행되어야 한다. 복음 앞에서 교회가 합당하게 살아가기 위해서는 **권징**(勸懲)의 실행이 필요하다. 성화는 교회를 세상과 분리한다. 바로 이처럼 성화는 세상을 교회와 분리해야 한다. 오직 한 가지만의 분리는 순수하지 못하고, 진실하지 못하다. 세상과 분리된 교회는 안을 향해 권징을 실행해야 한다.

권징은 완전한 자들의 교회를 세우기 위해 존재하는 것이 아니라, 오직 진정으로 하나님의 용서의 자비 아래서 살아가는 자들의 교회를 세우기 위해 존재한다. 권징은 하나님의 값진 은혜에 봉사한다. 죄인이 구원을 잃어버리지 않도록, 그리고 복음이 오용되지 않도록 교회 안에서 죄인은 권면과 형벌을 받아야 한다. 따라서 오직 회개하고 예수 그리스도에 대한 신앙을 고백하는 자만이 세례의 은혜를 받을 수 있다. 따라서 오직 사죄를 위한 예수 그리스도의 참된 몸과 피를 상징적인 식사나 다른 종류의 식사와 "구분할 수 있는"(고전 11:29) 자만이 성찬의 은혜를 받을 수 있다. 더욱이 그는 자신의 신앙의 깨달음을 증명해 보여야 하고, 참으로 그리스도의 몸과 피와 용서를 갈망하는지를 스스로 "시험하거나" 형제를 통해 시험해 보아야 한다.

신앙의 심문(審問)에는 **고해**가 따른다. 고해 속에서 그리스도인은 사죄의 확신을 추구하고, 이를 얻는다. 여기서 하나님은 죄인이 자신을 속이고 자신을 용서할 위험에 빠지지 않도록 도우신다. 형제 앞에서 자신의 죄를 고백하는 가운데서 육신은 자만과 함께 죽는다. 육신은 그리스도와 함께 수치와 죽음을 당하고, 사죄의 말씀을 통해 하나님의 자비를 받은 새로운 인간이 생겨난다. 따라서 고해는 성도의 삶의 일부가 된다. 고해는 오용될 경우에 형벌을 받게 되는 하나님의 은혜의 선물이다. 고해는 하나님의 값진 은혜를 전달한다. 여기서 그리스도인은 그리스도의 죽음을 닮게 된다. "따라서 내가 고해를 권면할 때, 내가 권면하는 것은 다름이 아니라 한 명의 그리스도인이 되라는 것이다."(루터, 대(大) 교리문답서)

권징은 교회의 모든 생활을 두루 지배한다. 죄인에게 자비를 베풀기 위해 실행되는 권징은 단계적으로 이루어진다. 모든 권징의 기원은 두 개의 열쇠에 따라서 이루어지는 말씀의 선포다. 권징은 예배 모임에만 한정되어 있지 않다. 직무를 맡은 자는 자신의 임무를 회피해서는 안 된다. "너는 말씀을 전파하라. 때를 얻든지 못 얻든지 항상 힘쓰라. 범사에 오래 참음과 가르침으로 경책하며 경계하며 권하라."(딤후 4:2) 이것은 교회권징의 시작이다. 여기서 분명히 밝혀야 할 것은 오직 분명히 드러난 죄만을 처벌할 수 있다는 사실이다. "어떤 사람들의 죄는 밝히 드러나 먼저 심판에 나아가고, 어떤 사람들의 죄는 그 뒤를 따른다."(딤전 5:24) 따라서 교회권징은 마지막 심판의 형벌을 받지 않게 도와준다.

그러나 만약 이와 같은 첫 번째 단계에서, 다시 말하면, 직무를 맡은 자의 일상적인 목양 활동에서 교회권징이 실행되지 않는다면, 그 후에 일어나는 모든 것들도 문젯거리로 변한다. 두 번째 단계는 교회 지체들이 형제처럼 서로를 권면하는 것이다. "피차 가르치며 권면하라."(골 3:16; 살전 5:11, 14) 낙심한 자를 위로하는 것, 약한 자의 짐을 지는 것, 모든 사람에게 관용을 베푸는 것도 권면에 속한다.(살전 5:14) 오직 이렇게 함으로써만 교회는 매일 경험하는 시련과 타락을 방지할 수 있다.

만약 교회 안에서 이런 형제적인 봉사가 더는 실천되지 않는다면, 세 번째 단계로 나아가는 것도 참으로 어려워진다. 예컨대 한 형제가 말과 행동으로 분명한 죄를 지었다면, 교회는 그에 대해 진정한 교회권징의 절차를 도입할 능력을 가져야 한다. 이것도 시간이 오래 걸리는 과정이다. 먼저 교회는 죄인과 거리를 유지하도록 힘써야 한다. "그 사람과 사귀지 마라."(살후 3:14) "그들에게서 떠나라."(롬 16:17) "그런 자들과 함께 먹지 마라."(고전 5:11) "이 같은 자들에게서 돌아서라."(딤후 3:5; 딤전 6:5) "형제들아, 우리 주 예수 그리스도의 이름으로 너희를 명하노니 게으르게 행하고 우리에게서 받은 전통대로 행하지 아니하는 모든 형제에게서 떠나라."(살후 3:6) 교회의 이런 태도는 죄인들로 하여금 "부끄러움"을 느끼게 하고(살후 3:14), 이를 통해 그를 돌이키게 하기 위한 것이다. 물론 죄인을 이처럼 멀리하는 행동은 그를 교회의 활동에서 잠시 동안 배제하는 일도 포함한다.

그렇지만 분명한 죄인을 이처럼 멀리하는 행동은 그와의 사귐을 단절하는 행동이 아니다. 오히려 죄인과 거리를 두는 교회는 그에게 계속 권면해야 한다. "그러나 원수와 같이 생각하지 말고, 형제 같이 권면하라."(살후 3:15) 죄인도 여전히 형제다. 바로 그렇기 때문에 죄인은 교회의 징계와 권면을 받게 된다. 교회가 죄인에게 권징을 실행하는 까닭은 자비로운 형제 사랑 때문이다. 악을 행하는 완고한 자들은 온유하게 처벌되어야 한다. "거역하는 자를 온유함으로 훈계할지니, 혹 하나님이 그들에게 회개함을 주사 진리를 알게 하실까 하며, 그들로 깨어 마귀의 올무에서 벗어나 하나님께 사로잡힌 바 되어 그 뜻을 따르게 하실까 함이라."(딤후 2:25 이하)

이러한 권면의 방법은 죄인에 따라서 다르지만, 항상 동일한 목표를 가진다. 그것은 회개와 화해로 인도하는 것이다. 만약 죄가 너와 죄인 사이에 숨겨져 있다면, 죄를 드러내기보다는 혼자서 그를 처벌하고 회개를 촉구해야 한다. "그렇게 함으로써 너는 한 형제를 얻게 된다." "만일 듣지 않거든, 한두 사람을 데리고 가서 두세 증인의 입으로 말마다 확증하게 하라."(마 18:16)

범죄사실을 밝히기 위해서는 증인이 필요하다. 만약 범죄사실을 입증할 수 없고 교회의 지체가 범죄사실을 부인한다면, 그 일을 하나님에게 맡겨야 한다. 형제는 증인이며, 종교재 판관이 아니다! 죄인이 완고하여 회개하지 않을 때에도 그 일을 하나님에게 맡겨야 한다. 은밀한 권징 실행은 죄인의 회개를 더 용이하게 만들 것이다. 만약 죄인이 회개하지 않거나 죄가 모든 회중 앞에서 이미 드러났다면, 죄인을 권면하고 회개를 촉구하는 것은 모든 회중의 임무다.(마 18:17; 살후 3:14)

만약 죄인이 교회의 한 직무를 맡은 자라면, 두 명이나 세 명의 증인이 고발하더라도 그를 고소해야 한다. "범죄한 자들을 모든 사람 앞에서 꾸짖어, 나머지 사람들도 두려워하게 하라."(딤전 5:20) 이제 교회는 직무를 맡은 자와 함께 열쇠 임무를 관장해야 한다. 공개적인 판결을 위해서는 교회와 직무의 공개적인 대표가 필요하다. "하나님과 그리스도 예수와 택하심을 받은 천사들 앞에서 내가 엄히 명하노니, 너는 편견이 없이 이것들을 지켜 아무 일도 불공평하게 하지 마라."(딤전 5:21) 왜냐하면 이제는 하나님이 죄인을 친히 심판하시기 때문이다.

만약 죄인이 진정으로 회개한다면, 만약 그가 자신의 죄를 공개적으로 고백한다면, 그는 하나님의 이름으로 자신의 모든 죄를 용서받을 것이다.(고후 2:6 이하) 만약 그가 죄를 계속 짓는다면, 교회는 하나님의 이름으로 그의 죄를 간직해야 한다. 이것은 교회의 모든 사귐에서 그를 배제한다는 것을 의미한다. "만일 그들의 말도 듣지 않거든 교회에 말하고, 교회의 말도 듣지 않거든 이방인과 세리와 같이 여기라."(마 18:17) "진실로 너희에게 이르노니, 무엇이든지 너희가 땅에서 매면 하늘에서도 매일 것이요, 무엇이든지 땅에서 풀면 하늘에서도 풀리리라. … 두세 사람이 내 이름으로 모인 곳에는 나도 그들 중에 있느니라."(마 18:18 이하)

그러나 죄인을 교회의 사귐에서 배제하는 것은 단지 이미 일어난 사실, 곧 회개하지 않는 죄인은 "자기 자신을 심판한"(딛 3:11) 자라는 사실을 확인할 따름이다. 교회는 그를 심판하지 않았지만, 그는 자신을 스스로 심판했다. 이러한 완전한 배제를 바울은 "사탄에게 내어주었다."(고전 5:5; 딤전 1:20)라고 표현했다. 죄인은 사탄이 지배하고 죽음이 활동하는 세상에 떨어지게 된다.(딤전 1:20; 딤후 2:17, 4:15을 비교하면, 이것은 사도행전 5장에 나오는 사형 행위가 아니라는 사실이 증명된다.) 죄인은 그리스도의 몸의 공동체에서 추방되었다. 왜냐하면 그가 스스로 떨어져 나갔기 때문이다. 이제부터 그는 교회에 대해 어떤 권리도 행사할 수 없다.

그렇지만 이러한 마지막 행동도 "영이 주 예수의 날에 구원을 받고"(고전 5:5) "훈계를 받아 신성을 모독하지 못하게"(딤전 1:20) 하려는 구원의 목표를 위해 여전히 봉사한다. 교회권징의 목적은 죄인이 교회로 되돌아오거나 구원을 받는 것이다. 그것은 항상 교육적인 행동이다. 회개하지 않는 사람에게는 교회의 판결이 영원하지만, 죄인에게 구원을 박탈해야 하는 이런 판결은 교회의 사귐과 구원이 제공할 수 있는 마지막 선

물일 따름이다.[21]

---

21) 신약성서는 항상 자비를 베풀기 위해 실행되는 교회의 모든 권징을 넘어서
는 또 다른 형벌을 말하고 있다. 그것은 완고한 죄인을 사탄에게 내어주는
행동을 뛰어넘는 끔찍한 형벌인 저주(아나테마, Anathema)다. 이것은 구원
의 목표와 더는 연결되어 있지 않다. 이것은 하나님의 심판을 미리 앞당기
는 형태로서 나타난다. 구약성서에서 이에 해당하는 것으로는 불경한 자들
에게 시행되는 "케렘"(Cherem)이 있다. 이것은 교회와 단호하게 분리한다
는 뜻이다. 추방된 자는 죽임을 당한다. 이것은 두 가지 뜻을 가진다. 공동
체는 어떤 경우에도 추방된 자를 도와주고 방면해 줄 수 없다. 그러므로 그
는 오직 하나님에게만 맡겨진다. 그러나 추방된 자는 저주를 받았지만, 동
시에 거룩하기도 하다. 왜냐하면 그는 하나님에게 맡겨졌기 때문이다. 그
러나 그는 저주를 받은 자로서 오직 하나님에게만 속해 있기 때문에 교회는
그를 구원하려고 더는 시도할 수 없다. 저주가 구원과의 단절을 뜻한다는
사실은 롬 9:3에서 입증된다. 아나테마가 종말론적인 관련성을 가지고 있다
는 사실은 고전 16:22에서 드러난다. 갈 1:8 이하는 설교를 통해 복음을 고
의적으로 파괴하려는 자들에게 저주가 주어진다고 말한다. 특정한 사람들
에게 저주를 선언하는 몇몇 구절이 거짓 교사와 관련되어 있다는 사실은 결
코 우연이 아니다. 교리는 하늘에 속하고, 삶은 땅에 속한다.(Doctrina est
coelum, vita terra, 루터)
교리권징은 다음과 같은 점에서 교회권징과 다르다. 교리권징이 교리 자체
의 오용을 막기 위한 것이라면, 교회권징은 올바른 교리로부터, 곧 열쇠를
올바른 사용으로부터 생겨나는 것이다. 거짓 교리로 말미암아 교회의 삶과
교회권징의 샘은 오염된다. 그러므로 교리를 범한 죄는 행위로 범한 죄보다
무겁다. 교회에서 복음을 도둑질하는 자는 무한한 심판을 받아 마땅하다.
그러나 복음은 행위로 죄를 지은 자를 위해 존재한다. 교리권징은 일차적으
로 교회 안에서 교사직을 맡은 자에게 적용된다. 이 모든 것은 다음과 같은
전제를 가진다. 직무를 넘겨 줄 때, 직무 담당자(didaktikos)는 가르칠 능력
이 있고(딤전 3:2; 딤후 2:24; 딛 1:9), "남들을 열심히 가르칠 수 있다"(딤후
2:2)는 사실을 증명해야 한다. 그리고 아무에게나 성급히 안수해서는 안 된
다. 왜냐하면 그의 죄가 그에게 안수한 자에게 되돌아오기 때문이다.(딤전
5:22) 교리권징은 교사의 직무로 부르기 전에 이미 시작된다. 여기서 교회
의 생사는 최상의 양심에 달려 있다. 그러나 교리권징은 교사의 직무로 부
르는 것으로 끝나지 않고, 그렇게 함으로써 비로소 시작된다. 충실한 직무
담당자 디모데는 올바르고 건강한 교리를 보호해야 한다는 권면을 받아야
했다. 따라서 그에게는 성서를 읽는 것이 무엇보다 중요했다. 길을 잃고 방

따라서 교회의 성화는 복음에 합당하게 살아감으로써 유지된다. 교회의 성화는 영의 열매를 낳고, 말씀의 권징 안에 있다. 이 모든 일에서 교회는 오직 그리스도만을 거룩함으로 여기고(고전 1:30) 그리스도의 재림의 날을 기다리는 교회로 존재한다.

이로써 우리는 진정한 성화의 **세 번째** 규정에 도달했다. 모든 성화는 예수 그리스도의 날에 견디기 위한 것이다. "모든

황할 위험은 매우 크다.(딤후 3:10, 14, 4:2, 2:15; 딤전 4:13, 16; 딛 1:9, 3:8) 그 밖에도 모범적으로 생활해야 한다는 권면이 주어져야 했다. "네 자신과 가르침을 살펴라."(딤전 4:13 이하; 행 20:28) 디모데는 정절, 겸손, 공평무사, 근면을 위한 권면을 부끄러워하지 않았다. 따라서 모든 교회권징의 실행 전에 직무 담당자에 대한 권징이 실행되었다. 직무 담장자의 임무는 자신의 교회에서 올바른 교리를 확산하고 모든 왜곡에 저항하는 것이다. 분명한 거짓 교리가 침투한 곳에서는 직무 담당자가 "다른 교훈을 가르치지 말라고"(딤전 1:3) 명령해야 한다. 왜냐하면 그는 교사의 직무를 맡았고, 명령할 수 있기 때문이다. 더 나아가서 그는 말다툼을 하지 못하도록 경고하고 환기해야 한다.(딤후 2:14) 만약 어떤 사람이 거짓 교사로 드러난다면, 그는 "한 번, 그리고 여러 차례" 경고를 받아야 한다. 만약 그가 듣지 않는다면, 이런 이단적인 사람과는 사귐을 단절해야 한다.(딛 3:10; 딤전 6:4 이하) 왜냐하면 그런 사람은 교회를 미혹하기 때문이다.(딤후 3:6 이하) "그리스도의 교훈 안에 거하지 아니하는 사람은 모두 하나님을 모시고 있지 않은 사람이다."(요이 1:9) 이런 거짓 교사를 집안에서 사귀거나 경건하게 인사해서는 안 된다.(요이 1:10) 거짓교사 안에서 적그리스도가 들어온다. 생활로 죄를 지은 자가 아니라 오직 거짓 교사만이 적그리스도라고 불린다. 갈 1:9에 나오는 저주는 오직 이런 사람에게만 선언된다. 교리권징과 교회권징의 관계는 다음과 같다. 교리권징이 없다면, 교회권징도 없다. 그러나 교회권징으로 이어져서는 안 될 교리권징도 없다. 바울은 교만한 가운데서 분파를 일삼는 자들에게 교회권징을 실행하지 않는 고린도의 교인들을 나무란다.(고전 5:23) 교회 안에서 교리의 문제를 행위의 문제와 분리하는 것은 불가능하다.

사람들과 더불어 … 거룩함을 따르라. 이것이 없이는 아무도 주를 보지 못하리라."(히 12:14) 성화는 항상 종말과 관련된다. 성화의 목표는 세상의 심판이나 자신의 심판 앞에서 견딜 수 있게 되는 것이 아니라, 주 앞에서 견딜 수 있게 되는 것이다. 자기 자신 앞에서, 그리고 세상 앞에서 교회의 성화는 아마도 죄가 될 것이고, 교회의 믿음은 불신앙이 될 것이고, 교회의 사랑은 미움이 될 것이며, 교회의 권징은 약함이 될 것이다. 교회의 진정한 성화는 숨겨져 있다. 그러나 그리스도는 자신의 교회가 자신 앞에 견딜 수 있도록 준비한다. "남편들아, 아내 사랑하기를 그리스도께서 교회를 사랑하시고 그 교회를 위하여 자신을 주심 같이 하라. 이는 곧 물로 씻어 말씀으로 깨끗하게 하사, 거룩하게 하시고 자기 앞에 영광스러운 교회로 세우사, 티나 주름 잡힌 것이나 이런 것들이 없이 거룩하고 흠이 없게 하려 하심이라."(엡 5:25-27; 골 1:22; 엡 1:4)

예수 그리스도 앞에서는 오직 거룩하게 된 교회만이 견딜 수 있다. 예수 그리스도는 하나님의 원수들을 화해시키셨으며, 불경한 자들을 위해 자신의 생명을 주셨다. 그가 이런 일을 행한 것은 그가 다시 올 때까지 교회가 거룩하게 보존되기 위해서다. 이것은 성령의 보증을 통해 일어난다. 이로 말미암아 성도들은 예수 그리스도의 날까지 거룩한 교회 안에서 보호를 받게 된다. 그날에 성도들은 흠과 부끄러움 없이, 영과 혼과 몸에서 거룩하고 책망을 받을 것이 없이 그리스도 앞에 서야 한

나를 따르라 •

다.(살전 5:23) "불의한 자가 하나님의 나라를 유업으로 받지 못할 줄을 알지 못하느냐? 미혹을 받지 마라. 음행하는 자나 우상 숭배하는 자나 간음하는 자나 탐색하는 자나 남색하는 자나 도적이나 탐욕을 부리는 자나 술 취하는 자나 모욕하는 자나 속여 빼앗는 자들은 하나님의 나라를 유업으로 받지 못하리라. 너희 중에 이와 같은 자들이 있더니, 주 예수 그리스도의 이름과 우리 하나님의 성령 안에서 씻음과 거룩함과 의롭다 하심을 받았느니라."(고전 6:9-11)

따라서 계속 죄를 짓는 자는 하나님의 은혜를 자랑하지 마라! 오직 거룩하게 된 교회만이 예수 그리스도의 날에 진노 앞에서 구원을 얻을 것이다. 왜냐하면 주는 행위에 따라 심판할 것이고, 사람의 외모를 보지 않기 때문이다. 모든 행실은 드러날 것이고, 모두가 "선악 간에 그 몸으로 행한 것을 따라" 받을 것이다.(고후 5:10; 롬 2:5 이하; 마 16:27) 이 땅에서 아직 심판을 받지 않은 것은 심판의 날에 숨겨지지 않고 모두 밝히 드러날 것이다. 그때에 누가 견딜 수 있겠는가? 선한 일을 행한 자가 견딜 수 있을 것이다. 율법을 듣는 자가 아니라 율법을 행하는 자들이 의롭게 될 것이다.(롬 2:13) 오직 하늘에 계신 아버지의 뜻을 행하는 자만이 그의 나라에 들어갈 수 있다고 주가 친히 말했다.

우리는 행함에 따라 심판을 받기 때문에 "선한 행위"를 하라는 명령을 받았다. 선한 행위에 대한 두려움 때문에 악한 행위를 합리화하는 것은 성서의 가르침과 멀다. 성서의 어느 구절도 믿음을 선행과 대립시키지 않으며, 그래서 선행을 믿음의 파괴자로 보지 않는다. 믿음을 방해하고 파괴하는 것은 오히려 악한 행위다. 은혜와 행위는 하나다. 믿음이 없는 선행이 없듯이, 선행이 없는 믿음도 없다.[22] 그리스도인은 자신의 구원을 위해 선행이 필요하다. 왜냐하면 악한 일을 하는 자는 하나님의 나라를 볼 수 없기 때문이다. 그러므로 선행은 그리스도인의 목표다.

이 세상에서 중요한 것은 오직 하나다. 그것은 마지막 심판에서 인간이 어떻게 견딜 수 있는가 하는 것이다. 모든 사람은 행위에 따라 심판을 받을 것이다. 그러므로 모든 일에서 그리스도인은 선한 행위를 위해 준비해야 한다. 따라서 그리스도 안에서 일어나는 인간의 새로운 창조도 선행을 목표로 삼는다. "너희는 그 은혜에 의하여 믿음으로 말미암아 구원을 받았으니, 이것은 너희에게서 난 것이 아니요 하나님의 선물이라. 행위에서 난 것이 아니니, 이는 누구든지 자랑하지 못하게

---

22) 바울과 야고보의 차이는 다음과 같다. 야고보는 믿음의 겸손에서 자기 자랑의 가능성을 제거한다. 바울은 행위의 겸손에서 자기 자랑의 가능성을 제거한다. 야고보의 의도는 인간이 오직 믿음으로만 의롭게 된다는 명제의 타당성을 부인하려는 것이 아니라, 믿는 자로 하여금 믿음 속에 안주하려는 위험에서 벗어나서 순종의 행위를 하도록 가르치려는 것이며, 그렇게 함으로써 그를 참으로 겸손하게 만들려고 하는 것이다. 바울도 야고보처럼 인간이 참으로 자기 자신으로부터 살아가지 않고 은혜로부터 살아간다는 사실을 강조한다.

나를 따르라 •

함이라. 우리는 그가 만드신 바라. **그리스도 예수 안에서 선한 일을 위하여 지으심을 받은 자니**, 이 일은 하나님이 전에 예비하사 우리로 그 가운데서 행하게 하려 하심이니라."(엡 2:8-10; 참조: 딤후 2:21, 3:17; 딛 1:16, 3:1, 8, 14)

여기서 모든 것은 아주 분명해졌다. 그리스도인의 목표는 하나님이 요구하시는 선한 일을 행하는 것이다. 하나님의 율법은 늘 굳건하며, 늘 성취되어야 한다.(롬 3:31) 이것은 선행을 통해 일어난다. 그러나 선행은 오직 **하나**뿐이다. 그것은 예수 그리스도 안에서 하나님이 행하시는 일이다. 우리는 우리 자신의 행위를 통해 구원을 받는 것이 아니라, 그리스도 안에서 일어난 하나님 자신의 행위를 통해 구원을 받는다. 따라서 우리는 우리 자신의 행위를 결코 자랑하지 못한다. 왜냐하면 우리는 하나님의 피조물이기 때문이다. 그러나 우리는 그리스도 안에서 선한 행위를 하도록 그리스도 안에서 새롭게 창조되었다.

그러나 우리의 모든 선행은 오직 하나님이 우리를 위해 미리 준비하신 하나님 자신의 선행이다. 물론 선행은 구원을 위해 명령되었다. 그러나 선행은 오직 하나님이 우리에게 친히 행하신 일이다. 선행은 하나님의 선물이다. 우리는 선한 일을 행해야 하며, 매 순간 선행을 하도록 요구되었다. 그렇지만 우리가 선행으로는 하나님의 심판 앞에서 결코 견딜 수 없다는 것을 알고 있다. 우리가 믿음 안에서 의지하는 것은 오직 그리스도와 그의 행위다. 따라서 하나님은 그리스도 예수 안에 있는 자들에게 마지막 심판 앞에서 견딜 수 있는 선행을 명령 하신다. 하나님은 예수의 날까지 그들을 거룩함 안에서 보호 하실 것을 약속하신다. 그러나 우리는 오직 하나님의 말씀을 의지함으로써만 하나님의 이런 약속을 믿을 수 있고, 하나님 이 우리를 위해 준비하신 선행 속에서 살아갈 수 있다.

따라서 우리의 선행은 우리의 눈에서 완전히 벗어나 있 다. 우리의 성화는 모든 것이 드러날 때까지 우리에게 숨겨져 있다. 여기서 뭔가를 보려고 하고, 자기 자신을 드러내려고 하며, 인내하면서 기다리지 못하는 자는 상급을 받지 못한다. 만약 우리가 성화의 진보를 보여줄 수 있다는 착각 속에서 스 스로 기뻐한다면, 바로 그 순간에 우리는 참으로 회개해야 하 며, 우리의 행위가 온통 죄로 얼룩져 있다는 사실을 깨달을 것이다.

그러나 우리는 주를 날로 더 기뻐해야 한다. 오직 하나님 만이 우리의 선행을 알고 계신다. 우리는 오직 하나님의 선행 만을 안다. 우리는 하나님의 계명을 듣는다. 우리는 하나님의 은혜 아래서 걸어간다. 우리는 하나님의 계명 안에서 행동하 고, 죄를 짓는다. 새로운 의, 성화, 비춰야 할 빛은 우리에게 완 전히 숨겨져 있어야 한다. 오른손이 한 것을 왼손은 알지 못한 다. 그러나 우리는 "우리 가운데서 **선한 일**을 시작하신 분이 그리스도 예수의 날까지 그 일을 이루실" 것임을 믿고, 항상

나를 따르라 •

확신한다. (빌 1:6)

그날에 그리스도는 우리가 알지 못했던 선행을 친히 보여 줄 것이다. 우리는 알지 못했지만, 그에게 먹을 것과 마실 것과 입을 것을 주었고, 그를 방문했다. 우리는 알지 못했지만, 그를 배척했다. 그날에 우리는 크게 놀랄 것이다. 그리고 우리가 마지막 심판 앞에서 견딜 수 있었던 것은 우리의 행위 때문이 아니라, 하나님이 우리의 의지와 수고와는 무관하게 자신의 때에 우리를 통해 행하셨던 일 때문이라는 사실을 우리는 깨달을 것이다. (마 25:31 이하) 따라서 이제부터 우리는 우리로부터 시선을 돌려 우리를 위해 이미 모든 것을 성취하신 자를 바라보아야 하고, 그를 따라가야 한다.

믿는 자는 의롭게 되고, 의롭게 된 자는 거룩하게 되며, 거룩하게 된 자는 심판의 날에 구원을 얻을 것이다. 우리의 믿음, 우리의 의로움, 우리의 거룩함 때문이 아니다. 만약 이런 것이 우리에게 있다면, 그것은 죄와 조금도 다르지 않을 것이다. 우리가 그렇게 될 수 있는 까닭은 예수 그리스도가 우리에게 **의로움**과 **거룩함**과 **구원함**이 되셨기 때문이다. 그러므로 "자랑하는 자는 주 안에서 자랑하라." (고전 1:30)

그리스도의 형상

하나님이 미리 아신 자들을 또한 그 아들의 형상을 본받게 하기 위하여 미리 정하셨으니 이는 그로 많은 형제 중에서 맏아들이 되게 하려 하심이니라. (롬 8:29)

"나를 따르라"는 예수 그리스도의 부름을 들은 자들은 이해하기 어려운 위대한 약속을 받았다. 그것은 그들이 그리스도를 닮게 될 것이라는 약속이다. 그들은 하나님의 처음 태어난 아들의 형제들로서 그리스도의 형상을 지닐 것이다. 제자가 "그리스도처럼" 될 것이라는 것은 제자의 최종적인 운명이다. 제자가 항상 바라보는 예수 그리스도의 형상은 - 이 형상 앞에서 다른 모든 형상은 사라진다. - 제자 속으로 침투하고, 그를 채우며, 그의 형상을 바꾸어 놓는다. 그래서 제자는 스승과 비슷해지고, 참으로 스승을 닮게 된다. 예수 그리스도의 형상은 매일의 사귐 속에서 제자의 형상을 바꾸어 놓는다. 제자는 무감각하고 한가한 시선으로 아들의 형상을 바라볼 수 없다. 그의 형상은 변화의 힘을 발휘한다. 예수 그리스도를 전적으로 따르는 자는 그의 형상을 반드시 지니게 될 것이다. 그는 하나님의 자녀가 될 것이다. 그는 그리스도와 같은 형상을 가

나를 따르라 •

진 보이지 않는 형제로서, 하나님의 형상으로서 그리스도와 나란히 서게 될 것이다.

하나님은 옛적에 아담을 자신의 형상으로 창조하셨다. 하나님은 창조의 완성인 아담 안에서 자신과 똑같은 형상을 보시고 기뻐하셨다. "하나님이 보시니, 심히 좋았더라." 하나님은 아담 안에서 자기 자신을 인식하셨다. 따라서 인간이 피조물이면서도 창조주를 닮게 될 것이라는 사실은 처음부터 풀기 어려운 인간의 신비다. 창조된 인간이 창조되지 않은 하나님의 형상을 지닐 것이다. 아담은 "하나님처럼" 생겼다. 이제 인간은 피조물이지만 하나님을 닮았다는 자신의 신비를 감사와 순종 가운데서 지닐 것이다.

아담이 자신의 행위와 결단을 통해 비로소 하나님처럼 될 것이라는 뱀의 말은 속임수였다. 아담은 은혜를 던져 버렸고, 자신의 행위를 선택했다. 아담은 피조물이면서도 동시에 하나님을 닮은 자신의 본질의 비밀을 스스로 풀어보려고 했다. 그는 하나님이 이미 성취하신 것을 스스로 성취하려고 했다. 이것은 타락이었다. 아담은 자신의 방식대로 "하나님과 같이"(sicut deus) 되었다. 그는 자기 자신을 하나님으로 만들었고, 이제 하나님은 존재하지 않게 되었다. 아담은 하나님이 사라진 세상에서 창조자 하나님으로서 홀로 지배했다.

그러나 인간 존재의 신비는 아직도 풀리지 않았다. 인간은 하나님에게서 받은, 하나님을 닮은 자신의 본질을 잃어버렸다. 이제 인간은 하나님의 형상이라는 자신의 본질적인 운명을 모르고 살아간다. 인간은 인간이 아닌 존재로서 살아간다. 인간은 살 수 없는 존재로서 살아야 한다. 이것은 우리의 현 존재의 모순이요, 우리의 모든 고통의 원천이다. 그 이후부터 교만한 아담의 자손들은 잃어버린 하나님의 형상을 자신의 힘으로 회복하려고 노력한다. 그러나 잃어버린 것을 되찾으려는 그들의 노력이 진지하고 치열할수록, 그리고 보이는 성과가 확실하고 자랑스러울수록 하나님과의 갈등은 더욱 더 깊어진다. 스스로 꾸며낸 하나님의 형상에 새겨진 그들의 기형적인 형상은 그들이 알지 못하는 사이에 점점 더 사탄의 형상을 지니게 된다. 창조주의 은혜인 하나님의 형상은 이 땅에서 상실되어 버렸다.

그러나 하나님은 자신의 잃어버린 피조물을 외면하지 아니하신다. 하나님은 피조물 안에 자신의 형상을 또 다시 창조하기를 원하신다. 하나님은 자신의 피조물 때문에 다시금 기뻐하기를 원하신다. 하나님은 피조물을 사랑하기 위해 그에게서 자신의 형상을 찾으신다. 그러나 하나님이 자신의 형상을 찾는 길은 오직 한 가지다. 그것은 바로 잃어버린 인간의 모습과 형상을 스스로 취하는 길이다. 하나님은 인간의 형상을 닮게 될 것이다. 왜냐하면 인간은 이제 하나님의 형상을 닮을 수 없기 때문이다.

하나님의 형상은 인간 속에서 회복되어야 한다. 여기서

중요한 것은 하나의 전체다. 인간이 다시금 하나님에 관해 올바른 생각을 가지는 것이 목표가 아니며, 인간이 자신의 행위로써 다시금 하나님의 말씀에 순종하는 것도 목표가 아니다. 인간이 전체로서, 살아 있는 피조물로서 하나님의 형상이 되는 것이 목표다. 몸과 혼과 영, 곧 인간의 전체 형상이 이 땅에서 하나님의 형상을 지니게 될 것이다. 하나님은 오직 자신의 완전한 형상만을 기뻐하신다.

형상은 생명에서, 생생한 원형에서 솟아난다. 형상은 형상에서 형성된다. 이것은 인간이 자신의 형상을 만들어내려고 스스로 고안한 하나님의 형상일 수도 있고, 인간의 형상을 하나님의 형상으로 만든 참되고 생생한 하나님의 형상 자체일 수도 있다. 만약 타락한 인간이 다시금 하나님의 형상이 되어야 한다면, 하나의 변형, 하나의 변모(롬 12:2; 고후 3:18), 하나의 형상 변화가 일어나야 한다. 문제는 어떻게 하나님의 형상 안에서 인간의 변모가 일어날 수 있는가에 있다.

타락한 인간은 하나님의 형상을 되찾을 수 없고 취할 수 없기 때문에 오직 **한 가지 길**만이 도울 수 있다. 하나님이 친히 인간의 형상을 취하시고, 인간에게 오신다. 하나님의 형상 안에서 아버지와 함께 있던 하나님의 아들이 자신의 형상을 비우고, 종의 모습으로 인간에게 온다.(빌 2:5 이하) 인간에게는 일어날 수 없었던 형상의 변화가 이제는 하나님 자신 안에서 일어난다. 영원히 하나님과 함께 있던 하나님의 형상이 이제는 타락하고 범죄한 인간의 형상을 취한다. 하나님은 자신의 아들을 타락한 육신의 모습으로 보내셨다.(롬 8:2 이하)

하나님은 자신의 아들을 보내신다. 오직 이 길만이 도움을 줄 수 있다. 새로운 이념도, 더 나은 종교도 목적을 달성할 수 없었다. 한 인간이 인간에게 온다. 모든 인간은 하나의 형상을 지닌다. 그의 몸과 그의 생명은 분명하게 드러난다. 한 인간은 하나의 단순한 말도 아니고, 하나의 생각도 아니며, 하나의 의지도 아니다. 무엇보다도, 그리고 모든 점에서 그는 바로 한 인간이요, 한 형태요, 한 모습이요, 한 형제다. 따라서 그에게는 단지 새로운 생각과 의지와 행위만이 아니라 하나의 새로운 모습과 하나의 새로운 형상이 생긴다.

예수 그리스도 안에서 하나님의 형상은 우리의 잃어버린 인간적인 생명의 형상으로, 타락한 육신의 모습으로 우리 가운데 나타났다. 예수 그리스도의 가르침과 행위와 삶과 죽음 안에서 하나님의 형상이 계시된다. 예수 그리스도 안에서 하나님은 자신의 형상을 이 땅에 새롭게 창조하셨다. 성육신, 예수의 말씀과 행위, 십자가의 죽음은 영원히 이 형상에 속한다. 이것은 낙원의 첫 번째 영광 가운데서 살았던 아담의 형상과는 다른 것이다. 이것은 죄와 죽음의 세상 한복판으로 온 자의 형상이요, 인간의 육신의 고통을 감당한 자의 형상이요, 죄인에게 내려진 하나님의 진노와 심판을 겸손하게 받아들인 자의 형상이요, 죽음과 고난 속에서 하나님의 뜻에 순종한 자의 형상이요, 가난 속에서 태어난 자의 형상이요, 세리들과 죄인들의 친구로서 그들과 함께 음식을 나눈 자의 형상이요, 십자가에서 하나님과 인간에게 버림을 받은 자의 형상이다. 바로 그는 인간의 모습으로 오신 하나님이요, 하나님의 새로운 형상으로 온 인간이다!

고난의 표지와 십자가의 상흔이 부활하고 변모된 그리스도의 몸에서 이제는 은혜의 표지가 되었다는 사실을 우리는 잘 알고 있다. 십자가에 못 박힌 자의 형상이 하늘에서 우리를 위해 하나님에게 간구하는 영원한 대제사장의 영광 속에서 계속 살아 있다는 사실을 우리는 잘 알고 있다. 예수의 종의 형상은 부활절 아침에 하늘의 형상과 광채를 입은 새로운 몸이 되었다. 그러나 하나님의 약속에 따라 예수의 광채와 영광에 참여하기를 원하는 자는 먼저 십자가에서 순종하고 고난을 받은 하나님의 종의 형상을 닮아야 한다. 예수의 변모된 형상을 지니기를 원하는 자는 세상에서 십자가에 못 박힌 자의 수치스러운 형상을 지녀야 한다. 만약 인간이 되고 십자가에 못 박힌 예수 그리스도의 형상에 참여하지 않는다면, 아무도 잃어버린 하나님의 형상을 되찾을 수 없다. 하나님은 오직 이런 형상만을 기뻐하신다. 오직 하나님 앞에서 이런 형상을 닮으려는 자만이 하나님의 기쁨 속에서 살아간다.

예수 그리스도의 형상을 닮아간다는 것은 그리스도와의 그 어떤 유사성을 실현해야 하는, 우리에게 부과된 하나의 이상이 아니다. 우리가 우리를 그리스도의 형상으로 만들 수 없다. 우리 안에서 형상을 취하기를 원하는 것은 하나님 자신의 형상이고, 그리스도 자신의 형상이다.(갈 4:19) 그것은 우리 안에서 스스로 나타나기를 원하는 그리스도 자신의 형상이다. 그리스도는 우리를 자신의 형상으로 만들기까지 우리 안에서 일하기를 쉬지 않는다. 그것은 **인간이 된** 자, **십자가에 못 박힌** 자, **변모된** 자의 온전한 **형상**이다. 우리는 그를 닮아야 한다.

그리스도는 이런 **인간의 형상**을 취했다. 그리스도는 우리처럼 인간이 되었다. 그의 인간성과 그의 비하 속에서 우리는 우리 자신의 형상을 다시 인식한다. 그리스도가 인간과 같이 된 것은 인간들이 그리스도와 같이 되기 위해서다. 그리스도의 성육신 안에서 온 인류는 하나님의 형상의 존엄성을 다시 얻는다. 이제 가장 작은 인간을 폭행하는 자는 인간의 모습을 취한, 그리고 인간의 얼굴을 가진 모든 자들을 위해 하나님의 형상을 회복한 그리스도를 폭행하는 것이다. 우리는 인간이 된 자의 사귐 안에서 우리의 진정한 인간성을 되돌려 받는다. 이로써 우리는 죄의 분열 상태에서 벗어날 뿐만 아니라, 이와 동시에 온전한 인간성을 되돌려 받는다.

만약 우리가 인간이 된 자, 곧 그리스도에 참여한다면, 그가 감당한 온전한 인간성에도 참여하게 된다. 우리는 예수의 인간성이 우리 자신을 취했고 감당했다는 사실을 알고 있다. 그러므로 우리의 새로운 인간성도 이제는 남의 고통과 죄를

나를 따르라 •

감당함으로써 입증된다. 인간이 된 자는 자신의 제자를 모든 인간의 형제로 만든다. 예수 그리스도의 성육신 안에서 드러난 하나님의 "인간 사랑"(딛 3:4)은 세상의 모든 인간을 향한 그리스도인의 형제 사랑의 근거가 된다. 이것은 교회를 그리스도의 몸으로 만든 자, 곧 인간이 된 자의 형상이다. 온 인류의 죄와 고통은 그리스도의 몸에 떨어졌고, 오직 그리스도의 몸을 통해서만 감당된다.

이 땅에서 그리스도의 형상은 십자가에 못 박힌 자의 **죽음의 형상**이다. 하나님의 형상은 십자가에 못 박힌 예수 그리스도의 형상이다. 이 형상 안에서 제자의 삶은 변화되어야 한다. 이것은 그리스도의 죽음을 본받는 삶이다.(빌 3:10; 롬 6:4 이하) 이것은 십자가에 못 박힌 삶이다.(갈 2:19) 그리스도는 세례 속에서 제자들의 삶에 자신의 죽음의 형상을 새겨 넣는다. 육신과 죄에 대해 죽은 그리스도인은 이 세상에게 죽었고, 이 세상은 그에게 죽었다.(갈 6:14) 그의 세례로부터 살아가는 자는 그의 죽음으로부터 살아간다. 그리스도는 육신에 맞선 영의 투쟁 속에서 매일 죽어가도록, 악마가 그리스도인에게 주는 죽음의 고통을 매일 감수하도록 제자들의 삶을 인도한다. 이것은 그의 모든 제자들이 세상에서 감수해야 하는 예수 그리스도 자신의 고난이다.

그리스도는 자신의 고난의 매우 친밀한 사귐, 곧 순교의 자격을 오직 소수의 제자들에게만 부여한다. 제자의 삶이 예수 그리스도의 죽음의 형상을 가장 깊이 닮게 된다는 사실은 바로 여기서 입증된다. 그리스도를 위한 공개적인 수치를 통해, 그리스도를 위한 고난과 죽음을 통해 그리스도는 자신의 교회 안에서 분명한 형태를 취한다. 그러나 세례로부터 순교에 이르기까지 고난은 동일하며, 죽음도 동일하다. 이것은 십자가에 못 박힌 자를 통해 일어나는 하나님의 형상의 새로운 창조다.

인간이 되었고 십자가에 못 박힌 자의 사귐 안에 있고 그의 형상을 취한 자는 **변모되고 부활한 자**도 닮을 것이다. "우리가 흙에 속한 자의 형상을 입은 것 같이 또한 하늘에 속한 이의 형상을 입으리라."(고전 15:49) "그가 나타나시면, 우리가 그와 같을 줄을 아는 것은 그의 참모습 그대로 볼 것이기 때문이다."(요일 3:2) 십자가에 못 박힌 자의 형상처럼 부활한 자의 형상도 그를 보는 자를 변화시킬 것이다. 그리스도를 바라보는 자는 그의 형상을 입고, 그의 형상을 닮을 것이다. 그리스도는 하나님의 형상을 비추는 거울이 된다. 이미 이 땅에서 예수 그리스도의 영광은 우리 안에서 반사되고 있다. 십자가에 못 박힌 자의 죽음의 형상으로부터, 고통과 십자가 안에서 부활한 자의 광채와 생명은 이미 빛을 발한다. 그리고 우리는 하나님의 형상을 향해 점점 더 깊이 변형되며, 우리 안에서 그리스도의 형상은 점점 더 분명해진다. 이것은 깨달음에서 깨달음으로, 영광에서 영광으로, 하나님의 아들의 형상을 점점 더 완전

나를 따르라 •

하게 닮아가는 과정으로 나아가는 진보의 과정이다. "우리가 다 수건을 벗은 얼굴로 거울을 보는 것 같이 주의 영광을 보매, 그와 같은 형상으로 변화하여 영광에서 영광에 이르니, 곧 주의 영으로 말미암음이니라."(고후 3:18)

이것은 예수 그리스도가 우리 마음에 내주하는 과정이다. 예수 그리스도의 생명은 이 세상에서 아직 끝나지 않았다. 그리스도는 제자의 삶 속에서 계속 살고 있다. 이제는 우리 그리스도인의 생명에 관해 말할 것이 아니라, 우리 안에서 살고 있는 예수 그리스도의 참된 생명에 관해 말해야 한다. "이제는 내가 사는 것이 아니요, 오직 내 안에 그리스도께서 사시는 것이라."(갈 2:20) 인간이 된 자, 십자가에 못 박힌 자, 변모된 자가 내 안으로 들어왔고, 나의 생명이 되었다. "이제 내게 사는 것은 그리스도다."(빌 1:21)

그러나 그리스도와 함께 아버지도 내 안에서 사신다. 아버지와 아들은 성령을 통해 내 안에 사신다. 그리스도인 안에 사시고 그를 채우시고 그를 하나님의 형상으로 만드시는 분은 바로 거룩한 삼위일체 자신이다. 인간이 되고 십자가에 못 박히고 변모된 그리스도는 개인들 안에서 형상을 취한다. 왜냐하면 그들은 그리스도의 몸, 곧 교회의 지체들이기 때문이다. 교회는 예수 그리스도의 인간의 형상, 죽음의 형상, 부활의 형상을 지니고 있다. 교회는 먼저 그리스도의 형상이다(엡 4:24; 골 3:10) 그리고 교회를 통해 모든 지체들도 그리스도의 형상이 된다. 그리스도의 몸 안에서 우리는 "그리스도와 같이" 되었다.

우리가 "그리스도와 같이" 되어야 한다고 신약성서가 항상 거듭 말하는 이유를 우리는 이제 알게 되었다. 우리는 그리스도의 형상으로 만들어졌다. 그러므로 우리는 그리스도와 같이 되어야 한다. 우리는 이미 그리스도의 형상을 지니고 있다. 오직 그렇기 때문에 그리스도는 우리가 따르는 "모범"이 될 수 있다. 그리스도가 우리 안에서 자신의 진정한 생명을 친히 영위하고 있다. 그러므로 우리는 "그가 행한 것 같이 행하고"(요일 2:6; 요 13:15), "그가 사랑한 것 같이 사랑하고"(엡 5:2; 요 13:34, 15:12), "그가 용서한 것 같이 용서하며"(골 3:13), "예수 그리스도가 생각한 것 같이 생각할"(빌 2:5) 수 있다. 그러므로 우리는 그리스도가 우리에게 보여준 모범을 따를 수 있고(벧전 1:21), 그리스도가 우리를 위해 생명을 버린 것처럼 우리도 형제를 위해 생명을 버릴 수 있다.(요일 3:16) 우리가 그리스도와 같이 될 수 있는 까닭은 오직 그리스도가 우리와 같이 되었기 때문이다. 우리가 "그리스도와 같이" 될 수 있는 까닭은 오직 우리가 그리스도와 같이 만들어져 **있기** 때문이다.

이제 우리는 그리스도의 형상으로 만들어졌기 때문에 그리스도를 본받아 살 수 있다. 이제 우리는 참으로 그리스도와 같이 행동할 수 있다. 이제 우리는 그리스도를 단순하게 따르면서, 그리스도를 본받아 살 수 있다. 이제 우리는 오직 말씀에 순종할 수 있다. 이제 나는 내 자신의 삶을 바라보지 않으

나를 따르라 •

며, 내가 지닌 새로운 형상을 바라보지 않는다. 이것을 바라보려고 애쓰는 바로 그 순간에 나는 이것을 잃어버리고 말 것이다. 내가 변함없이 바라보는 것은 오직 예수 그리스도의 형상을 반사하는 거울이다. 그리스도를 따르는 자는 오직 그가 따르는 자만을 바라본다. 인간이 되고 십자가에 못 박히고 부활한 예수 그리스도의 형상을 지닌 자, 곧 하나님의 형상이 된 자는 마지막으로 "하나님을 닮은 자"가 되라는 부름을 받았다. 예수를 따르는 자는 하나님을 닮는 자다. "그러므로 사랑을 받는 자녀같이 너희는 하나님을 본받는 자가 되라."(엡 5:1)

역자 후기

    본회퍼는 1934년에 그의 친구(E. Sutz)에게 보낸 편지 속에서 "예수 그리스도를 따른다는 것이 무엇을 의미하며, 그의 제자가 된다는 것이 무엇을 의미하는지?"를 알기 위해 산상설교를 연구하기 시작했다고 밝혔다. 당시에 본회퍼는 산상설교에 대한 올바른 이해와 선포는 나치 정권에 맞선 교회의 투쟁에서 가장 결정적인 역할을 할 수 있을 것이라고 확신했다. 그때부터 본회퍼는 이 책을 습작 형태로 써나가기 시작했다.

    본회퍼는 1934년에 고백교회가 세운 공동체에서, 그리고 1935-36년에는 베를린 대학에서 이에 관해 강의하기 시작했다. 그의 강의는 숨이 막힐 정도로 놀라운 반응을 이끌어냈다. 1937년에 국가경찰이 핑켄발데(Fickenwalde) 공동체를 폐쇄시켰을 때, 그의 원고는 이미 출판사(Kaiser Verlag)에 넘어가 있었고, 같은 해 강림절에 완성되어 본회퍼의 손에 넘어갔다. 이 책은 "이 주제에 관해 쓴 책 중에서 가장 훌륭한 책"(K. Barth)으로서 그리스도인들이 가장 애독하는 책의 하나로 손꼽히고 있다.

나를 따르라 •

이 책이 한국에 처음 소개되었을 당시만 해도 한국 교회는 폭발적인 성장을 구가하고 있었다. 하지만 양적인 성장에 도취된 대부분의 한국 교회는 독재 정권의 인권 탄압과 사회의 부조리를 외면했고, 그 결과로 사회적 지탄과 청년의 교회 이탈을 초래했다. 이런 상황에서 출판된 이 책은 방황하던 수많은 그리스도인들에게 놀라운 영감과 행동의 동기를 부여했다. 마치 오랜 가뭄 후의 단비처럼 이 책은 그리스도인의 본질과 실천에 관해 갈급해 하던 수많은 그리스도인들의 메마른 가슴을 시원하게 적셔주었다.

이 책은 1965년에 허 혁 박사(당시 이화여대 교수)에 의해 번역된 이래 얼마 전까지만 해도 30쇄 이상을 돌파했다. 한국 교회에서 이 책만큼 큰 사랑을 받고 계속 출판된 신학 서적은 거의 없으며, 앞으로도 이 책의 인기를 뛰어넘을 신학 서적은 나오기 어려울 것이다. 일평생 중요한 신학 저서의 번역에 헌신하신 허 혁 박사의 수고에 대해 수많은 사람들은 사랑과 존경의 빚을 지게 되었다. 하지만 시간이 흐를수록 이 책은 점점 더 낯선 책이 되어 갔다. 번역자의 구수한 언어와 소박한 편집에도 불구하고 많은 내용이 무리하게 생략되거나 압축되었다. 잘못 번역된 내용과 어색한 표현도 더러 눈에 띄었고, 거친 활판 인쇄도 거부감을 안겨 주었다.

마치 이런 고민을 한꺼번에 풀어주듯이, 2010년에 본회퍼의 중요한 저술 여덟 권이 『디트리히 본회퍼 선집』의 이름으로 새로운 얼굴을 내밀었고, 그 가운데는 『나를 따르라』도 당연히 들어갔다. 한국본회퍼학회의 주도 아래 신학적 식견과 번역의 경험을 가진 여러 신학자들이 참여하여 멋진 작품을 만들었다. 두 번째 번역에는 다행히 부족한 나도 참여할 수 있게 되었다. 『나를 따르라』의 번역은 손규태 박사(성공회대 명예교수)와 협력하는 형태로 이루어졌다. 이로 인해 두 사람의 장점이 극대화되었다고 볼 수 있다. 하지만 이 책은 원래는 존재하지 않았던 많은 내용(각주와 해설, 참고도서 등)을 첨가함으로써 학술적 가치는 더 높였지만, 더 두껍고 무거워짐으로써 독자들에게 친숙해지기 어려운 약점을 낳았고, 높아진 가격은 가난한 독자들의 구독을 어렵게 만들었다.

이런 역자의 마음을 선뜻 이해한 '신앙과지성사'의 대표 최병천 장로는 언제 어디서나 볼 수 있는 간편한 보급판이 나온다면 좋겠다고 제안했다. 망설임 끝에 역자는 무거운 멍에를 다시 짊어지기를 결심했다. 이 책은 1937년에 처음 출판된 책을 번역한 것으로서 예전처럼 다시금 가벼워지고 산뜻해졌다. 이번에 역자는 이 책을 처음 번역하는 마음가짐으로 본문을 꼼꼼히 다시 읽었고, 지난 실수를 적절히 고쳐나갔다. 그럼에도 불구하고 완전한 번역은 영원히 존재할 수 없다. 새 학기를 앞두고 쫓기듯이 번역했기 때문에 최고의 결과를 내놓을 수 없었다는 아쉬움도 남는다. 그럼에도 불구하고 수많은 독자들에게 이런 봉사를 다시 할 수 있게 된 것을 무한한

나를 따르라 •

영광과 기쁨으로 생각한다. 출판을 위해 수고하신 모든 분들에게, 특히 자신이 그토록 사랑하고 따르던 그리스도의 품 안에서 평안히 안식하고 있을 본회퍼에게 무한한 감사와 사랑을 올린다.

2013년 2월 25일
부천 성주산 아래 서울신대 연구실에서
역자 **이신건** 씀

본회퍼 연대기

1906년 : 독일 프로이센 브레슬라우에서 정신의학과 신경의학 교수 칼 본회퍼(Karl Bonhoeffer)와 파울라 본회퍼(Paula Bonhoeffer) 사이에서 팔남매 중 여섯째(네 아들 중 막내)로 태어났다.

1912년 : 아버지가 베를린 국립대학병원의 원장과 대학 정신의학 주임교수로 취임함으로써 베를린으로 이주하였다.

1920년 : 음악과 종교에 관심이 많았던 본회퍼는 결국 신학의 길을 가겠다고 결심하였다.

1923년 : 그룬발트 고등학교를 졸업하고, 튀빙엔 대학에서 신학공부를 시작하였다. 슐라터(A. Schlatter), 하임(K. Heim), 그로스(K. Gross) 등에게서 배웠고, 두 학기를 보내는 동안 신학부에서 교회사와 철학을 공부하였다.

1924년 : 로마와 아프리카 대륙을 여행하였으며, 여행 중에 독일에서 느끼지 못했던 가톨릭교회의 보편성과 예배의식에 감명을 받고, 교회에 대한 새로운 안목과 교회의 중요성을 발견하였다.

1924년 : 베를린 대학으로 옮겨 1927년 7월까지 머물렀다. 하르낙(A. Harnack), 리츠만(H. Litzmann), 홀(K. Holl), 제베르크(R. Seeberg) 등에게서 배웠다. 홀에게서 루터신학을 배웠으며, 제베르크의 지도 아래 박사학위 논문(Sanctorum Communio: 성도의 교제)을 썼다.

1927년 : 교회의 본질에 대한 문제를 추구하면서 하르낙을 비판하였고, 칼 바르트(K. Barth)의 변증법적 신학에 매료되었다.

1928년 : 스페인 바로셀로나에서 독일인들을 위한 교회의 부목사(Vikar)로 일하였다.

1929년 : 베를린 대학에서 교수자격논문(Akt und Sein: 행위와 존재)을 썼다.

1930-1931년: 교환학생의 자격으로 미국 유니온 신학교에서 연구하였다. 여기서 니버(R. Niebuhr)와 베일리(J. Baillie), 레만(P. Lehmann)을 만났다.

1931년 : 베를린 대학교로 되돌아와 1936년에 나치 정부에 의해 쫓겨날 때까지 조직신학 강사로 일했다. 여기서 '그리스도론', '창조와 타락', '교회의 본질' 등에 관해 가르쳤다. 영국 캠브리지에서 열린 '교회를 통한 국제적 우호관계를 증진하기 위한 세계연맹'의 유럽 청년부 간사가 되었고, 에큐메니컬 운동을 통해 독일 교회가 전개하는 투쟁의 중요성과 히틀러의 진상을 알렸다.

1933년 : 히틀러가 권력을 장악하고 총통에 취임하자, 라디오 강연(제목:지도자와 젊은 세대)을 통해 스스로 신성화하는 지도자의 직위는 하나님을 모독하는 행위라고 말했다. 강연은 중단되었고, 이후로 나치의 감시를 받게 되었다. 18개월 동안 영국에서 목회했다.

1935년 : 영국에서 간디의 친구 앤드류(C.F. Andrews)를 알게 되었고, 그의 소개로 간디의 비폭력적 평화주의를 배우기 위해 인도로 갈 계획을 세웠지만, 고백교회 총회의 부름을 받아 25명의 목사 후보생을 돌보는 신학교의 책임자로 일했다. 이 신학교는 1937년에 비밀경찰에 의해 폐쇄되었다. 여기서 강의하였던 내용이 『나를 따르라』(Nachfolge), 『신도의 공동생활』(Gemeinsames Leben) 두 권의 책으로 출간되었다.

1939년 : 제2차 세계대전이 발발하자 니버와 레만의 초청으로 미국에 건너갔다. 하지만 독일에 남아 있는 형제들에 대한 생각으로 번민하던 끝에 조국으로 되돌아갔다.

1940년 : 독일로 되돌아와 매형의 도움을 받아 저항운동에 가담했고, 히틀러 암살 음모에 가담했다.

1941-1942년 : 군 정보부의 도움으로 스위스, 노르웨이, 스웨덴을 방문했다. 이 기간에 『윤리학』을 썼다.

1943년 : 마리아 폰 베데마이어(M. von Wedemeyer)와 약혼했지만, 곧이어 비밀경찰에 의해 체포되어 수감되었다. 테겔 형무소에서 18개월 동안 베트게에게 보낸 편지가 사후에 『저항과 복종』(Widerstand und Ergebung)이라는 책으로 출판되었다.

1944년 : 히틀러 암살 음모가 실패로 끝나고 가담자들이 적발됨으로써 본회퍼도 집단 수용소로 이송되었다.

1945년 : 나치군법회의에서 사형선고를 받았고, 4월 8일 이른 아침에 그의 가족 3명을 포함하여 5천 명의 사람들과 함께 교수형을 당했다. 3주 후에 히틀러는 자살했고, 5월 8일에 독일은 항복했다. 사후 50년 만에 베를린의 독일 법정에서 복권 판결을 받았다.

한알의 밀알 17
나를 따르라

지은이_ 디트리히 본회퍼
옮긴이_ 이신건

펴낸날_ 2013년 3월 20일 (초판 1쇄)

펴낸이_ 최병천

편집위원_ 조선혜 김정숙 이현주 홍승표 홍이표 홍민기
디자인_ 강면실 윤진선
교정_ 김영옥
영업_ 김만선

발행처_신앙과지성사
　　　출판등록 제9-136(88. 1. 13)
　　　주소 | 서울시 서대문구 연희2동 78-43 옥산빌딩 2층
　　　전화 | 335-6579 · 323-9867 · F)323-9866
　　　E-mail | miral87@hanmail.net
　　　홈페이지 | http://www.miral.biz

ISBN 978-89-6907-000-5　04230
ISBN 978-89-85602-48-8　(세 트)
값 12,000원